Thomas McKeen

Wesen und Gestalt
des Menschen

THOMAS McKEEN

Wesen und Gestalt des Menschen

Aufsätze und Vorträge
zur anthroposophischen
Menschenkunde und Medizin

Herausgegben von Claudia McKeen

VERLAG FREIES GEISTESLEBEN

Die Deutsche Bibliothek – CIP-Einheitsaufnahme

McKeen, Thomas: Wesen und Gestalt des Menschen :
Aufsätze und Vorträge zur anthroposophischen
Menschenkunde und Medizin / Thomas McKeen. –
Stuttgart : Verlag Freies Geistesleben, 1996
(Menschenwesen und Heilkunst ; 21)
ISBN 3-7725-0121-4
NE: GT

© 1996 Verlag Freies Geistesleben GmbH, Stuttgart
Umschlag: Michael Englert
Druck: WB-Druck, Rieden

Inhalt

Vorwort

Nach dem plötzlichen und für alle, die ihn kannten, so unerwarteten Tod von Thomas McKeen wurde vielfach die Frage an mich gerichtet, ob aus dem Nachlaß etwas veröffentlicht werden könnte. Seine menschenkundlichen, medizinischen oder allgemein anthroposophischen Darstellungen haben viele Menschen inspiriert, die Methode, wie er goetheanistisch-anthroposophisch forschte, war für viele wegweisend. So kam es zu diesem Versuch, etwas von seinem Wirken in schriftlicher Form festzuhalten.

Das vorliegende Buch enthält einige in Zeitschriften veröffentlichte Aufsätze, unveröffentlichte Fragmente und Vorträge, die ein eher zufälliger Ausschnitt aus seiner vielfältigen Tätigkeit sind. Von den über 300 Vorträgen, die er zu den verschiedensten Themen gehalten hat, gibt es nur wenige Tonbandmitschnitte. Sie entstanden aus der persönlichen Initiative einzelner Zuhörer und wurden mir von diesen nach seinem Tod übergeben. Davon sind hier einige in leicht überarbeiteter Form abgedruckt. In allen Fällen handelt es sich um Vorträge, die Themen der anthroposophischen Menschenkunde und Medizin einführend behandeln.

Ausgearbeitete oder gar für den Druck bestimmte Vortragsmanuskripte liegen von Thomas McKeen nicht vor. Aus wenigen Stichworten auf einem Blatt entstand im Moment des Vortragens, ganz auf die jeweilige Zuhörerschaft hin orientiert, seine lebendige und packende Darstellung. Das Feuer und die Begeisterung, die er selbst für die Inhalte empfand, ergriffen über das gesprochene Wort die Zuhörer.

Im Mittelpunkt seiner Ausführungen stand für ihn immer die Frage nach dem Wesen des Menschen. Die heutige Zeit stellt diese Frage nach dem Bild, das sich der Mensch vom Menschen macht, immer drängender, und die Beantwortung dieser Frage ist für die Zukunft von allergrößter Bedeutung. Welche Wege wir in der Medizin und Pädagogik beschreiten, wie wir mit der Erde umgehen, hängt davon ab, ob wir die Sonderstellung des Menschen in der Natur verstehen und ernst nehmen. Seine aufrechte Gestalt spricht von der Verantwortung, die der Mensch für sich und die Erde hat. Thomas McKeen war es ein besonderes Anliegen, von immer neuen Blickwinkeln aus zu dieser Schlüsselfrage nach dem Wesen des Menschen hinzuführen.

Durch seine vergleichenden Betrachtungen zur Gestalt von Mensch und Tier, zu deren Lebensfunktionen und Verhaltensweisen, vermittelte er den Zuhörern nicht nur Erkenntnisse, sondern auch das Bewußtsein, daß sich daraus Aufgaben für den Menschen ergeben. Anschaulich machte er solche Vergleiche durch seine treffenden Beispiele und das reiche Material, das er in seiner Knochen- und Skelettsammlung zusammengetragen hatte. Er zeichnete im Verlauf des Vortragens großzügig an die Tafel oder wurde oft selbst in Geste und Mimik Teil seiner Ausführungen und ergänzte so, was ihm das Wort allein nicht lebendig und anschaulich genug auszudrücken schien. Dadurch entstand der für ihn so typische Charakter einer Darstellung, in der Phänomene stets so angeordnet waren, das man gleichsam hindurchschauen konnte auf den dahinterliegenden geistigen Zusammenhang. Alles war geprägt von Ernst und Verantwortung gegenüber den Inhalten und doch freilassend durch die Leichtigkeit seines Humors, der alles durchzog. Um diese Art seiner Sprache durchscheinen zu lassen, wurde bei den hier vorliegenden Vorträgen der Duktus des gesprochenen Wortes weitgehend beibehalten.

Drei Beiträge zu aktuellen Zeitfragen wurden in diesen Band wegen ihrer Umfänglichkeit nicht aufgenommen, sollen aber hier erwähnt werden: «Die Wirkung der Radioaktivität auf den Menschen – Schäden des Lebens». (Aufsatz aus *Die Drei*, Sonderheft Juli 1986, Verlag Freies Geistesleben), «Das erworbene Immunmangelsyndrom», (Aufsatz in dem Sammelband AIDS, Stuttgart 1989, Verlag Urachhaus) und «Gift für die kindliche Psyche. Gedanken zur entschiedenen Ablehnung des Kinderfernsehens», (aus *Fernsehgeschädigt*, Studienheft 7 der Internationalen Vereinigung der Waldorfkindergärten, Heubergstr. 11, 70188 Stuttgart).

Der Nachweis zu den einzelnen Beiträgen findet sich jeweils am Anfang der Darstellung, um den jeweiligen Kontext, bei Vorträgen, vor welcher Zuhörerschaft sie gehalten wurden, zu erschließen. Die Anmerkungen, die sich leider nicht in allen Fällen vollständig auffinden ließen, sind im Anhang wiedergegeben.

Die Abbildungen zu den Vorträgen sollen ersetzen, was der Redner an die Tafel gemalt oder an verschiedensten Objekten demonstriert hat. Den Fotos liegen ausschließlich Aufnahmen aus seiner Sammlung zugrunde.

Für Rat und Mithilfe bei der Auswahl und Erstellung des Manuskriptes danke ich unseren langjährigen Freunden und Nachfolgern in der Leitung des anthroposophischen Ärzteseminars Armin Husemann und Ludger Simon, sowie Peter Heusser und den ehemaligen Seminaristen von Thomas McKeen, die bei der z. T. sehr schwierigen Abschrift der Tonbänder und Bearbeitung einzelner Beiträge halfen, insbesondere Claudia Gimmi, Matthias Lohn, Christoph Meinecke, Reiner Penter. Für ihre redaktionelle Mithilfe danke ich den Herren Andreas Neider und Walter Schneider vom Verlag Freies Geistesleben.

Im September 1995   *Claudia McKeen*

I.
Einführung in die anthroposophische Medizin

Was heißt
«Anthroposophische Medizin»?

Es liegt im Selbstverständnis der gegenwärtigen medizinischen Schulwissenschaft, daß es eine anthroposophische Medizin weder geben kann noch darf.* Diese Auffassung läßt sich kaum mit größerer Prägnanz ausdrücken als mit den Worten des Autors, der die Meinung vertrat, daß es eine anthroposophische Medizin ebensowenig geben könne, wie es eine nationalsozialistische Physik hätte geben können.

Welcher Gedankengang liegt einer solchen Äußerung zugrunde?

Daß es eine nationalsozialistische Physik nicht geben kann, beruht auf der Tatsache, daß die Gesetze der Physik von der Erkenntnis der Naturgegebenheiten abhängig sind und nicht von den Intentionen einer Ideologie. In dem Augenblick, in dem eine Wissenschaft aus anderen Quellen schöpft als aus den ihr eigenen Beobachtungen und deren sachgemäßer Verknüpfung, ist sie vergiftet. – Ihre Vitalität liegt in ihrer Liebe zur Wahrheit. Als Gehilfin einer Ideologie aber wird sie zum Instrument der Unwahrhaftigkeit und Täuschung. Sie gerät in Gegensatz zu ihren eigenen Prinzipien und hebt sich so selbst auf. Dies ist im Nationalsozialismus teilweise geschehen.

Der genannte Vergleich will nahelegen, daß ein ebensolches Verhältnis wie zwischen Nationalsozialismus und Physik auch zwischen Anthroposophie und Medizin besteht. Selbst wenn man annehmen darf, daß der Anthroposophie keine dem Nationalsozialismus ähnlichen Absichten unterstellt werden sollen, so ist in dem Vergleich doch enthalten, daß eine aus der Anthroposophie schöpfende Medizin das historische Verdienst von Männern wie Galilei und Giordano Bruno mißachtet: die Befreiung der Wissenschaft aus der Vormundschaft eines weltanschaulichen Dogmas. Wenn das sich so verhielte,

* Aufsatz aus «Beiträge zu einer Erweiterung der Heilkunst», Heft 1, Januar/Februar 1980.

dann müßte man die Medizin vor der Anthroposophie bewahren; sie wäre eine Gefährdung für sie.

Ob es eine anthroposophische Heilkunst geben kann, hängt also davon ab, ob *in der Medizin selbst* eine Frage gegeben ist, die zu ihrer Beantwortung der Anthroposophie bedarf. Wenn das der Fall ist, wäre die innere Beziehung zwischen beiden gegeben, d.h. die Anthroposophie wäre nicht etwas fremd zur Medizin Hinzukommendes, sondern innerer Bestandteil ihrer selbst. Diese Frage liegt tatsächlich vor. Sie lautet: *Was ist Krankheit?* Es ist die Grundfrage der Medizin.

Im folgenden soll zunächst dargestellt werden, warum die herkömmliche Wissenschaft an dieser Frage scheitert und anschließend angedeutet werden, wie sie durch die Anthroposophie beantwortet werden kann.

Es lag in der Konsequenz der vorherrschenden Wissenschaftsmethode, daß sie zum Verständnis der Pathogenese den Weg vom Leichenbefund der pathologischen Anatomie über die Zellularpathologie zur Biochemie beschritten hat. Hier werden heute die letzten Ursachen für die Krankheitssymptome gesucht. Dieser Überzeugung liegt die Annahme zugrunde, daß alle *Wirklichkeit* auf stofflichen Vorgängen beruht und daß die Art, wie dieses stofflich Gegebene sich zusammenfügt und strukturiert die Verschiedenheit der Erscheinungen bedingt. Diese Auffassung führt folgerichtig dazu, daß eine gegebene Erscheinung immer feiner differenziert und zergliedert werden muß, wenn sie ursächlich verstanden werden soll. Es ist daher nicht verwunderlich, wenn ein Ordinarius, der aus diesem Geiste lehrt, seine Semester-Einführungsvorlesung in dem Satze gipfeln läßt, daß das Leben des Menschen letzten Endes nichts anderes sei als «die Summe seiner gleichzeitig ablaufenden biochemischen Prozesse».

Fassen wir den Menschen in diesem Sinne auf, dann ist Krankheit in ihrer Eigenart nicht verständlich. Auf der Ebene der biochemischen Prozesse zeigt sich eine Krankheit bestenfalls als Veränderung eines natürlichen Vorganges, die dabei aber in ebenso strengem Zusammenhang mit ihren naturgesetzlichen Bedingungen steht, wie jeder andere beobachtbare Ablauf.[1] Veränderte Prozesse sind nicht gleichbedeutend mit Krankheit, da die Tatsache, daß *ein* naturgesetzlicher Substanzprozeß als «gesund», ein *anderer* als «krank» bezeichnet werden kann, einen Maßstab für Gesundheit und Krankheit schon voraussetzt. Das Kriterium für Krankheit ist in der Veränderung selbst nicht enthalten. Der Versuch, aus den physischen Erscheinungen den Begriff der Krankheit durch Analyse zu gewinnen, bedarf also am Ende der Untersuchung eben dessen, was zu Beginn gesucht werden sollte. Der Vorgang beinhaltet nur eine Verschiebung der Frage.

Daß dieser Umstand in der Schulmedizin nicht beachtet wird, entspringt einer Inkonsequenz. Es steht zwar außer Frage, daß dennoch jeder Arzt in gewissem Sinne weiß, wann ein Patient krank ist. Es ist auch wahr, daß es eine große Zahl von physiologisch-chemischen Parametern gibt, die das Vorhandensein einer Krankheit kennzeichnen und evtl. sogar für sie spezifisch sind. Trotzdem bleibt bestehen, daß die Beurteilungsgrundsätze für das Erfassen einer Erkrankung nicht denjenigen wissenschaftlichen Prinzipien entstammen, aus denen sich die Anschauung gebildet hat, daß der Mensch ein komplexer materieller Mechanismus sei. Mechanismen erkranken nicht, sie sind gestört.

Ohne sich genau darüber Rechenschaft abzulegen, erfaßt der Arzt weit mehr von seinen Patienten, als seiner wissenschaftlichen Überzeugung entspricht. Sein Einfühlungsvermögen, Mitempfinden und sein therapeutischer Handlungswille sind wesentlich beim Erfassen einer Krankheit beteiligt, ohne daß sie sich in sein Weltbild einfügen. Das auf das Physische beschränkte Denken wird in der *menschlichen Begegnung* mit dem Patienten zurückgestellt. Der Arzt steht so im Widerspruch zwischen seiner naturwissenschaftlichen Überzeugung und seinem menschlichen Empfinden und Handeln. Dies deutet auf eine tiefgreifende Einseitigkeit seiner wissenschaftlichen Anschauungsweise hin, und es erhebt sich die Frage, ob diese nicht zu einem umfassenden Verständnis erweitert werden kann.

Das Bedürfnis, die Grundfrage nach der Erkrankung im vollsten menschlichen Sinne beantworten zu lernen und die Grenzen einer einseitigen Betrachtung zu überwinden, ist der Ausgangspunkt für die anthroposophische Medizin.

An einem Erkrankungsfall, der durch den jungen Dichter und Medizinstudenten Friedrich Schiller dargestellt ist, soll anschaulich gemacht werden, worauf es dabei ankommt: Franz Moor, der mißratene Sohn des alten Grafen, sinnt nach, wie er seinen Vater auf natürlichem Wege aus der Welt schaffen kann. Er möchte es machen «wie der gescheite Arzt – nur umgekehrt. Nicht der Natur durch einen Querstreich den Weg verrannt, sondern sie in ihrem Gange befördert… Wer es verstünde dem Tod diesen ungebahnten Weg ins Schloß des Lebens zu ebnen? – den Körper vom Geist aus zu verderben… Sinne nach Moor! das wäre eine Kunst die es verdiente, dich zum Erfinder zu haben … Gram? – dieser Wurm nagt mir zu langsam. – Sorge? – diese Natter schleicht mir zu träge – Furcht? – die Hoffnung läßt sich nicht umgreifen … Ha! Schreck! Was kann der Schreck nicht!» Zufrieden geht er ans Werk, denn «des Zergliederers Messer findet ja keine Spuren von Wunden oder korosivischem Gift.»

Er läßt dem alten Herrn die unwahre Botschaft vom Heldentod des Sohnes Karl überbringen, den dieser angeblich aus Schmerz über das zerbrochene Band zum Vater gesucht hat. – Der Graf wird vom heftigsten Schmerz und bohrenden Schuldgefühlen hin und hergerissen und sinkt endlich wie leblos zurück. Der Tod von Maximilian Moor scheint erreicht zu sein. Franz glaubt sich am Ziel seiner Absichten. Was sonst erst in Wochen, Monaten oder gar Jahren eingetreten wäre, ist durch den Schreck beschleunigt schon geschehen.

Wie kam es zu dieser Beschleunigung? Franz brachte dem Vater eine erlogene Nachricht. Die erste Voraussetzung für den folgenden Vorfall lag darin, daß der Graf sie in vollkommener Klarheit mit ihren Konsequenzen *verstehen* konnte. Hätte Franz nicht damit rechnen können, daß der Vater bei Verstand und Sinnen war – er hätte wohl doch ein «korosivisches Gift» benützen müssen. – Eine weitere Bedingung war die, daß die Botschaft nicht auf Gleichgültigkeit stieß. Jeder andere Tatbestand als der Tod des liebsten Menschen hätte den Grafen weit weniger ergriffen. In dem seelischen Schmerz aber, dem durch die Schuldempfindung die Richtung auf die eigene Person gegeben wurde, lag die kalkulierte Wirkung dieses *inneren* Giftes. Eben hatte der alte Moor, im Sessel ruhend, noch von Karl geträumt. Da traf ihn wie ein Blitz aus dem heiteren Himmel seines Traumes die Erkenntnis von dem großen Verlust. Sie weckte und konzentrierte alle seine Gedanken und Gefühle auf diesen einen Punkt und schlug durch bis auf den Boden seiner physischen Existenz. Es ist nicht schwer sich vorzustellen, wie jede Faser seines

Wesens sich spannte, Puls und Atem rasten – zuletzt aber alle Lebensprozesse in Erschöpfung fast zum Stillstand kamen. So wirkten das geistige Verständnis, der seelische Schmerz und die Lebensfunktionen zusammen, um den Scheintod hervorzurufen.

Dieses Geschehen tritt im Rahmen einer Dichtung auf, ist aber als Vorgang keineswegs unwirklich.

Was zunächst im Bereich des Bewußtseins und der Empfindung induziert wurde, führte am Ende zu physischen Ergebnissen: Der Gedanke an den Tod des Sohnes hatte fast den eigenen zur Folge, indem sich der seelische Krampf in die organischen Funktionen hinein fortsetzte. Aus diesem innern und äußern Kampf blieb zuletzt nur der kraftlos hingestreckte, scheinbar leblose, physische Leib zurück.

An diesem Geschehen ist der sinnlichen Anschauung und ihren wissenschaftlichen Methoden nur das zugänglich, was als physisches Ergebnis die *Wirkung* von *Ursachen* ist, die selbst nicht sinnlich hervortreten. Um die Ursachen zu erkennen, die den Erscheinungen des Lebens in Gesundheit und Krankheit zugrunde liegen, ebenso wie der Beseelung und der geistigen Fähigkeiten, ist es notwendig, das wissenschaftliche Vorgehen umzuwandeln. – Zunächst soll das Leben betrachtet werden.

Der belebte Organismus, in dem die vielfältigsten Funktionen des Stoffaufbaus, Umbaus und Abbaus in rhythmischer Abfolge zusammenwirken, bedarf zu seiner Erkenntnis einer Anschauungs- und Denkweise, die seine Dynamik mitvollzieht. Erst dadurch können seine räumlich-zeitlichen Wirkungen als der einheitliche Ausdruck eines übergeordneten Ganzen verstanden werden. Eine Verfärbung des Gesichtes, eine Beschleunigung von Puls und Atem und alle Funktionen, die heute in großer Differenziertheit bekannt sind, sind verbunden, wirken ineinander, durcheinander und miteinander im Sinne einer solchen organisch-lebendigen Gesetzmäßigkeit.

In der Zeit beginnender Systematik in der Medizin bestand ein Empfinden dafür, daß die pathologischen Vorgänge im Menschen einen organisch-gesetzlichen Bildcharakter haben, wenn man den Zusammenhang der veränderten Funktionen in entsprechender Weise betrachtet: «Wer aufmerksam die Anordnung, die Zeit und die Stunde beobachtet, in der das Quartanfieber auftritt, sowie die Erscheinungen des Schüttelfrostes, der Hitze und die anderen spezifischen Symptome, wird ebenso viele Gründe haben, zu glauben, daß die Krankheit eine Art ist, wie er Gründe hat, zu glauben, daß eine Pflanze eine Art bildet, da sie immer in derselben Weise wächst, blüht und abstirbt.»[2]

Ebenso wie man eine Pflanze im Unterschied zum Stein nur dadurch in ihrer besonderen Eigenart als Lebewesen begreift, daß sie im Sinne der goetheschen Methode nach ihren eigenen Gesetzen betrachtet wird, d.h. im inneren Nachvollzug ihrer Metamorphose und Steigerung vom Samen über die Blattentfaltung zur Blüte und Frucht – ebenso muß der erkrankte und gesunde Mensch in bezug auf seine Lebensprozesse mit intensiviertem, belebtem Denken angeschaut und erkannt werden.

Wie dies zu geschehen hat, um in ebenso sachlicher und klarer Weise zu verfahren, wie es die Naturwissenschaft bei ihrem Vorgehen zu tun pflegt, dazu gibt die Anthroposophie Anweisung: «Man kann einfache, leicht überschaubare Gedanken in den Mittelpunkt des Bewußtseins stellen, und dann, mit Ausschluß aller anderen Gedanken, alle Kraft der Seele auf solchen Vorstellungen halten. Wie ein Muskel erstarkt, wenn er immer wieder in der Richtung der gleichen Kraft angespannt wird, so erstarkt die Seele mit Bezug auf dasjenige Gebiet, das sonst im Denken waltet, wenn sie in der angegebenen Art Übungen macht. Man muß betonen, daß diesen Übungen einfache leicht überschaubare Gedanken zugrunde liegen müssen. Denn die Seele darf, während sie solche Übungen macht, keinerlei Einflüssen eines halb oder ganz Unbewußten ausgesetzt sein… Im Verfolge dieses Übens kommt man zu einer Verstärkung der *Denkkraft*, von der man vorher keine Ahnung hatte. Man fühlt die waltende Denkkraft in sich wie einen neuen Inhalt seines Menschenwesens. Und zugleich mit diesem Inhalt des eigenen Menschenwesens offenbart sich ein Weltinhalt, den man vorher vielleicht geahnt, aber nicht durch Erfahrung gekannt hat.»[3]

Die Erkenntnisfähigkeit, die mit diesem hier nur angedeuteten Üben erlangt wird, bezeichnet die Anthroposophie als Imagination. Die Welt, die durch die *Imagination* zur Wahrnehmbarkeit kommt, wird die *ätherische* Welt genannt. Und so wie der Mensch aus den Stoffen der physischen Welt seinen physischen Körper aufbaut, ebenso baut er aus den wirksamen Kräften der ätherischen Welt seinen *Ätherleib* auf. Er kann auch als *Lebensleib* bezeichnet werden, weil er die Substanzen der physischen Welt zum Leben aufruft. Den

18

Ätherleib haben Mensch und Tier mit den Pflanzen gemeinsam, wenn auch das Leben sich in ihnen jeweils anders gestaltet. (Die Bezeichnungen sind ursprünglich einer älteren Terminologie entnommen, aber nur in dem Sinne hier zu verstehen, wie sie in der Anthroposophie verwendet werden.)

Mit der Erkenntnis des Ätherischen im Menschen und in der Natur dringt die Medizin über jene Grenze hinaus, an der die auf das Sinnliche beschränkte Anschauung stehenbleibt. Dasjenige, was den Organveränderungen zugrunde liegt und ihnen vorausgeht, wird dadurch erfaßbar.

Die Lebensvorgänge von Graf Moor können sich auf dieser Erkenntnisstufe unmittelbar offenbaren. – Um den eigentlichen Grund seiner Erkrankung begreifen zu können, muß jedoch ein Verständnis seines seelischen Wesens gewonnen werden: Wir konnten beobachten, wie ein Gefühlserlebnis sich störend in den Zusammenhang seiner Lebensfunktionen eingeschaltet hat. Hierin mußten wir die Auslösung des Zustandes sehen. Dieses macht den Übergang zu einer neuen Erkenntnisstufe notwendig.

Eine Anschauung von diesem Übergang kann man durch den Vergleich von Pflanze und Tier gewinnen: Die Pflanze lebt, sie hat Stoffwechsel und Gestaltentwicklung. Damit steht sie in vollkommener Verbundenheit und Abhängigkeit von ihrer Umgebung. Je nachdem wie die Verhältnisse der Feuchtigkeit, des Lichtes, der Wärme zu einem bestimmten Zeitpunkt sind, werden ihre Stoffwechselvorgänge andere sein. Sie wird durch die *äußeren Verhältnisse* bestimmt. Beim Tier tritt eine neue Eigenschaft demgegenüber auf: was bei der Pflanze nur von außen reguliert ist, bestimmt das Tier von *innen*. Es zeigt Empfindungsfähigkeit, Lust und Furcht. Der Habicht stürzt sich auf die Maus, sobald er sie erblickt; dem Hund läuft der Speichel aus dem Maul beim Riechen einer Wurst, der Ziege aber nicht. Ein jeweils eigenes *Verhältnis* zum Wahrgenommenen kommt dadurch zum Ausdruck. Die Begierde und die Angst des Tieres wirkt in seinem Stoffwechsel, in seinen Lebenstätigkeiten. Sie kann sie beschleunigen oder verlangsamen. Die Beziehung zur Umwelt wirkt im Innern weiter. Um dieser Kraft näher zu kommen, die im Tiere und auch beim Menschen die Außenwelt im Empfinden erlebbar macht und die in die Organfunktionen fortwirkt, muß die Erkenntnisschulung fortgesetzt werden:

19

«Man kann, wie man eine erhöhte Kraft anwendet, sich auf Gedanken, die man in den Mittelpunkt des Bewußtseins gerückt hat, zu konzentrieren, auch darauf wieder eine solche erhöhte Kraft anwenden, die erlangten Imaginationen (Bilder einer geistig-ätherischen Wirklichkeit) zu unterdrücken. Dann erlangt man den Zustand des völlig leeren Bewußtseins. Man ist bloß wach, ohne daß zunächst das Wachsein einen Inhalt hat. Aber dieses Wachsein ohne Inhalt bleibt nicht. Das von allen physisch- und auch ätherisch-bildhaften Eindrücken leer gewordene Bewußtsein erfüllt sich mit einem Inhalt, der ihm aus einer realen geistigen Welt zuströmt, wie den physischen Sinnen die Eindrücke aus der physischen Welt zuströmen.

Man hat durch die imaginative Erkenntnis ein zweites Glied der menschlichen Wesenheit kennengelernt; man lernt durch die Erfüllung des leeren Bewußtseins mit geistigem Inhalt ein drittes Glied kennen. Die Anthroposophie nennt das Erkennen, das auf diese Art zustande kommt, dasjenige durch *Inspiration*... Und die Welt, in die man durch die Inspiration Eintritt gewinnt, bezeichnet sie als die *astralische Welt*.»[4]

Die Gesetze dieser Welt trägt der Mensch in seinem Empfindungsleben als Fähigkeiten in sich. Er baut daraus seinen *Astralleib* oder *Empfindungsleib* auf. Dieser gibt ihm den Reichtum seiner Gefühlswelt, zugleich aber auch die Möglichkeit der Erkrankung.

Die Fähigkeit, mit der *Umwelt* in innere Beziehung zu treten, gefährdet den Menschen, wenn diese Beziehung sich zu stark auf das eigene Innere richtet. Das seelische Zusammenziehen im Schmerz bewirkt im Organismus die Ohnmacht – oder fast den Tod, wie es am Beispiel des alten Moor deutlich wurde.

Blicken wir auf den Menschen als individuell-geistige Persönlichkeit, so kommt ein vierter Bereich im Menschen in Betracht, durch den er sich in vollem Bewußtsein in seinem Gedankenleben selbst Ziel und Richtung geben kann. In ihm ist die Möglichkeit zum selbstbewußten Erkennen und freien Handeln veranlagt. Er kann als *Ich* bezeichnet werden. Dieses wird durch die Erkenntnisstufe der *Intuition* wahrnehmbar, durch welche der Mensch als geistiges Wesen unmittelbar geschaut wird.[5] Die Grundlage für die bewußte Erkenntnisfähigkeit, mit der der Graf den Inhalt der verhängnisvollen Nachricht erfassen konnte, würde hierdurch der geisteswissenschaftlichen Untersuchung zugänglich.

Das Beispiel aus den «Räubern» zeigt am Extrem, was in feiner und weniger offensichtlicher Weise bei jeder Erkrankung beobachtbar ist: ein verändertes Verhältnis, ein gestörtes Gleichgewicht im Zusammenwirken der vier Bereiche des menschlichen Wesens. Jedes einzelne der geschilderten Wesensglieder kann in seiner Wirksamkeit überwiegen oder zu schwach sein. So kann verständlich werden, daß in einem umfassenden und eindringenden Verständnis für das menschliche Wesen eine Erkenntnis dessen, was Krankheit ist, möglich wird. Aus dieser Erkenntnis folgt zugleich die Therapie – sie ist nur die andere Seite desselben Erkenntnisvorganges.

Fragen wir, wodurch der alte Vater vor dem Tode bewahrt wird, so müssen wir seine Rettung in der Ohnmacht sehen. Das Bewußtsein schwindet ihm, da seine im höchsten Maße angetriebenen Lebensprozesse zuletzt zum Stillstand kommen und dem übermäßigen Eingreifen der schmerzvollen Gedanken und Empfindungen keine Grundlage mehr geben können. Ebenso wie beim Verschlucken einer Gräte der Würgreiz nur so lange besteht, wie ein Empfinden für den Fremdkörper vorhanden ist und der Erstickungsanfall mit beginnender Ohnmacht verschwindet, ebenso können die Lebensvorgänge des Grafen dadurch wieder ihre geordneten Bahnen finden, daß der Stachel des schmerzlichen Gedankens aus seinem Erleben genommen ist.

Die Genialität von Franz Moors Anschlag liegt darinnen, daß er eine natürliche, in jedem Menschen vorhandene Krankheitsneigung zur Entfaltung bringt – «den Körper vom Geist aus zu verderben.» Hierin eben liegt die Umkehrung dessen, was der «gescheite Arzt» tut. Dieser nämlich wird wirken wie eine feine Ohnmacht: den Organismus an seinem erkrankten Organ von der zu tief eindringenden geistig-seelischen Wirkung befreien.

«In der Geist- und Seelenfähigkeit hat man die Ursachen des Krankseins zu suchen. Und das Heilen muß in einem Loslösen des Seelischen oder Geistigen von der Organisation bestehen.»[6]

Die Anthroposophie erweitert die Wissenschaften, indem sie durch Imagination, Inspiration und Intuition den belebten, beseelten und geistigen Menschen erfaßbar macht. Sie erhebt dasjenige, was im menschlichen Organismus wirkt zur Erkenntnis und ist in diesem Sinne eine gesteigerte Modifikation der Menschennatur selbst. Deshalb kann sich aus ihr eine Heilkunst begründen, die den Menschen als Ganzen zu heilen vermag.

Ihr Anliegen ist es nicht, die vorherrschende Medizin durch eine andere zu ersetzen, sondern sie durch eine umfassende Erweiterung zu einer wirklichen Heilkunst erst zu machen. Die Voraussetzung und der Ausgangspunkt liegt bei der Erkenntnis des physischen Menschen. «Hier liegen die Aufgaben der Spezialisten..., die auf dem einen oder anderen Gebiete die nötige Vorbildung haben. Dann werden wir nicht eine physizierte Anthroposophie, eine chemisierte Anthroposophie, sondern dann werden wir eine anthroposophische Chemie, anthroposophische Physik wirklich begründen. Dann werden wir nicht eine im Sinne der alten Medizin ein bißchen umgeänderte neuere Medizin begründen, sondern dann werden wir eine anthroposophische Medizin begründen.»[7]

Die heutigen Wissenschaften haben bisher Ungeheures in der Erforschung des Physischen geleistet. Durch ihre nur auf das Sichtbare gerichtete Methode aber ist das Gebiet beschränkt, über das sie Aussagen zu machen berechtigt sind. Was jenseits dieses Bereiches liegt, bedarf anderer Methoden.

Die anthroposophische Wissenschaft steht am Anfang. Ihrem ganzen Wesen nach aber ist sie das Gegenteil einer nationalsozialistischen Physik: nicht der Abweg in die ideologische Verengung, in der ein krankhafter Zeitimpuls wirkt, sondern der Aufstieg zur erweiterten Wissenschaft von Natur und Mensch, in der die Aussicht auf eine umfassende Therapie sich eröffnet.

Anthroposophische Medizin

Historischer Überblick
und wissenschaftlicher Ausgangspunkt

Die anthroposophische Medizin ist die von *Rudolf Steiner* (1861–1925) und seinen ärztlichen Mitarbeitern – vor allem der Ärztin *Ita Wegman* (1876–1943) – begründete Erweiterung der naturwissenschaftlichen Medizin durch die Ergebnisse der anthroposophischen Geisteswissenschaft.* Dies hat seit 1920, als der erste anthroposophische Ärztekurs stattfand, zu einer fruchtbaren Entwicklung geführt, die heute in zahlreichen Arztpraxen, Kliniken und Forschungseinrichtungen in der ganzen Welt ihren Ausdruck findet. Dennoch steht die anthroposophische Medizin, was ihre Entwicklung und auch Dokumentation ihrer Praxis anbelangt, noch am Anfang, und ihre Vertreter sind sich bewußt, daß in dieser Hinsicht weiterhin umfangreiche und grundlegende Arbeit zu leisten ist.

Die anthroposophische Medizin steht immer wieder im Verdacht, in einem Gegensatz zur wissenschaftlichen Medizin zu sein. Im Sinne ihrer eigenen Grundsätze ist sie das nicht. Ihr Verhältnis zur wissenschaftlichen Gesinnung wird durch folgende Sätze von *Steiner* charakterisiert: «Nicht um eine Opposition gegen die mit den anerkannten wissenschaftlichen Methoden der Gegenwart arbeitende Medizin handelt es sich. Diese wird von uns in ihren Prinzipien voll anerkannt. Und wir haben die Meinung, daß das von uns gegebene nur derjenige in der ärztlichen Kunst verwenden soll, der im Sinne dieser Prinzipien vollgültig Arzt sein kann. Allein wir fügen zu dem, was man mit den heute anerkannten wissenschaftlichen Methoden über den Menschen wissen kann, noch weitere Erkenntnisse hinzu, die durch andere Methoden gefunden werden, und sehen uns daher gezwungen, aus dieser erweiterten Welt- und Menschenerkenntnis auch für eine Erweiterung der ärztlichen Kunst zu arbeiten.»[1]

* Kapitel aus dem Buch «Alternativen in der Medizin», mit freundlicher Genehmigung, © Hippokrates Verlag 1993.

Der hier verwendete Begriff der *Erweiterung* macht erfahrungsgemäß Schwierigkeiten. Das ist verständlich: Wenn im wissenschaftlichen Austausch von neuen Erkenntnissen oder einer Erweiterung des Wissensstandes die Rede ist, wird im allgemeinen vorausgesetzt, daß die neuen Ergebnisse sich auf die Grundlagen der schon anerkannten wissenschaftlichen Methoden und Denkmöglichkeiten stützen. Bei dem Begriff der Erkenntniserweiterung, wie er von *Steiner* angewendet wird, sind jedoch nicht nur neue Beobachtungen – z.B. durch andere instrumentelle Techniken – und deren Interpretation, sondern auch die Verwandlung des Denkens und der Wahrnehmung, also der Erkenntnisgrundlage selbst gemeint.

Während die heute vorherrschende Wissenschaft gleichsam innerhalb einer Erkenntnisdimension bleibt und diese immer mehr durchdringt, sehen die Vertreter der Anthroposophie darüber hinaus die Möglichkeit, andere Ebenen des Forschens und Erkennens in systematischer Weise auszubilden.[2] – Für die Medizin wird die spezifische Berechtigung zur Erweiterung und Verwandlung ihrer Methoden vor allem darin gesehen, daß der gesunde und kranke Mensch ein Wesen ist, in dem verschiedene Existenzschichten zusammenwirken und sich jeweils erst einer ihnen entsprechenden Erkenntnisart erschließen.

Die Hauptaufgabe dieses Beitrages soll es sein, eine einführende Darstellung dieser Seinsebenen des Menschen zu geben und auf deren Bedeutung für die Medizin hinzuweisen. Zur Klärung der dabei auftretenden Fragen des Wissenschaftsverständnisses werden aber einige erkenntnistheoretische Überlegungen vorausgeschickt.

Erkenntnistheorie

Seit *Kant* 1781 den Erkenntnisprozeß einer kritischen Untersuchung unterworfen und die spekulative Metaphysik als eine unzulässige Überschreitung der Erkenntnisgrenzen dargestellt hat, ist die Bedeutung der *Erfahrungsgrundlagen* wissenschaftlicher Bemühungen immer mehr in den Vordergrund des Bewußtseins gerückt.

Dieser Aspekt der Kantschen Erkenntnistheorie hat im modernen Empirismus fast schon den Charakter einer Selbstverständlichkeit gewonnen. Allgemein ausgedrückt bestand zunehmend Einigkeit darüber, daß das Objekt einer wissenschaftlichen Gedankenbildung in einer beschreibbaren Art empirisch faßbar sein muß. So gesehen ist z.B. das Reden über das «Wesen» einer Sache nicht etwa falsch, sondern im empirisch-wissenschaftlichen Sinn *inhaltslos*, sofern nicht dargestellt wird, wie es nachgewiesen werden kann.

Allerdings stellte sich immer mehr die Frage, was das Attribut «empirisch nachweisbar» zu tragen berechtigt ist (*Avenarius* z.B. hielt auch das Ich-Gefühl für einen empirischen Tatbestand). Aus einer über längere Zeit verlaufenden Kontroverse ergab sich schließlich eine vorläufige Einigung darüber, daß die Wahrnehmungen der Hauptsinne (Sehen, Riechen, Hören, Schmecken, Tasten usw.) bzw. deren physikalische Umwandlungen als empirisch vorhanden gelten sollten. Es blieb dabei allerdings ein unerreichtes Ideal, alle Wahrnehmungen apparativ so umzuwandeln (z.B. zu Zeigerausschlägen), daß jeglicher subjektive qualitative Aspekt in eine quantifizierbare Form gebracht werden könnte. Schmerz wäre im Sinne dieses Wissenschaftsideals ein objektives Phänomen erst als Potentialschwankung an einer entsprechenden Nervenfaser oder die Farbe Blau eine elektromagnetische Schwingung von definierter Frequenz (sog. Physikalismus).[3]

Eine Reihe von Problemen, die sich in der Praxis ergeben, muß übergangen werden. Wir gehen direkt auf dasjenige zu, aus dem sich die Kritik von seiten der Anthroposophie am deutlichsten ergibt und aus dem die Konsequenz für das Problem der Erkenntnisgrenzen am leichtesten dargestellt werden kann:

Der Versuch, die Wissenschaft auf die Bearbeitung sinnlicher Phänomene zu beschränken, hat eine besonders konsequente Ausgestaltung in der sog. physikalischen Identitätstheorie. Diese besagt, daß alle Phänomene des Bewußtseins, wie z.B. auch das Denken, Erinnern usw., Folgen des elektrochemischen Verhaltens der neuronalen Gegebenheiten der Hirnrinde sind. Anders ausgedrückt heißt das, daß unsere Bewußtseinsleistungen letztlich Epiphänomene der physikalischen Strukturen unseres organismischen Mechanismus sind.[4,5]

Hiermit entsteht, den Empirismus zu Ende denkend, ein nicht lösbares Problem. Es ergibt sich, sobald derjenige, der von der Wahrheit der physikalischen Identitätstheorie überzeugt ist, diese auf sein eigenes Erkennen anwendet. Er muß sich dann sagen, daß auch das wissenschafttreibende, z.B. anhand der Neurophysiologie über Bewußtseinsäußerung nachdenkende Tun selbst, ein solches Epiphänomen physikalischer Strukturen ist. D.h., daß auch die physikalische Identitätstheorie selbst das physikalisch ablaufende Ergebnis einer ihr zugrundeliegenden komplexen Struktur ist, ebenso wie die scheinbare Einsicht in die Gesetzmäßigkeiten logischer Verknüpfungen und wissenschaftlicher Urteilsbildung. Der zu suchende Maßstab für die Qualität oder den Wert einer solchen Theorie wäre selbst wieder das Produkt eines entsprechenden Vorganges. So entsteht ein unendlicher Regreß. Diese Konsequenz ergibt sich aus der Bemühung, die Gedankenbildung auf sinnliche Ursachen, die sie determinieren, zurückzuführen. Diesen Tatbestand, den schon *Steiner* dargestellt hat, hat in neuerer Zeit *Popper* folgendermaßen formuliert: «Nach deterministischer Auffassung wird jegliche Theorie und somit auch der Determinismus selbst durch eine vorgegebene, physikalische Struktur bestimmt, die im Vertreter dieser Theorie, und zwar in seinem Gehirn, niedergelegt ist. Demzufolge täuschen wir uns oder werden durch physikalische Gegebenheit dahin gebracht, uns zu täuschen, wenn wir glauben, es seien Argumente oder Beweisgründe, die uns zur Anerkennung des Determinismus bringen.»[6]

Die gegenwärtige wissenschaftliche Situation soll auf diesem Hintergrund folgendermaßen zusammengefaßt werden: Die naturwissenschaftliche Methode hat seit Beginn der Neuzeit die sinnliche Welt erforscht und hier nicht ahnbare Entdeckungen gemacht. Die Macht, die sie über die Natur gewonnen hat, bestätigt, daß sie in vorhersehbarer und durchschaubarer Weise in die wirkenden Naturgesetze einzugreifen gelernt hat. Diese Macht bestätigt letztlich ihre Wahrheit. Die Wissenschaft hat es auf diesem Wege jedoch nicht vermocht, *sich selbst* und ihr Vorgehen zu begreifen. Die Gesetze der Logik – welche schon in der Antike durch *Aristoteles* untersucht wurden – und die sich aus ihr ergebende *Deutung* empirischer Sachverhalte sind nicht selbst sinnliche Phänomene, und der Versuch, sie von solchen abzuleiten, führt zu einem Widerspruch bzw. in den angedeuteten unendlichen Regreß. Es ergibt sich also folgende Paradoxie: einerseits besteht die Anschauung, daß Wissenschaft sich auf empirische Tatsachen beschränken soll (*Kant*, moderner Empirismus usw.). Andererseits bezieht diese Wissenschaft in Form des angewendeten Denkens immer etwas mit ein, das selbst nicht von einem natürlich gewachsenen Sinnesorgan wahrgenommen werden kann und sich nicht aus dieser Ebene ableiten läßt, sondern ihr erkenntnistheoretisch und historisch vorausgeht. Hier liegt der Ansatz der anthroposophischen Kritik und der Ausgangspunkt ihrer Erkenntnistheorie (die besser eine Erkenntnisempirie genannt werden sollte).[7]

Die erkenntnistheoretische Grundlage der anthroposophischen Medizin

Der Ausgangspunkt der Erkenntnistheorie von *Steiner* läßt sich thesenartig zusammengefaßt folgendermaßen wiedergeben: Denken ist als Betätigung des Menschen ein Faktum. Es läßt sich nicht durch dasjenige wahrnehmen, was herkömmlich als Sinnesorgan bezeichnet wird; es ist aber dennoch in der Selbstreflexion mit seinen Gesetzmäßigkeiten beobachtbar und beschreibbar. So entstehen z.B. die Logik aus einer Empirie des Denkens, aber auch das Bemühen der Erkenntnistheorie selbst. Es ist widersinnig, wenn Erkenntnistheoretiker wie *Kant* oder spätere wie die der Wiener Schule einerseits die Erkenntnisbildung und Logik *untersuchen* und andererseits das Erkennen auf *die* Welt beschränken wollen, die den äußeren Sinnesorganen zugänglich ist. Damit löschen sie ihr eigenes Tun wieder aus und entziehen ihrer auf die Erkenntnisbildung hin gerichteten Reflexion – die kein sinnliches Objekt hat – sekundär wieder die Grundlage. Daß dies dennoch geschieht, spiegelt ein wissenschaftliches Vorurteil wider. *Kuhn*[8] würde es wohl ein Paradigma nennen, welches auch gegenwärtig im Sinne einer Konvention fortbesteht. Dies beruht auf der mangelnden Radikalität, *alles* als empirische Gegebenheit anzuerkennen, was in dem Horizont der inneren und äußeren Wahrnehmung auftritt. *Steiner* weist darauf hin, daß jeder imstande ist, das Denken als eine innere Wahrnehmung in sich zu finden und zu beobachten. Er bemerkt dabei, daß es sich von allen anderen Wahrnehmungen jedoch in einer gewissen Weise unterscheidet: Einerseits verschwindet das Denken der Aufmerksamkeit, wenn dieses sich den äußeren, sichtbaren Erscheinungen zuwendet, die es miteinander verknüpft, d.h. die es in ihrem Zusammenhang zu durchschauen versucht. Dieses Verschwinden der

Aufmerksamkeit ist ein psychologisches Moment, weil das Bewußtsein dann den Gegenständen gilt. (Man vergißt z.B. leicht, daß die roten Flecken an der Haut, das Fieber und Herzklopfen und die eitrigen Beläge an den Tonsillen sich nicht von selbst zur Diagnose «Scharlach» zusammenfassen, sondern daß dies erst durch die verknüpfende Tätigkeit des Denkens geleistet wird.)

Das Denken kann andererseits wieder bewußt werden, wenn seine Tätigkeit selbst befragt wird. Das geschieht z.B., wenn jemand bemerkt, daß er einem Trugschluß unterlegen ist und evtl. auch noch feststellt, worauf sein Denkfehler beruht hat. In diesem Fall ist die falsche Betätigung des Denkens durch das Denken selbst begriffen worden. Das früher Gedachte ist dann Wahrnehmungsobjekt des gegenwärtigen Nachdenkens gewesen. Hierin liegt eine Doppelheit des Denkens: sowohl Wahrnehmungsobjekt als auch Wahrnehmungsorgan sein zu können.[9]

Das Denken als empirische Tatsache wahrzunehmen und zugleich die daraus sich ergebenden Konsequenzen ernst zu nehmen, ist der Ausgangspunkt der Anthroposophie. In der Terminologie von *Steiner* ist das wahrnehmende Beobachten des Denkens bereits eine *«übersinnliche»* Tätigkeit, nämlich insofern dem Denken kein sichtbares Sinnesorgan gegenübersteht, wie z.B. das Auge den Farben. Dennoch ist die Beobachtung des Denkens empirisch, und in diesem Sinne kann auch die theoretische Mathematik eine innerliche, empirische, wenn auch nicht sinnliche, Wissenschaft genannt werden. Demgegenüber bezeichnet *Steiner* die Welt, so wie sie sich den Sinnesorganen selbst darstellt, als «sinnlich» wahrnehmbar und die Erscheinungen, die durch die Technik zur Erscheinung kommen, wie z.B. die Elektrizität, als «untersinnlich».

So bestehen also sichtbare, sinnliche Erscheinungen dadurch, daß wir entsprechende Organe haben, die sie wahrnehmen, untersinnliche Erscheinungen, die technisch zur Wahrnehmbarkeit der Sinne erhoben werden, und übersinnliche Phänomene, die dem Menschen durch Übung und Verfeinerung seiner Aufmerksamkeit und Wahrnehmungsfähigkeit erst bewußt werden. In der Richtung dieser systematischen und kontrollierten Erkenntniserweiterung liegen auch diejenigen Schichten, aus denen sich ein erweitertes Menschenbild aufbaut, das in enger Abhängigkeit von der dabei angewandten Bewußtseins-, d.h. Erkenntnisbetätigung besteht.

Die Naturwissenschaft hat sich in ihrer historischen Entwicklung entgegen dem Dogma der Kirche nicht davon abhalten lassen, die Natur zu erforschen. Ebenso braucht sich die Wissenschaft heute nicht davon abhalten lassen, die Gesetzlichkeiten des Menschen und der Welt so zu erforschen, wie es einer fortgebildeten und kritisch reflektierten anthroposophischen Erkenntnismethodik entspricht, statt sich von vorausgesetzten Grenzen der Erkenntnis abschrecken zu lassen. Es muß hierbei jedoch betont werden, daß den angesprochenen übersinnlichen Wahrnehmungen nur dann ein Wert beizumessen ist, wenn sie das Ergebnis einer (empirischen) Beobachtung sind. *Steiner* stimmt mit *Kant* und dem modernen Empirismus darin überein, bloße Worte als wertlos zu erachten, wenn es sich dabei lediglich um das spekulative Fortspinnen von Möglichkeiten handelt, zu deren Prüfung weder in innerer noch äußerer Methodik ein beschreibbarer Weg angegeben werden kann. Im Rahmen dieser zusammenfassenden Darstellung können wir die Wege zum Erüben und Ausbilden der angesprochenen erweiterten Erkenntnisarten nicht systematisch darlegen und verweisen hierfür auf die Literatur. Der weitere Verlauf der Darstellung hat zum Gegenstand, welche Bereiche des Menschen durch die übersinnliche Forschung ins Blickfeld rücken.

Die Wesensglieder des Menschen.
Grundbegriffe der anthroposophischen Medizin

Anhand von vier Bildern der Sängerin Valentine Godé-Darel, gemalt von Ferdinand Hodler (1856–1918),[10] sollen die ineinandergreifenden Schichten des Menschen, in der Anthroposophie als *Wesensglieder* bezeichnet, zunächst in anschaulicher Form eingeführt werden. Der Leser wird gebeten, die dargestellten Abbildungen (S. 30/31) zunächst nur zu betrachten und sich dabei die Frage vorzulegen, mit welcher Qualität der Persönlichkeit er es zu tun hat, wenn er einem Menschen in der jeweiligen Situation begegnet. Erst anschließend sollte der weitere Text gelesen werden.

Der 52jährige Ferdinand Hodler lernte 1908 die 20 Jahre jüngere, eben geschiedene Sängerin kennen. Es entwickelte sich eine enge

Abb. 1: Die Zeichnung «Valentine Godé-Darel mit schwarzem Halsband, (1908) zeigt die elegante Pariserin mit wachem, geradeaus gerichtetem Blick und beredtem Mund. Sie ist geformt und bestimmt in ihrem Ausdruck. Die nur angedeutete modische Kleidung, die Haltung des Körpers und die feine Linienführung des Gesichtes geben einen Eindruck der Persönlichkeit und geistigen Präsenz. (Privatbesitz Schweiz)

Abb. 2: Kurze Zeit vor der Operation: «Die kranke Valentine Godé-Darel» (1914). Valentine sitzt im Bett. Die Profillinie ist dunkel gezeichnet. Die Augen sind umschattet, der Blick nach unten gerichtet. Sie scheint sich mit sich selbst zu beschäftigen und ist wie wund. Der Mund ist auch hier geöffnet, aber nicht zum Sprechen, das Kinn spitz. Obwohl das Haupt frei getragen wird, ist es doch leicht gesenkt. (Cabinet des dessins du musée d'art et d'histoire ville de Genève)

Abb. 3: «Die kranke Valentine Godé-Darel» (29.12.1914). (Cabinet des dessins du musée d'art et d'histoire ville de Genève)

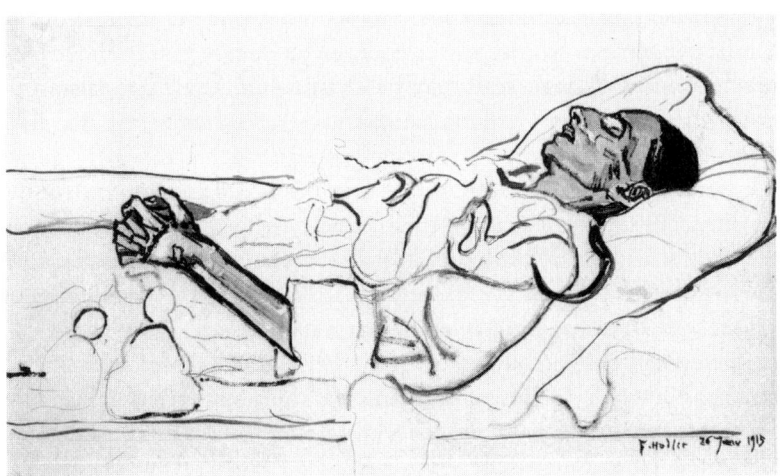

Abb. 4: «Die tote Valentine Godé-Darel» (26.1.1915). (Öffentliche Kunstsammlung Basel, Kunstmuseum) Der Kopf ist ganz zurückgefallen, das Auge ist in der Augenhöhle «wie in einem erloschenen Krater» eingesunken.[11] Die Hände wurden ihr wie zum Gebet gefaltet. Die knöcherne Form des Schädels zeichnet sich durch die Haut der Verstorbenen ab.

31

Beziehung. Valentine stand bald für Hodler Modell, wurde später seine Geliebte und 1913 Mutter der gemeinsamen Tochter Paulette.

Von der Geburt der Tochter im Oktober 1913 erholte sich Valentine nur langsam, sie schien krank. Anfang des Jahres 1914 wurde ein Unterleibskarzinom diagnostiziert und erstmalig operiert.

Zwei Monate nach der ersten Operation schrieb Hodler in einem Brief: «Meine arme Valentine hat einen galoppierenden Krebs. Sie wird mit Radium behandelt».[11] Es folgte im Mai eine zweite Operation. Der Zustand verschlechterte sich aber rasch, und am Ende des Jahres war der Kräfteverfall weit fortgeschritten. Hodler fand sie bei seinen zuweilen täglichen Besuchen meist nur noch schlafend vor.

Am 25. Januar starb Valentine am Abend. Hodler war tief erschüttert und malte mit leuchtenden roten und gelben Farben und großen horizontalen Linien den Sonnenuntergang, den er durch das Fenster im Sterbezimmer sehen konnte. Am folgenden Tag malte er sie erneut und noch einmal, aufgebahrt, am Tag ihrer Bestattung. Sechs Monate nach ihrem Tod hat sie Hodler ein letztes Mal gemalt. Es wurde ein visionäres Bild aus dem Gedächtnis. In Stil und Durchführung steht es einzig da in seinem Werk. Valentine ist en face abgebildet, gesund, der Mund fast lächelnd, doch der Blick ernst. Das ovale Gesicht in zartem Rot ist wie erleuchtet, ebenmäßig und schön. Die geschlossenen Lippen sind zart geschwungen. Alle Züge sind nur angedeutet bis auf die großen dunklen, ruhigen Augen, die den Betrachter direkt ansehen. Aus diesem einzigartigen Dokument eines Sterbens, das der geschulte, nüchterne Blick des Malers und seine mitfühlende Hand in zahllosen Bildern geschaffen haben, wurden vier Bilder ausgewählt, die vom künstlerischen Standpunkt aus kaum die bedeutendsten sind.

Das erste Bild, aus dem vollen Leben gemalt, bestimmt von dem Erlebnis der ersten Begegnung, zeigt die Persönlichkeit der interessanten, gebildeten und schönen Valentine im Vollbesitz ihrer Kräfte. Ihre Intentionen leben sich ungehindert aus, und wir werden zu einem bestimmten, charakteristischen Eindruck der Person selbst hingeführt. Sie zeigt sich dabei in ihrer Individualität, und wären wir ihr begegnet, so hätte sie wohl auch auf uns einen starken Eindruck gemacht. Für Hodler wurde sie zum Erlebnis «des anderen» – des entscheidenden Gegenübers –, und er war es für sie. Sie standen innerlich voreinander in der intimen Verbundenheit von «Du» und «Ich».

Der Begriff des «Ich» wird in der anthroposophischen Terminologie gebraucht, um den Wesenskern des Menschen zu bezeichnen,
der durch das Leben geht, in den wechselnden Zuständen des Gestern, Heute und Morgen sich entwickelt und doch als Kern der
menschlichen Identität der Gleiche bleibt. Ihn bemerken wir schon
in der ersten bewußten Begegnung mit einem anderen Menschen
und können ihn mit wachsender Vertrautheit immer besser kennenlernen.

Ein wenig von diesem inneren Wesen der Valentine wird vielleicht
in Haltung, Blick und Ausdruck des ersten Bildes eingefangen. Das
zweite Bild, aus der ersten Krankheitszeit, zeigt sie beherrscht von
den leiblichen und seelischen Folgen der Krankheit. Die Diagnose
war einen knappen Monat zuvor gestellt worden, die Operation
stand bevor. Schmerz und Angst hatten ihre Spuren hinterlassen – ihr
Ausdruck verrät Sorge und Zweifel. Der Blick ist nach innen gerichtet und wie verhüllt. Während sie im ersten Bild mit ihren geistigen
Gaben unmittelbar zu spielen scheint, dabei frei und ohne Fesseln ist,
kann man anhand des zweiten mitempfinden, wie es Kraft kostet, die
Situation zu meistern und die Fassung zu wahren. Eine andere
Schicht, nämlich das physische Leiden und der seelische Schmerz,
muß ertragen werden, sofern die zwei überhaupt ganz voneinander
zu trennen sind.

Was in dieser Zeichnung, durch die Krankheit bedingt, als bela-
stende Empfindung und Gefühl zum Ausdruck kommt, ist nicht
unmittelbarer Ausdruck der persönlichen Intentionen selbst. Das
«Ich» zeigt sich eventuell daran, wie ein Mensch seine Schmerzen
beherrscht – die Grundlage für die Empfindungsfähigkeit überhaupt aber, d.h. für die Möglichkeit, Schmerzen im weitesten Sinn
fühlen zu können, dies gehört einer eigenen Ebene des Menschen
an und hat eigene Gesetze. In der anthroposophischen Terminologie wird die Grundlage der leiblichen und seelischen Empfindungsfähigkeit mit einem Terminus technicus als *«Astralleib»* bezeichnet.[12]

Das dritte Bild zeigt Valentine drei Wochen vor ihrem Tod. Sie ist
von Schwäche gezeichnet. Die elementaren Lebensbedürfnisse des
einzelnen Augenblickes stehen im Vordergrund des Bewußtseins,
sofern dieses noch vorhanden ist. Jeder Atemzug kostet Anstrengung, jeder Schluck zu trinken ist mühevoll, die Glieder haben ein

ungeheures Gewicht. Gegenüber dem Erleben der elementaren Funktionen der Lebenserhaltung treten Schmerz und Todesfurcht zeitweilig in den Hintergrund. Der Wunsch nach Befreiung durch das Sterben wird von Menschen in solcher Situation häufig geäußert. Ob Valentine ihn ausgesprochen hat, ist nicht bekannt. Zuletzt äußerte sie Angst davor, im Krankenhaus zu sterben. Die Wachzeiten wurden kürzer, zunehmender Schlaf trat ein, schließlich Koma. Das Selbstbewußtsein und alle Empfindungen waren damit ausgelöscht. In der Zeit unmittelbar vor dem Tod waren für Hodler nur noch die äußere Gestalt und die unmittelbaren Lebensfunktionen selbst wahrnehmbar.

Was als verlöschende Lebenstätigkeit unmittelbar vor dem Tod noch im rhythmischen Atmen, in Pulsschlag und Hautfarbe wahrgenommen werden kann, ist eine weitere Ebene des menschlichen Seins. Seinen reinsten Ausdruck findet es nicht am Ende des Lebens. Hier klingt nur in den zarten und verlangsamten Lebensprozessen das noch aus, was in der frühesten Kindheit als die intensiven Lebensfunktionen des Wachstums und der Leibbildung begonnen hat. Organbildung geht über in Organerhaltung und Organfunktion. Solange diese bestehen, lebt der Mensch.

Was die Lebenden von den Toten unterscheidet, kann ebenfalls als ein eigengesetzliches Teil des Menschen angesprochen und untersucht werden. In der Anthroposophie, die es mit ihren Methoden erforscht, wird die Gesamtheit der Lebensfunktionen und deren Grundlagen mit dem Ausdruck «*Ätherleib*» bezeichnet.

Es ist erstaunlich, für manche befremdlich, daß Ferdinand Hodler Valentine Godé-Darel auch nach ihrem Tode noch mit Stift und Farbe festgehalten hat. Es gibt insgesamt drei Bilder des Leichnams: In unterschiedlichem Maße zeigen sich die postmortalen Veränderungen an ihnen. Vor allem der Flüssigkeitsverlust, die sich straffende Haut und das Einfallen der Augen in die Höhlen durch das Zusammenziehen des retrobulbären Fettkörpers kommen dabei zum Ausdruck. Es sind die ersten äußeren Zeichen der sich auflösenden Form, die schließlich nur noch das Skelett als mineralischen Körper zurücklassen würde. Was nach dem Tod als leblose und vergängliche Gestalt zurückbleibt und was davor das materielle Substrat ist, an dem sich die Lebensvorgänge vollziehen, wird als «*physischer Leib*» bezeichnet.

Damit ist auf vier Ebenen hingewiesen, die den Menschen konstituieren:

– Der *physische Leib*, der den Menschen materiell aufbaut. Er ist den Sinnesorganen sichtbar und gehorcht den bekannten physikalischen und chemischen Gesetzmäßigkeiten. Diese Gesetzmäßigkeiten sind auch beim lebenden Menschen fortwährend wirksam, werden aber eingebettet und sind überformt durch

– den *Ätherleib* als eine Gesamtheit von zusammenwirkenden Funktionen und Prozessen, die der physischen Gestalt zugrunde liegen. Sie sind nur in ihrer Wirkung, d.h. mittelbar sinnlich wahrnehmbar. Den ätherischen Leib hat der Mensch mit Pflanzen und Tieren gemeinsam, d.h. mit allen lebenden Organismen. Er stellt die Lebenssubstanz und ihre Gesetzlichkeit gleichsam selbst dar. Das dritte Wesensglied ist

– der *Astralleib* als Grundlage für Schmerz und Leid, aber auch für Freude und Lust. Daß sich innerhalb von Stoffwechsel, organischer Gestaltbildung und Regeneration auch Reizbarkeit, Gefühl, Instinkt und seelisch bedingtes Verhalten ausbilden können, beruht auf seinen Wirkungen. In der anthroposophischen Medizin wird hierin eine eigene Schicht mit eigenen Gesetzmäßigkeiten erkannt, wie sie sich vor allem bei Tier und Mensch vom ersten zartesten Ausdruck einer Empfindung bis zum lustvollen Brüllen, gequälten Schreien oder in freudigem Spielen ausdrückt. Während der Astralleib selbst nur übersinnlich im oben angesprochenen Sinne wahrgenommen werden kann, sind seine Wirkungen in zahllosen Eigenschaften mittelbar erlebbar. – Schließlich begegnen wir in jedem Menschen

– dem *Ich* als der Person oder Individualität selbst. Die gesunden leiblichen Funktionen des Menschen erlauben es, daß das Ich sie bis zu einem gewissen Grade beherrscht. Hieraus ergibt sich die Möglichkeit zum selbstbestimmten, reflektierten, verantwortungsvollen Handeln und zur inneren Entwicklung aus Einsicht. Durch das Ich-Erlebnis faßt sich der Mensch selbst als Identität auf. Die Aussicht auf den physischen Tod läßt in ihm die Frage auftreten, wie sich dieser Kern seines Wesens zu den Bedingungen des leiblichen Verkörpertseins verhält. Der geistigen Forschung stellt sich die Individualität des Menschen als eine Entität dar, deren Sein weder durch die physische Zeugung oder die Geburt noch durch den Tod bedingt und begrenzt ist. Die leiblichen Strukturen und Funktionen, auf die sich das Ich zur Verwirklichung seiner Intentionen stützt, werden in der anthroposophischen Terminologie als «Ich-Organisation» bezeichnet.

Somit sind drei übersinnliche (Ich, Astralleib, Ätherleib) und ein sinnliches Wesensglied (physischer Leib) dargestellt worden. Sie ergeben sich der anthroposophischen Betrachtung in ihrer Verschiedenheit dadurch, daß sie eigene Gesetzlichkeiten haben und jeweils unterschiedliche Voraussetzungen an das Erkennen stellen.[13]

Der Mensch besteht demnach aus

- seiner Persönlichkeit (Ich),
- seiner Empfindungsorganisation (Astralleib),
- seinen Lebenskräften (Ätherleib),
- seinen physischen Bedingungen bzw. auf der Wechselwirkung dieser vier Wesensglieder.

Hieraus ergibt sich u.a. der ganze komplexe Zusammenhang menschlichen Verhaltens in Gesundheit und Krankheit. Im folgenden soll zunächst eine Krankengeschichte vorgestellt werden, anhand derer die oben eingeführten Begriffe weiter verdeutlicht werden können.

Patientenbeispiel

Eine 28jährigen Patientin wurde im Status asthmaticus (akutem Asthmaanfall) stationär aufgenommen. Bei der Aufnahmeuntersuchung bestand eine erhebliche Bronchospastik mit in- und exspiratotischem Stridor, tiefstehenden Lungengrenzen, Giemen und Brummen über allen Lungenabschnitten. Die Pulsfrequenz betrug 136/Min. In der Blutgasanalyse fand sich ein geringfügig erniedrigtes O_2 von 69,8 mm Hg, das CO_2 war ebenfalls unterhalb der Norm, und es zeigte sich eine beginnende Alkalose bei Hyperventilation. Auffällig waren eine ausgeprägte Unruhe und Angst. Bei der körperlichen Untersuchung fanden sich ein adipöser (rundlicher) Habitus, eine starke Venenzeichnung im Gesicht, gerötete Augen und geschwollene Lider, eine ausgeprägte Lendenskoliose mit leichter Gibbusbildung (Buckel) und außerdem sehr kalte Extremitäten.

Anamnestisch wurde später eruiert, daß ein Heuschnupfen seit Kindheit bestand, Asthma bronchiale erstmals im 2. Lebensjahr aufgetreten war und Keuchhusten mit 4 Jahren. Sie litt bis zum 10. Lebensjahr relativ selten unter bronchospastischen Beschwerden, dann erfolgte eine deutliche Zunahme bis zur Pubertät und wiederum eine Besserung in der Zeit zwischen dem 17. und 21. Lebensjahr. Seither litt die Patientin praktisch ständig unter bronchospastischen Beschwerden, allerdings mit Ausnahme von zwei Schwangerschaftsperioden mit 24 bzw. 26 Jahren. Die Patientin gab häufige banale Erkältungskrankheiten ohne Temperaturerhöhung an, die meist über einen trockenen Husten mit zunehmender Atemwegsobstruktion in eine Bronchospastik einmündeten. Als Besonderheiten berichtete sie ferner, daß die Bronchospastik sich bei Fieber bessere und daß speziell bei mehrfachen Zystitiden (Blasenentzündungen) im 24. Lebensjahr Beschwerdefreiheit bestanden habe.

Der Laborbefund war unauffällig außer einem deutlich erhöhten IgE-Wert (374 U/ml) und im RAST-Test einer positiven Reaktion auf Dermatophagoides farinae als Hinweis auf eine allergische Komponente. Das Spirogramm bestätigte die klinisch festgestellte obstruktive Atemwegsstörung mit 56% der forcierten Vitalkapazität. Im EKG und im Röntgen-Thorax wurden keine Auffälligkeiten an Herz und Lungen festgestellt. Als vorbestehende Medikation nahm die Patientin Euphyllin® retard N, Rectodelt® und Berodual®-Spray in wechselnden Mengen.

Die Patientin wurde zunächst in der Intensivstation aufgenommen, erhielt Prednisolon, relativ hohe Dosen Theophyllin, ferner Sekretolytika und Sedativa und außerdem einen Melissenölwickel um die Brust. Am Tag darauf erhielt sie nach anfänglicher Besserung Cuprum aceticum D4, Quercus D1 und Veronica officinalis D1, ferner einen Salbenlappen mit Cuprum 0,4% im Flankenbereich über den Nieren und weiterhin in reduzierter Dosis Theophyllin und ein Sekretolytikum. Nach weiterer Besserung wurden Heileurythmieübungen und Gesprächstherapie zusätzlich verordnet. Eine Woche nach stationärer Aufnahme drängte die Patientin, nur mäßig gebessert, nach Hause, und eine längere stationäre Therapie wurde für einen späteren Zeitpunkt verabredet. Diese erfolgte fünf Monate danach für eine Dauer von fünf Wochen. Dabei wurden als weitere, die Bronchospastik auslösende bzw. verschlimmernde Momente streßhafte Belastungen eruiert, eine Zyklusabhängigkeit mit Verschlechterung während der Periode bis in die erste Periodenhälfte und eine allmähliche Besserung gegen Ende der Periode. Bei überfälliger Regelblutung war die Patientin stets völlig beschwerdefrei. Als weitere Modalitäten wurden Flatulenz (Blähungen) am Abend mit koinzidierender Bronchospastik in der ersten Nachthälfte genannt und außerdem im Rahmen der bronchialen Beschwerden eine von den Akren über die Hände und Arme nach zentral fortschreitende Kälteempfindung bei gleichzeitigem Hitzestau am Rumpf. Die Besserung der Bronchospastik kündigte sich dadurch an, daß das Hitzegefühl über die Arme nach den Händen zu abflutete.

Psychisch machte die Patientin einen gehemmt-zwanghaften Eindruck, sie sagte selbst, daß sie oftmals auch eine Art seelisches Engegefühl über der Brust verspüre, und es fiel eine nur geringe Fähigkeit auf, emotionale Schwingungen zum Ausdruck zu bringen. Die berufliche und familiäre Situation waren unbeschwert, jedoch fehlte der Patientin eine für sie sinngebende Orientierung, in der auch das Krankheitsgeschehen hätte eingeordnet werden können.

Die Therapie konzentrierte sich beim zweiten Aufenthalt auf Injektionen mit Gencydo® (Citrus medica succus, Cydoniae Fructus), Cuprum ren D4, Senfwickel zirkulär um den Thorax, Wadenmassage und Inhalationen mit Anisöl/Quarz D20. Ferner erhielt die Patientin Heileurythmie und Gesprächstherapie. Bedarfsweise erhielt sie in ausschleichenden Dosen Theophyllin und ein Betamimetikum.

Unter dieser Therapie kam es zunehmend zu einem Nachlassen der asthmatischen Beschwerden, zu einer Erwärmung der Extremitäten, und die Patientin wurde schließlich in wesentlich gebessertem Zustand nach Hause entlassen. Sie selbst hob vor allem die Heileurythmie als wesentliche Hilfe hervor. Bei beginnendem Kaltwerden der Akren und Hände konnte sie vor allem durch die erlernten und weitergeübten Heileurythmieübungen diesen Zustand häufig umkehren, so daß es nicht bis zum geschilderten Hitzestau am Rumpf mit der dann einsetzenden Bronchospastik kam. Das verlief gewöhnlich so, daß sie in einem Nebenzimmer, von der Familie abgesondert, ihre Heileurythmieübungen machte, bis die Unterarme und Hände wieder warm waren.

Nach dreimaligen Infekten in kurzer Reihenfolge trat drei Jahre später ein erneuter Status asthmaticus auf, weshalb die Patientin wiederum eine Woche stationär aufgenommen wurde. Dabei fielen gegenüber früher jetzt ein verstärkter Hirsutismus (männlicher Behaarungstyp) und ein sehr volles, gerötetes Gesicht auf, was Anlaß zum Ausschluß eines Morbus Cushing gab. Die Therapie wurde ähnlich wie zuvor durchgeführt, jetzt aber zusätzlich mit Nicotiana/Tabacum D3 und Prunus spinosa D3 statt Cuprum aceticum. Veronica und Quercus wurden nicht angesetzt. – Die Patientin war anschließend über Jahre wesentlich stabilisiert. Sie hat weiter intensiv Heileurythmie geübt. Eine erneute stationäre Aufnahme für fünf Tage war erst fünf Jahre später während einer belastenden familiären Situation erforderlich.

Besprechung der Krankengeschichte im Sinne der Wesensglieder

Ausgehend von der oben skizzierten Krankengeschichte sollen im folgenden das Krankheitsverständnis und der therapeutische Ansatz der anthroposophischen Medizin in Grundzügen verdeutlicht werden. Hierbei ergibt sich aus einigen Symptomen und Therapien des geschilderten Falles die Möglichkeit, die Gesetzmäßigkeiten der Wesensglieder weiter auszuführen.

Der physische Leib

Bei der ersten Aufnahme in unserer Klinik war die Patientin im Zustand akuter Dyspnoe mit Zeichen der Hyperventilation und metabolischen Alkalose. Zu diesem Zeitpunkt konzentrierte sich das Handeln zunächst auf die Besserung der akuten Bronchospastik. Die hierbei angelegten Gesichtspunkte entsprachen denen der bekannten medizinischen Regeln. Entsprechend wurde vor allem mit Steroiden antiphiogistisch und mit Theophyllin bronchospasmolytisch sowie sekretolytisch behandelt.

Diese Sicht der Behandlung, die modifiziert bei fast allen Erkrankungen möglich oder denkbar ist, wird auch von der anthroposophischen Medizin als ein Teil ihres Konzeptes angesehen, insofern sie sachgemäß und objektiv hilfreich ist. Da der physische Leib mit seinen Gesetzmäßigkeiten essentiell zum Menschen dazugehört, ist es unumgänglich, dessen Gesetzmäßigkeiten in den Vordergrund zu stellen, wo ein Zustand erreicht ist, der auf anderem Wege funktionell nicht mehr erreichbar ist. In diesem Sinne ist es Teil einer «anthroposophischen Therapie», wenn eine Elektrolytentgleisung nach Berechnung substituiert wird, wenn eine Operation nach den bekannten anatomischen Gegebenheiten und auf die technisch schonendste Art durchgeführt wird, und wenn sonst inkurable Tumoren evtl. bestrahlt oder chemotherapeutisch behandelt werden usw.

Das heißt mit anderen Worten, daß – wo es nötig scheint – das gesamte Spektrum der bekannten orthodoxen Medizin von anthroposophischen Ärzten selbst eingebracht oder konsiliarisch hinzugezogen wird. Anthroposophische Ärzte sind daher ständig damit beschäftigt, sich auf diesen Gebieten fortzubilden und z.T. forscherisch an der Entwicklung teilzunehmen.

Die Gesetzmäßigkeiten des physischen Leibes werden dabei als die Schicht der kausalen Wirksamkeiten verstanden, die im Organismus jeweils stofflich unmittelbar wirksam sind. Diese Schicht ist für sich betrachtet lückenlos, vergleichsweise gesprochen wie eine Ebene, die nirgends einen Punkt hat, in der die Zweidimensionalität endet und in die Dreidimensionalität übergeht. Ebenso ist eine kausale Betrachtungsweise jedem Phänomen gegenüber möglich. Weil ohne den entsprechenden Zusammenhang der Strukturen des physischen Leibes die anderen übergeordneten Schichten ihre Einwirkungsmöglichkeit verlieren, tritt die Ebene physisch orientierter Behandlung immer mehr in den Vordergrund, je akuter oder destruierender ein entsprechender Krankheitsprozeß ist. Im Bereich der Prothetik – sei es durch eine Brille, durch Blut, durch eine Hormonsubstitution, Dialyse oder ähnliches – handelt es sich schließlich um einen völligen Ersatz des fehlenden oder defekten Substrates des physischen Leibes.

Der Ätherleib

Als zusätzliche Medikation erhielt oben genannte Patientin bereits in der Akutphase und anschließend in zunehmendem Maße potenzierte Arzneimittel, ferner Melissenöl, Senfbrustwickel, Heileurythmie, Massagen und Gesprächstherapie als Maßnahmen, in denen nun mit den anderen Wesensgliedern und deren Gesetzmäßigkeiten gerechnet wird. Die Gesetzmäßigkeiten des *Ätherischen* sind an lebende Wesen gebunden, von ganzheitlicher Natur und betten die komplex-kausalen Ketten- und Regelkreise in einen organischen Zusammenhang ein, durch den diese letztlich erst ihre Bedeutung bekommen und aus dem sie, genau besehen, selbst erst entstehen. Im Sinne dieser Blickrichtung ist der akute Asthmaanfall der funktionelle Endpunkt einer Gesamtsituation, die sich nicht nur in der zunehmenden Bronchospastik äußert, sondern in vielfältigen Symptomen: in der Infektanfälligkeit, der Vasokonstriktion der Blutgefäße an Armen und Beinen, dem Hitzestau am Kopf und Körper und einer relativen Hypotonie der Wadenmuskulatur. Wichtige Modalitäten sind ferner in der Zyklusabhängigkeit sowie in den Besserungen während der Postpubertät, Schwangerschaften und rezidivierenden Zystitiden zu sehen.

Um die Art der hier notwendigen Betrachtungsweise besser einzuführen, machen wir einen kurzen Exkurs in die Gesetzmäßigkeiten des ätherischen Leibes, welches der Einfachheit halber an einem überschaubaren Beispiel aus der Botanik exemplifiziert wird. Da die Pflanze selbst einen Ätherleib hat, steht sie an dieser Stelle als ein Modell, an dem einige grundsätzliche Gesichtspunkte veranschaulicht werden können.

Lebensgesetze am Pflanzenwachstum erläutert

Die Pflanze ist ein sich entwickelndes Ganzes. «Sichentwickelndes» heißt, daß sie ihre einzelnen Teile, also ihre Organe wie Laub-, Kelch-, Blütenblätter aus sich selbst hervorbringt, «Ganzes» heißt, daß diese Teile zu jedem Zeitpunkt funktionell aufeinander abgestimmt sind und, auch was die anschauliche Gestalt anbelangt, in einem gesamtheitlichen Zusammenhang miteinander stehen. Dabei durchläuft die Pflanze wachsend eine Folge von Gestaltungen – vom Sproß über die blühende und fruchtende Erscheinung zum neuen Samen, die erst in ihrer vollständigen Abfolge zusammengedacht die Erscheinung der Pflanze ganz beinhalten. Hierin liegt ihre Andersartigkeit gegenüber einem Kristall, der zwar auch wächst, dabei aber nur eine Massenzunahme der schon vom ersten Moment an sichtbaren Gestalt vollbringt. Der Wachstumsbegriff erschöpft sich beim Kristall im Begriff der Massen- und Volumenzunahme, während der pflanzliche Organismus ein *Metamorphosenwachstum* durchläuft. Die Zeit ist dem Wachstum eines Kristalls gegenüber insofern äußerlich, als sich seine Gesetzlichkeit in der kleinsten wie in der größten Dimension unverändert manifestiert, der Pflanze gegenüber ist die Zeit dagegen ein wesentliches und immanentes Prinzip, insofern sie ihre Organe erst nach und nach ausbildet bzw. gegeneinander ersetzt (Blüte – Frucht). Die Pflanze ist in diesem Sinn ein Zeitgesetz, der Kristall ein Raumprinzip. Die Tatsache, daß sowohl bei der Pflanze wie beim Mineral undifferenziert von «Wachstum» gesprochen wird, verdeckt den Unterschied.

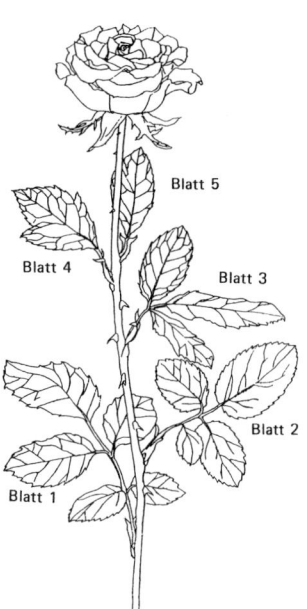

Blatt 5

Blatt 4

Blatt 3

Blatt 2

Blatt 1

Abb. 5: Blattmetamorphose der Rose im oberen Abschnitt des Sprosses.

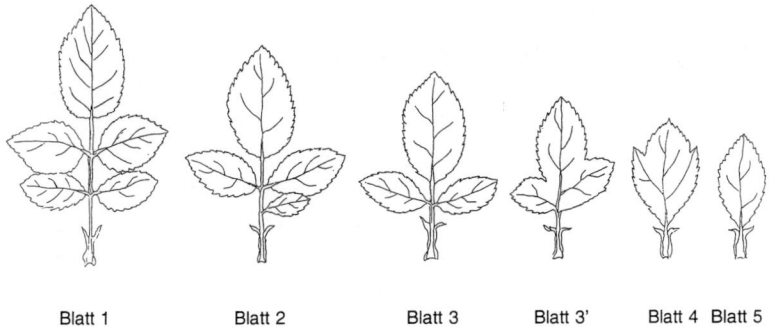

| Blatt 1 | Blatt 2 | Blatt 3 | Blatt 3' | Blatt 4 | Blatt 5 |

Abb. 6: Die Blätter der Blattmetamorphose mit einem eingefügten Blatt (3'), das am abgebildeten Exemplar nicht vorkommt. Es ergibt sich als Zwischenform zwischen Blatt 3 und 4 und kommt in entsprechender Gestalt bei anderen Exemplaren vor, Erläuterung siehe Text.

Betrachten wir die Art des Metamorphosewachstums am Beispiel einer Rose genauer: fünf aufeinanderfolgende Blätter an einem blühenden Exemplar sind erkennbar. Bei genauer Betrachtung wird deutlich, daß nicht nur die ganze Pflanze in einem Metamorphosenzusammenhang steht, sondern daß auch die einzelnen Organe im Verhältnis zueinander eine fortlaufende Formverwandlung durchmachen. Die Blätter stehen mit einem räumlichen Abstand am Stengel, von Blatt zu Blatt ist eine Lücke. Diese Lücke hat nicht nur einen Raumwert, sondern, wie man sieht, auch einen «Gestaltwert», der sich dadurch ergibt, daß, je höher das Blatt steht, es um so näher an den Kelch heranreicht, wo die Umwandlung des Laubblattes zum Blütenblatt erfolgt. Jedes Laubblatt steht gleichsam gestaltlich in einem unterschiedlichen Verhältnis zwischen den unteren Keimblättern und der über ihr befindlichen Blüte. Man kann vermuten, daß Zwischenstufen z.B. zwischen Blatt 3 und 4 entstehen würden, wenn an dem dazwischenliegenden Ort des Stengels ein weiteres Laubblatt ausgebildet wäre. Tatsächlich lassen sich beliebige Zwischenformen bei anderen Exemplaren der gleichen Rosenart finden, an denen jedoch dann die hier dargestellten Blattstadien unter Umständen fehlen. Das einzelne Exemplar einer Rose zeigt also die vom Keimblatt zur Blüte ablaufende Metamorphose jeweils nur unvollständig.

43

Durch Sammeln einer großen Anzahl von Blättern aus der gleichen Art könnte eine immer lückenlosere Darstellung des Metamorphosenprozesses veranschaulicht werden, den das einzelne Exemplar jedoch mit größeren oder kleineren Sprüngen durchläuft. Die sichtbaren ausgereiften Blätter stellen gewissermaßen nur herausgegriffene und festgehaltene Stufen eines fließenden Umwandlungsprozesses dar. Hieraus ergibt sich, daß das Metamorphosegesetz an keinem einzelnen Exemplar sichtbar erscheint und doch in jedem wirkt. *Goethe* sprach in seinem Aufsatz «Metamorphose der Pflanze» metaphorisch von einer «geistigen Leiter», wobei im Bilde bleibend die sichtbaren Blätter die Sprossen darstellen.[14]

Folgendes läßt sich zusammenfassen: Die Wachstumsgesetzlichkeit der Rose erscheint weder in einem einzelnen sichtbaren Stadium ihrer Gestalt (Zeitgestalt) noch erscheint das Prinzip der Blattmetamorphose an den einzelnen sichtbaren und ausgewachsenen Blättern. Diese greifen, wie angedeutet, an bestimmten Orten bestimmte Phasen eines fließend zu denkenden Umwandlungsprozesses heraus. Das Wachstumsgesetz des Ganzen und das Prinzip der Metamorphose läßt sich aber dadurch begreifen, daß Blatt mit Blatt verglichen wird und in innerer, gedanklicher Umbildung die frühere Form in eine spätere umgewandelt wird. Der Botaniker vollzieht dann in sich nach, was in der Pflanze als Umwandlungsgesetz wirkt und an den betreffenden Stellen die entsprechenden Gestalten hervorbringt. In *Goethes* Terminologie handelt es sich beim Erfassen dieser «fließenden Gesetzmäßigkeit» um den «Typus», der in jedem Exemplar wirkt und in keinem sinnlich ganz repräsentiert ist. *Steiner* sprach auch von Typus, später von Lebensleib, gestaltender Bildekraft, Bildekräfteleib oder Ätherleib. Wesentlich ist dabei erstens, daß diese Gesetzmäßigkeit sich empirisch in den Erscheinungen abbildet, sich jedoch nur aus einer Betrachtung ergibt, die das in Frage stehende Phänomen als Ganzes betrachtet und es nicht analytischen Techniken unterwirft, welche die Wahrnehmungsdimension so verändern, daß die geschilderten Phänomene nicht mehr ablesbar sind. Die Verschiebung der Betrachtungsdimension auf eine mikroskopische oder molekulare Ebene zum Zweck der Aufdeckung kausaler Mechanismen ist im Sinne der hier anvisierten Gesetzlichkeiten kein neutraler Vorgang. – Es ist zu betonen, daß das Gesetz des Typus einen aktiven inneren Mitvollzug eben dessen erfordert, was die betreffende Erscheinung als ganzheitliches und sich wandelndes Phänomen spezifisch auszeichnet. Geschieht das nicht so, wird der Unterschied zwischen biologischem und physikalischem Phänomen aus dem Blick verloren.

Was hier an der Pflanze veranschaulicht wurde, hat als Methode seine Entsprechung in der Medizin – sowohl in der Diagnostik als auch in der Therapie: Auch der Mensch hat einen differenzierten Organismus mit umfassenden und spezifischen, ineinandergreifenden Lebensprozessen. Der Lebenslauf selbst ist ein großer Metamorphosevorgang, der in charakteristische Abschnitte gegliedert ist (z.B. erster und zweiter Gestaltwandel). Vergleichbar mit der Pflanze durchläuft auch der Mensch altersspezifische Phasen, die sich im späteren Leben zwar nicht an der Ausbildung und Auflösung bestimmter Organe zeigen, aber sich z.B. in den altersspezifisch wechselnden Krankheitsdispositionen spiegeln. In dem oben dargestellten Krankheitsfall sind die relative Beschwerdefreiheit bis zum 10. Lebensjahr, die Verschlechterung in der Pubertät, die Besserung zwischen dem 17. und 21. Lebensjahr sowie die relative Beschwerdearmut während der Schwangerschaften und der Zystitiden von großer Bedeutung und können im Sinne einer Metamorphosengesetzmäßigkeit verstanden werden. Besonders einprägsam waren auch die begleitenden Modalitäten beim Entstehen der Bronchospastik, vor allem das nach zentral fortschreitende Kältegefühl der Glieder, begleitet von einem gleichzeitigen Wärmestau am Rumpf.

Durch die heileurythmische Umkehr dieser Anfangssymptomatik konnte eine erstaunliche Besserung des Krankheitsbildes insgesamt erreicht werden. Auch die orthodoxe Behandlung des Asthma bronchiale mittels Betasympathomimetika kann im Sinne eines rasch eintretenden Metamorphosezusammenhanges aufgefaßt werden. Die nachlassende Bronchospastik wird unter dieser Therapie gewöhnlich in eine Tachykardie und arterielle Hypertonie umgewandelt, das heißt, daß die Hypertonie der Bronchialmuskulatur in eine Kontraktion von Herz- und Gefäßmuskulatur umgewandelt wird.

Entsprechende Gesichtspunkte veranlassen dazu, in weniger punktueller Form über die Erkrankung und die einzuschlagende Therapie nachzudenken, was jedoch nicht heißt, daß die lokalen Erscheinungen – etwa eine allergische Reaktion an der Bronchialschleimhaut – nicht auch wichtig und richtig wären. Sie sind aber in den umfassenderen Zusammenhang der konstitutionellen und anamnestischen Begleiterscheinungen eingebettet.

Für die Betrachtung der Erkrankung auf der Ebene des Ätherleibes kann also folgendes gesagt werden: Ebenso wie eine individuelle Blattgestalt verstanden werden kann aus ihrem Zusammenhang mit den vorangehenden und späteren Blättern und aus dem Stadium der Pflanze insgesamt, so wird auch beim Menschen versucht, eine individuelle Erkrankung in den metamorphosischen Zusammenhang der Gesamtsymptomatologie und des Lebensalters hineinzustellen. Daraus leiten sich die therapeutischen Gesichtspunkte ab, die darauf abzielen, die Krankheit funktionell wieder in einen physiologischen Zustand zurückzumetamorphosieren. Hierzu dienen u.a. auch medikamentöse oder physikalische Maßnahmen, die andere Organe oder Systeme anregen sollen. Bei dem hier geschilderten Fall wurden in diesem Sinn Massagen an den Beinen, Brustwickel und eine auf die Verdauung und Ausscheidung gerichtete Medikation verordnet.

Eine menschenkundliche Ausführung darüber, wie in diesem Sinne die Pathogenese der Asthmaerkrankung im allgemeinen und bei dieser Patientin im besonderen gedacht werden kann, übersteigt den Rahmen, der hier gesteckt ist. Es soll daher nur wegweiserartig ausgesprochen werden, daß vor allem ein Zusammenhang mit dem Typus der Nierenfunktion und bestimmten Aspekten der Nahrungsaufnahme gesehen wird.[15,16,17]

Der Astralleib und die Ich-Organisation

Mit der funktionellen Umstimmung einer akuten oder chronischen Krankheitssituation können häufig keine dauerhaften Heilungen erreicht werden. Tiefere, gleichsam architektonischere Schichten der Konstitution bewirken eine fortwährende Disposition in Richtung einer spezifischen Entgleisung. Mit seelischen Zuständen verglichen handelt es sich um einen ähnlichen Unterschied wie zwischen Stimmung und Temperament. Eine traurige Stimmung kann zwar momentan aufgehellt werden, ein melancholisches Temperament wird jedoch immer wieder dazu neigen, in Traurigkeit und Bedrückung zu verfallen.

Der Astralleib wird als die Schicht angesprochen, in der einerseits die seelischen Erlebnismöglichkeiten begründet sind – hierin liegt eine Verwandtschaft mit dem Tier und dessen emotionalen Erlebnisfähigkeiten –, andererseits aber auch tiefere Schichten der Erkrankungsneigung verwurzelt sind. Wie Freude oder Aufregung den Puls beschleunigen, Schreck zu einer Vasokonstriktion (Engstellung der Blutgefäße) führt, so haben seelische Ursachen ein weites Spektrum von zunächst funktionellen Folgen. Es ist auch hier möglich, im Sinne einer physikalisch geprägten Weltsicht die entsprechenden Phänomene auf der Grundlage ihrer physiologischen Repräsentanten zu interpretieren – etwa einen steigenden Blutdruck durch einen steigenden Katecholaminspiegel. Das ist nicht falsch, nur ist hier ähnlich wie beim Ätherleib zu sagen, daß es wieder darum geht, den seelischen Aspekt nicht durch einen eingeübten Reduktionismus aus dem Blick zu verlieren – was schnell in das o.a. Problem des unendlichen Regresses einmünden würde. Statt dessen kann verfolgt werden, wie die Nebennierenmark-Hormone geradezu Instrumente der sie bestimmenden seelischen Reaktionslage sind. Das seelische Erleben ist nicht der Astralleib, sondern ihm liegen der Astralleib und seine Gesetzlichkeit zugrunde. Dieser ist selbst, ebenso wie der Ätherleib, übersinnlich.

Bei der hier dargestellten Patientin bestand u.a. ein gehemmtzwanghaftes psychisches Bild mit einer geringen seelischen Schwingungsfähigkeit sowie leiblich-konstitutionell ein adipöser Habitus, volles, cushingartiges, gerötetes Gesicht sowie eine Lendenskoliose mit beginnender Gibbusbildung, um einige der wesentlichen Merkmale zu nennen. Die Wirksamkeit des Astralleibes, der in die funktionellen Schwingungen des Ätherleibes einwirkt, äußert sich leiblich wie seelisch u.a. im Habitus und im charakterlich temperamentbezogenen psychischen Erscheinungsbild. Es mag an dieser Stelle der Hinweis genügen, daß eine Adipositas sowie eine schlaffe, hypotone Körperhaltung seelische wie leibliche Aspekte beinhaltet und eine andere Sprache spricht als eine magere, angespannte und gestreckte Haltung. Blässe und plethorische Fülle sind in dieser Hinsicht ähnlich polare Qualitäten. Bei der Patientin bestand ein eigentümlicher Zusammenklang von Schlaffheit in der Skelettmuskulatur mit Übergewicht und einem gestauten Bild im Bereich der vegetativ regulierten Gefäßsituation am Rumpf und im Gesicht.

Auch die astralische Seite der Patientin wurde durch die schon erwähnte Heileurythmie angesprochen – wobei innerhalb der anthroposophischen Medizin grundsätzlich ein breites Spektrum von künstlerisch therapeutischen Maßnahmen möglich ist. Oftmals wird im Fall von Asthma bronchiale auch Musiktherapie verordnet, bei anderen Erkrankungsbildern kommen auch Plastizieren, Maltherapie und die sog. Sprachgestaltung in Frage. Die organische Seite des Astralleibes wurde besonders mit dem o.a. Gencydo® therapiert. Sowohl die Heileurythmie wie die Gencydo®-Behandlung sollten in der Regel über längere Zeit fortgesetzt werden, um eine wirkliche Neukonstituierung möglich zu machen. Besonders die Heileurythmie wurde von der Patientin mit großer Treue ausgeführt.

Die Schicht der *Ich-Organisation* hat einen noch grundsätzlicheren Charakter als der Astralleib. Als Ich-Organisation werden alle Prozesse und Strukturen angesprochen, die im Zusammenhang damit stehen, daß eine individuelle Persönlichkeit, ein konkretes «Ich», sich in einer leiblichen Struktur einlebt und in dieser menschlich existiert. Hier liegt einerseits ein ganz unverwechselbar eigenständiges, andererseits ein tief schicksalhaftes Moment vor. – Jeder Mensch hat u.a. sein eigenes Gesicht, das ein mehr oder weniger vollkommener Ausdruck seines Wesens ist. Mit diesem Gesicht muß er ein Leben lang auskommen, gleichzeitig arbeitet er aber mittels seiner Mimik auch den Ausdruck dessen hinein, was er im Laufe seines Lebens aus sich macht, so daß es den populären Satz gibt: «After fourty everyone is himself responsible for his face.» Was am Kopf «Gesicht» ist, hat einen Aspekt, der sich im gesamten Körper fortsetzt über die individuellen Proportionen des Leibes, das individuelle Zusammenspiel von Funktionen und Reaktionsweisen und letztlich bis in die Immunstruktur des individuellen Eiweißes hineinreicht. Es ist bemerkenswert, wie auch jegliche Krankheit einen eigentümlichen und individuellen Charakter trägt, sowohl was die Intensität und Dauer angeht als auch was das Symptom- und Modalitätenmuster und speziell die Verarbeitung und Rückwirkungen im Leben anbelangt. Hierbei kann allerdings durchaus zwischen solchen Krankheiten unterschieden werden, die mehr allgemeintypisch zu einer bestimmten Entwicklungsphase gehören und wenig individuelle Qualitäten ausdrücken (z.B. die Kinderkrankheiten), und solchen, die sich ganz in das spezielle Schicksal eines Menschen einweben. Exemplarisch hierfür sei an die Ertaubung Beethovens, die psychischen Erkrankungen Hölderlins oder van Goghs und die Sklerodermie von Paul Klee erinnert. Was an großen, produktiven Persönlichkeiten markant hervortritt, ist in vergleichbarer Weise bei jeder erkrankten Persönlichkeit bemerkbar. Mit und am erkrankten Organ kann sich ein persönlicher Werdeprozeß abspielen, der idealerweise nicht nur zu einer Wiederherstellung des früheren Zustandes führt, sondern eine sinnvolle, menschliche Entwicklung einleitet. Die geschilderte Patientin hatte u.a. aus diesem Grunde auch Gesprächstherapie, in der vor allem versucht wurde, Gesichtspunkte zu einem sinnvollen Umgang mit der Asthmaerkrankung zu finden und Ausblicke für ein persönliches Wachstum aufzudecken. Tatsächlich hat sie in dieser Hinsicht beobachtbare Veränderungen und einen für sie selbst beglückenden Lernprozeß durchgemacht. Die körperliche Behandlung der Ich-Organisation ist die tiefgreifendste und schwierigste. Auf dieser Ebene fanden in dem geschilderten Fall keine speziell ausgerichteten Maßnahmen statt.

Zusammenfassung der Krankengeschichte: der anthroposophische Krankheitsbegriff

Die hiermit aufgerissenen Schichten müssen aus detaillierteren Darstellungen ihre eigentliche Grundlegung erfahren.[18, 19] Zusammenfassend kann gesagt werden, daß aus der geisteswissenschaftlichen Darstellung der Anthroposophie hervorgeht, daß zu der bekannten Sicht physikalischer und chemischer Wirkungen drei weitere, gesetzmäßig wirkende Ebenen hinzukommen, die den physischen Befund umfassend einbetten bzw. durchdringen. Fassen wir dieses Bild des Menschen nochmals am Beispiel der Patientin zusammen, so können wir vereinfacht sagen: die Schleimobstruktion im verengten Bronchus kann *physisch* therapiert werden, z.B. durch Absaugung und Bronchodilatation sowie Verminderung der weiteren Schleimproduktion durch Antiphlogistika. Die Wirkung systemischer Heilmittelgaben wie Bronchodilatatoren und Steroiden hat allerdings schon einen *ganzheitlich-ätherischen* Aspekt, wenngleich deren Wirkung zumeist nicht in diesem Sinne interpretiert wird. Die funktionelle Umstimmung, die z.B. durch Theophyllin-Gaben in kurzfristiger und massiver Weise erfolgt, kann bei umfassenderen Studien der Metamorphosenzusammenhänge in gezielter und schonender Weise stattfinden. Dies erfordert die genaue Erfassung der Symptomatologie, die in einen entsprechenden Endzustand einmündet, und Kenntnis der Methoden, wodurch diese umgekehrt werden kann. Die Ebene des *Astralleibes* ist systematisch gesprochen tiefer oder untergründiger als die ganzheitlich ätherische Ebene. Aus ihr kommen die auch seelisch sich zeigenden Neigungen zu entsprechender krankhafter Reaktion. Hier ist eine große Zahl von Ursachen des Krankseins zu suchen, auch wenn sie nicht in klassisch psychosomatischer Verkettung beobachtbar sind. Letztlich haben alle Erkrankungen des Menschen unter anthroposophischen Aspekten einen seelischen Hintergrund, wobei hierin aber eine eigene, geisteswissenschaftlich zu erfassende Realität gesehen wird, die im Leibe wirkt. Die Asthma-bronchiale-Erkrankung der Patientin hatte auch in diesem Sinne eine seelisch bzw. astralisch konstitutive Auslösung, deren Zusammenhang hier allerdings nur angedeutet werden konnte. Die Ebene des *Ichs* bzw. der *Ich-Organisation* beinhaltet u.a. die individuelle Schicksalssituation, in der sich die Patientin mit ihrer Erkrankung befindet bzw. deren sinnvolle biographische Verarbeitung zu neuen Einsichten und persönlichen Fähigkeiten.

Krankheit wird in diesem Sinne als ein umfassendes menschliches Ereignis gesehen, dessen Ursache in disharmonischer Beziehung der Wesensglieder begründet ist. Gesundheit besteht in einem Zusammenwirken der Wesensglieder in solcher Form, daß letztlich die Ich-Wesenheit des Menschen die größten Möglichkeiten zu freier, selbstbestimmter Entwicklung hat. Die Umwandlung einer krankheitsverursachenden Wesensgliederkonstitution zu einer gesunden durch die Heilung beinhaltet eine tiefgreifende Möglichkeit seelisch-leiblicher Entwicklung.

Zur Situation der anthroposophischen Medizin

Die anthroposophische Medizin ist jung und steht am Anfang ihrer Entwicklung. Sie ist in hohem Maße noch damit beschäftigt, ihre eigenen Grundlagen zu erarbeiten. Die vielfachen Gesetzmäßigkeiten der einzelnen Ebenen und deren ineinandergreifende Wechselwirkungen erfordern umfangreiches Forschen, woraus sich z.T. erst die Voraussetzungen für klinische Studien ergeben werden. Für Weniges liegen bisher ausgereifte Kenntnisse vor, vielfach bestehen Fragen. Das Selbstverständnis der anthroposophischen Medizin begründet sich daher z.T. darauf, daß diese Fragen als existentiell für die Entwicklung eines medizinischen Konzeptes empfunden werden, das auch methodisch in der Lage dazu ist, das spezifisch Menschliche, d.h. im Ziel den geistigen Wesenskern des Patienten in seiner leiblichen Einbettung konkret zu erfassen und sachgemäß zu behandeln.

Grundsätzlich werden die wissenschaftlichen Kriterien der gegenwärtigen Medizin bejaht und auch angewendet, wenn auch dem dokumentierten Einzelfall ein höherer Stellenwert als allgemein üblich beigemessen wird. In bezug auf manche statistische Methoden bestehen z.T. ethische, z.T. auch wissenschaftliche Bedenken, die aus der erweiterten Sicht der Erkrankungen und Krankheitsursachen und dem daraus sich ergebenden Problem der Vergleichbarkeit hervorgehen (Ich-Organisation). Hierüber ist die Diskussion sowohl intern als auch im Zusammenhang mit arzneimittelrechtlichen Fragen nicht abgeschlossen.

Zusammenfassung und persönliche Schlußbemerkung

Die anthroposophische Medizin versucht durch eine methodisch differenzierte Betrachtung des Menschen seine materiellen Gegebenheiten in ihrer Verwobenheit mit den Gesetzmäßigkeiten des Lebens, der Beseelung und der geistigen Persönlichkeit in Krankheit und Gesundheit zu erfassen. Hierzu ist eine Erweiterung der Wissenschaftsmethodik durch eine Erweiterung bzw. Verfeinerung des Anschauungs- und Wahrnehmungsvermögens notwendig. Der Entschluß, anthroposophische Medizin zu erlernen, ist daher gleichbedeutend mit dem Entschluß, die bisherigen Erkenntnisgrenzen in innerer Übung und Schulung zu erweitern.

Was die Ausübung der anthroposophischen Medizin in der Praxis angeht, so bestehen gegenwärtig vor allem Bemühungen dahin, die geisteswissenschaftlichen Forschungsergebnisse von *Steiner* im

Hinblick auf die vielfältigen physiologischen bzw. pathophysiologischen Phänomene und die jeweiligen Krankheitsbilder zu verstehen und anzuwenden. Auch hierin ist die anthroposophische Medizin am Anfang. Ihre historische und wissenschaftliche Situation ist evtl. vergleichbar mit der von *Galilei*. Als einer der Begründer der modernen Naturwissenschaft war er in der Lage, durch die damals neu aufkommende empirische Beobachtung auf Phänomene hinzuweisen, die dem mittelalterlichen Weltbild widersprachen. Mit der Entdeckung der Jupitermonde war z.B. die Vorstellung von Kristallschalen, an denen die Planeten angeheftet sein sollten, widerlegt. Zu seiner Zeit war aber die Gravitationslehre von *Newton* noch unbekannt, die auch verständlich machen konnte, warum die nun frei schwebend gedachten Planeten nicht «herunterfallen». Ähnlich geht es anthroposophischen Ärzten, die sich zwar überzeugt haben, daß die hier angewandte Betrachtungsweise prinzipiell möglich ist, sich mit ihren Anschauungen aber noch nicht im historischen Zustand einer ausgereiften Wissenschaft finden, in der die vielfältigen ineinandergreifenden Forschungsergebnisse zusammengewachsen und zu einem sich gegenseitig stützenden Ganzen verbunden werden können.

Dies kennzeichnet auch das Verhältnis des Verfassers zur anthroposophischen Medizin: Er sieht in ihr eine umfassende und tiefgreifende Möglichkeit der Vermenschlichung der Medizin durch eine Erweiterung in Richtung eines differenzierten geistigen Begreifens des Menschen. Hieran mitzuarbeiten ist das größte Bedürfnis. Bis das in immer vollerem Umfang geschehen ist, besteht das Gefühl der Dankbarkeit und Verschuldung gegenüber den Ergebnissen und Methoden der modernen Medizin, die so vieles erforscht und auch für die Zukunft Unverzichtbares entwickelt hat.

Das Wesen der Krankheit und der kranke Mensch im anthroposophischen Gesundheitsverständnis

Sechs Ärzte stehen um einen Patienten, der an Cholera gestorben ist.* Fünf von ihnen gehören verschiedenen Sekten der Medizin an. Sie äußern sich darüber, was nach ihrer Auffassung die Ursache des Todes ist.

«Ja», sagt der Repräsentant von Sekte I, «an der Infektion durch den Cholerabazillus ist er gestorben.»

«Nein», sagt der Vertreter von Sekte II, «an seiner schwächlichen Konstitution, die nicht Widerstandskräfte genug besaß, um die Infektion zu überwinden, daran ist er gestorben. Hätte er über mehr Heilkräfte in sich verfügt, so lebte er noch.»

«O nein», lächelt der Arzt von Sekte III, «saht ihr denn nicht die Stellung der Gestirne im Himmel seines Mikrokosmos? Da war alles vorherbestimmt! Da war zu lesen, daß der Verblichene gerade, weil die Konfiguration seiner Seele es bedingte, diesem Tod prädestiniert war!»

«Ach was», spricht nun der Arzt von Sekte IV, «ein schwaches Ich war er! Feig war er! Ich hatte Gelegenheit zu beobachten, welche Furcht er vor der Cholera hatte. Furcht ist der Nährboden der Infektion! Da haben körperlich schwächere als er die Cholera überwunden; aber die hatten auch, was er nicht hatte, nämlich Courage im Leib!»

«Oh», sagte der Fünfte, «was redet ihr doch töricht! Wißt ihr denn nicht, daß alles Leiden von Gott als Flagellum verordnet ist? Hätte Gott Überwindung der Krankheit gewollt, so hätte er den rechten Arzt zur Zeit gesandt. Krankheit ist Fegfeuer auf Erden; jener war irdischer Genesung noch nicht wert!»

* Aufsatz aus Der Merkurstab 46. Jg., Heft 4, Juli/August 1993.
Das Manuskript wurde für den Hessischen Rundfunk verfaßt, der es am 15.11.1992 im 1. und 2. Programm brachte.

Der Sechste hat schweigend zugehört. Nun wenden die andern sich an ihn und fragen:

«… Wer von uns hat Recht?»

Der sieht sie an und spricht:

«Recht habt ihr alle. Aber ihr habt auch alle Unrecht! Recht habt ihr in dem, was ihr bejaht und konstatiert. Unrecht in dem, was ihr verneint und mißachtet an der Meinung der andern. Wenn ihr das Pentagramm Mensch entziffern wollt, dann müßt ihr lesen lernen, was die okkulte Sprache dem Schüler entschleiert und dem Laien verhüllt in meinem Volumen Paramirum: de quinque entibus – über die fünf Kräfte.»[1]

Diese Szene findet sich in einem Buch mit dem Titel: «Die okkulten Ursachen der Krankheit» von E. Wolfram. Es ist ein Buch über Paracelsus, aber auch zum Verständnis der anthroposophischen Medizin können wir einen Gesichtspunkt aus dieser Unterhaltung gewinnen. Dieser Gesichtspunkt ergibt sich aus der Vielschichtigkeit, mit der ein Mensch betrachtet wird. In der Anthroposophie Rudolf Steiners wird zunächst von vier Schichten gesprochen. Von einem fünften Aspekt werden wir später noch hören. Die vier Schichten sind in anthroposophischer Terminologie die vier Wesensglieder des Menschen. Es handelt sich dabei um

– erstens den *physischen* Leib, der sichtbar, meßbar und wägbar ist,

– zweitens den *Ätherleib* oder *Lebensleib*, in dem alle Lebenskräfte zusammenwirken,

– drittens den *Astralleib*, der die Grundlage für Gefühle und Empfindungen bildet und

– viertens das *Ich*. Das ist der individuelle Wesenskern des Menschen.

Den physischen Leib haben alle körperlichen Gegenstände, auch mineralische Körper. Das zweite Wesensglied, der Ätherleib findet sich auch bei den Pflanzen. Den Astralleib oder Empfindungsleib hat der Mensch mit den Tieren gemeinsam, dagegen besitzt nur der Mensch selbst ein individuelles Ich, das sich entwickelt und handelnd die persönliche Biographie gestaltet und durchläuft.

Blicken wir noch einmal auf die Unterhaltung der fünf Ärzte und vergleichen wir ihre Aussagen mit dem, was in der anthroposophischen Medizin dargestellt wird:

Der erste Arzt hatte gesagt, der Patient sei an einer Infektion durch den Cholerabazillus gestorben. Eine solche Aussage hat einen vertrauten Klang im Sinne der modernen Medizin. Der Erreger und seine Gifte stellen ohne Zweifel eine wirkliche Ursache dar für eine schwere Erkrankung. Hierüber kann auch kein anthroposophischer Arzt Zweifel lassen. Im Gegenteil, Wissen dieser Art gilt entsprechend der Ebene des physischen Leibes als eine vollgültige, ja notwendige Grundlage für jedes zeitgemäße Medizinverständnis und auch für die anthroposophische Medizin. Entsprechend sagte Steiner: «Nicht um eine Opposition gegen die mit den anerkannten wissenschaftlichen Methoden der Gegenwart arbeitende Medizin handelt es sich. Diese wird in ihren Prinzipien voll anerkannt. Und wir haben die Meinung, daß das von uns Gegebene nur derjenige in der ärztlichen Kunst verwenden soll, der im Sinne dieser Prinzipien vollgültig Arzt sein kann.»[2]

Die anthroposophische Medizin hat als ihre Grundlage also zunächst ein breites Feld, in dem volle Übereinstimmung besteht mit der naturwissenschaftlichen Medizin unserer Zeit. Entsprechend zeigt sich das auch in vielen Behandlungen in anthroposophischen Krankenhäusern und Arztpraxen. Wenn ein Patient einen Herzinfarkt erleidet oder einen schweren Unfall, so handelt es sich vor allem um eine Schädigung der physischen Strukturen. Diese nach den allgemeinen Regeln zu behandeln oder zu unterstützen ist je nach der Situation mehr oder weniger im Vordergrund und ohne Zweifel mitunter lebenswichtig. Worin besteht denn das andersartige?

Wir kommen zu der zweiten Schicht. In unserer kurzen Geschichte hatte der zweite Arzt gesagt: «An seiner schwächlichen Konstitution, die nicht Widerstandskräfte genug besaß, daran ist er gestorben. Hätte er über mehr Heilkräfte verfügt, so lebte er noch.»

Hier beginnen schon die Fragen.

Gibt es Heilkräfte oder Lebenskräfte oder wie es in der anthroposophischen Medizin genannt wird: ätherische Kräfte? Was sind sie, und wie kommt man dazu, von ihnen zu sprechen?

Nach Rudolf Steiner können sie auch wahrgenommen und verstanden werden; man muß sich dazu in innerer Übung schulen und erst lernen, ihnen nahe zu kommen.

Halten wir an dieser Stelle kurz an und bedenken wir, was dazu gesagt wird aus der Sicht der heutigen Naturwissenschaft. Dazu ein Ereignis aus einem Universitätshörsaal.

Ein Biochemieprofessor eröffnete seine Semestervorlesung mit etwa den folgenden Ausführungen:

«Früher dachte man, das Leben sei eine eigene Kraft. Dann bemerkte man, daß alles Leben verknüpft ist mit chemischen Prozessen. Nach und nach entwickelte sich die Erkenntnis, daß die chemischen Prozesse das wesentliche sind. Es bestand deshalb vorübergehend die Auffassung, daß das Leben die chemischen Umsetzungen in einem Organismus begleitet, wie Lärm eine Maschine beim Arbeiten. Darin lagen noch romantische Reste. Heute wissen wir, daß das Leben nichts anderes ist, als die Summe der gleichzeitig stattfindenden biochemischen Prozesse.»[3] Soweit der Biochemieprofessor.

Es wurde also gesagt: Leben ist die Summe der gleichzeitig stattfindenden biochemischen Prozesse.

Der Verfasser, der dies als Student im dritten Semester miterlebte, war von dem Mut dieser Definition beeindruckt, aber es tauchte auch eine Frage auf: Mußte man nicht zugeben, daß der Dozent dann auch so eine Summe gleichzeitig stattfindender biochemischer Prozesse ist? Und welchen Wert hatte seine *Aussage*, wenn sie doch auch nur das Ergebnis eines solchen biochemischen Prozesses sein sollte? Ja, wenn der Professor seiner Frau an der Tür begegnet und ihr vielleicht einen Kuß gab, gab dann eine Summe gleichzeitig stattfindender biochemischer Prozesse einer *anderen* Summe gleichzeitig stattfindender biochemischer Prozesse einen Kuß? Wenn der Mensch im Sinne der Wissenschaft also nur eine Summe chemischer Prozesse sein sollte, warum dann die ganze Mühe einer hochentwickelten Medizin? Um der biochemischen Prozesse willen? An Fragen dieser Art hat Rudolf Steiner angesetzt.

Schon mit 25 Jahren veröffentlichte er sein erstes erkenntnistheoretisches Werk, in dem es wesentlich um die Frage geht, welche Art des Erkennens notwendig ist, um die Erscheinungen des Lebens zu begreifen. In voller Würdigung des Prinzips der Kausalität, das die Physik als Grundlage ihrer Wissenschaft hat, ging es ihm darum, darzustellen, daß hierin ein besonderer Fall gegeben ist, dem nicht allgemeine Gültigkeit zukommt.

«Die Methode der Physik ist ein *besonderer* Fall einer allgemeinen wissenschaftlichen Forschungsweise, wobei auf die (besondere) Natur der in Betracht kommenden Gegenstände, auf das Gebiet, dem *diese* Wissenschaft dient, Rücksicht genommen ist. Wird diese Methode auf das Organische (d.h. auf den Bereich des Lebendigen) ausgedehnt, dann löscht man die spezifische Natur des letzteren (– also des Organischen –) aus. Statt das Organische seiner Natur gemäß zu erforschen, drängt man ihm eine fremde Gesetzmäßigkeit auf. So aber, indem man das Organische leugnet, wird man es nie erkennen. Ein solches wissenschaftliches Gebaren wiederholt einfach das, was es auf einer niederen Stufe gewonnen hat, auf einer höheren.»[4]

Steiner macht der Naturwissenschaft hier den Vorwurf, daß sie die Art der Erkenntnis, die am unbelebten Objekt berechtigt ist, auf das Leben überträgt. Er folgert daraus, daß sich nur deshalb die Eigentümlichkeit des Lebens nicht enthüllt, weil diese Denkart sie nicht erfassen kann. Wenn der Biochemiker es also für das Ergebnis seiner Forschung hält, daß es das Leben als eigene Gesetzlichkeit und Kraft nicht gibt, so wäre das nach Steiner nur die Widerspiegelung der angewandten Erkenntnismethode. Um aber die Welt der Lebenserscheinungen selbst zu begreifen, knüpft Steiner an Goethe an, speziell an Goethes botanische Studien.

Bei Goethe fand er eine Denkart, die sich zwar nicht im einzelnen darüber Rechenschaft gab, was ihre wissenschaftliche Grundlage ist, die aber doch bemüht war, sich den dynamischen Prozessen des Lebens anzugleichen.

Hören wir die ersten Paragraphen aus Goethes «Metamorphose der Pflanzen»:

«Ein jeder, der das Wachstum der Pflanzen nur einigermaßen beobachtet, wird leicht bemerken, daß gewisse äußere Teile derselben sich manchmal verwandeln und in die Gestalt der nächsten Teile bald ganz, bald mehr oder weniger übergehen. So verändert sich z.B. meist die einfache Blume dann in eine gefüllte, wenn sich anstatt Staubfäden und Staubbeutel Blumenblätter entwickeln, die entweder an Gestalt und Farbe vollkommen den übrigen Blättern der Krone gleich sind oder noch sichtbare Zeichen ihres Ursprungs an sich tragen.

Wenn wir nun bemerken, daß es auf diese Weise der Pflanze möglich ist, einen Schritt rückwärts zu tun und die Ordnung des Wachstums umzukehren, so werden wir auf den regelmäßigen Weg der Natur um so aufmerksamer gemacht, und wir lernen die Gesetze der Umwandlung kennen, nach welchen sie einen Teil durch den anderen hervorbringt, und die verschiedensten Gestalten durch Modifikation eines einzigen Organs darstellt.»[5]

Hier werden wir auf eine Denkart hingewiesen, die Rudolf Steiner als *Entwickelnde Methode* bezeichnet und weiter ausgeführt hat, und die er der kausalen Methode der Physik gegenüberstellte. Achtzehn Jahre nach Veröffentlichung seines Werkes über Goethes Erkenntnistheorie hat Rudolf Steiner an diesem Entwicklungsgedanken Goethes angeknüpft in seinem Buch «Wie erlangt man Erkenntnisse der höheren Welten?». Hierin finden wir folgende Anleitungen, durch die der meditativ übende Mensch zu einer besseren Vorstellung und schließlich übersinnlichen Wahrnehmung der *Lebenskräfte* geführt wird:

«Man lege ein kleines Samenkorn einer Pflanze vor sich hin. Es kommt darauf an, sich vor diesem unscheinbaren Ding die rechten Gedanken intensiv zu machen und durch diese Gedanken gewisse Gefühle zu entwickeln. Zuerst mache man sich klar, was man wirklich mit Augen sieht. Man beschreibe für sich Form, Farbe und alle sonstigen Eigenschaften des Samens. Dann überlege man folgendes. Aus diesem Samenkorn wird eine vielgestaltige Pflanze entstehen, wenn es in die Erde gepflanzt wird. Man vergegenwärtige sich diese Pflanze. Man baue sie sich in der Phantasie auf. Und dann denke man: Was ich mir jetzt in meiner Phantasie vorstelle, das werden die Kräfte der Erde und des Lichtes später wirklich aus dem Samenkorn hervorlocken. Wenn ich ein künstlich geformtes Ding vor mir hätte, das ganz täuschend dem Samenkorn nachgeahmt wäre, so daß es meine Augen nicht von einem wahren unterscheiden könnten, so würde keine Kraft der Erde und des Lichts aus diesem eine Pflanze hervorlocken. Wer sich diesen Gedanken ganz klarmacht, wer ihn innerlich erlebt, der wird sich auch den folgenden mit dem richtigen Gefühle bilden können. Er wird sich sagen: In dem Samenkorn ruht schon auf verborgene Art – als Kraft der ganzen Pflanze – das, was später aus ihm herauswächst. In der künstlichen Nachahmung ruht diese Kraft nicht. Und doch sind für meine Augen beide gleich. In dem wirklichen Samenkorn ist also etwas unsichtbar enthalten, was in der Nachahmung nicht ist. Auf dieses Unsichtbare lenke man nun Gefühl und Gedanken. Man stelle sich vor: dieses Unsichtbare wird sich später in die sichtbare Pflanze verwandeln, die ich in Gestalt und Farbe vor mir haben werde. Man hänge dem Gedanken nach: Das Unsichtbare wird sichtbar werden. Könnte ich nicht denken, so könnte sich mir nicht schon jetzt ankündigen, was erst später sichtbar werden wird.»[6]

Diese Übung ist eine von mehreren. In vielfacher Weise hat Steiner versucht deutlich zu machen, daß die Lebensgesetze und Lebenskräfte sich gerade darin wirksam zeigen, daß ein Organismus eine zusammengehörige und zusammenwirkende *Ganzheit* ist, der in einem immanenten Verhältnis zur Zeit steht. Entwicklung, Entstehen und Sterben gehören zum Leben dazu – wie wir auch an einer Blume bemerken, die ihr Lebensgesetz darin zeigt, wie sie vom Samen in Sproß und Blatt sich ausbreitet sich im Kelch wieder zusammenzieht, in der Blüte öffnet und wieder zum neuen Samen sich verdichtet. Immer ist die Pflanze dabei eine Ganzheit und doch nie fertig, sondern immer nur an einer bestimmten Stelle ihres zeitlichen Entwicklungszyklus. So ist sie nur scheinbar eine Raumentität und wesentlich eine *Zeitgestalt*. Indem wir in ihre zeitliche Entwicklungsdynamik eintauchen, nähern wir uns dem, was Steiner als *Ätherleib* bezeichnete.

Diese ganzheitlichen, zusammenwirkenden, sich metamorphosierenden Gesetzlichkeiten wirken auch im Menschen und bilden die zweite Schicht der Betrachtung für einen anthroposophischen Arzt. Was in der Pflanzenwelt als Metamorphosegesetz auftritt, findet sich abgewandelt durchaus auch im medizinischen Zusammenhang. Ein Beispiel dafür ist die unterschiedliche Art, in der das *rheumatische Fieber* in den verschiedenen Lebensaltern auftritt. Es handelt sich beim rheumatischen Fieber um eine Zweitkrankheit, zu der es nach einer bestimmten Form von Hals- oder Mandelentzündung kommen kann.

Bei kleinen Kindern äußert sich das rheumatische Fieber als sogenannte Chorea minor oder kindlicher Veitstanz. Hierbei treten unwillkürliche Bewegungen der Glieder mit plötzlich einschießenden Zuckungen auf. Zwischen diesen Attacken ist die Muskulatur schlaff und ohne Spannung. Diese Erkrankung kommt durch einen Befall des Gehirns. Sie heilt ohne Folgen aus. Ist ein bestimmtes Lebensalter erreicht, so tritt das rheumatische Fieber nicht mehr als Chorea minor auf, sondern im jugendlichen Alter ist es gleichsam tiefer gesunken und äußert sich vor allem als rheumatische Endokarditis – also eine Entzündung am Herzen –, hierbei kommt es als gefürchtete Folge evtl. zur Zerstörung und Vernarbung der Herzklappen. Im Erwachsenenalter wird die Herzklappenentzündung zunehmend seltener – jetzt zeigt sich das rheumatische Fieber besonders an den

Gelenken. So sehen wir, wie dasjenige, was im Sinne der Auslösung immer das gleiche ist, in den verschiedenen Lebensaltern seine Erscheinungsform wandelt und vom Nervensystem über das Herz zu den Gelenken absteigt. Es handelt sich auch hier um eine Metamorphose der Erscheinungsform.

Bei der Betrachtung eines Patienten unter dem Gesichtspunkt des Ätherleibes geht es vor allem darum, zu sehen, wie eine Krankheit sich entwickelt hat und was ihr vorausgegangen ist. Im günstigen Fall kommt man dadurch u.U. rasch zum Ziel. So wurde bei einer Patientin, die unter Migräne litt und deshalb langjährig behandelt worden war, festgestellt, daß die Migräne-Anfälle mit Stuhlverstopfung zusammenhingen. Nach Behandlung der Verstopfung trat eine rasche Besserung ein. Bei einer anderen jungen Frau mit allergischem Asthma seit Kindheit wurde gefunden, um ein weiteres Beispiel zu nennen, daß den Anfällen stets ein Kältegefühl an Händen und Füßen voranging, das sich zum Rumpf zu ausbreitete. War das Kältegefühl am Rumpf angekommen, war auch der Anfall da. In diesem Fall konnte die Durchblutung der Glieder mit pflanzlichen Mitteln und durch Heileurythmie gebessert werden. Bei der Heileurythmie handelt es sich um eine künstlerische Bewegungstherapie, die in der anthroposophischen Medizin eingesetzt wird. Es war im weiteren dann möglich, bei der Patientin die vorbestehende Asthmabehandlung mit Cortison und Sprays allmählich abzubauen.

Besonders an dieser Patientin ist ablesbar, wie die Betrachtung im Hinblick auf den Lebensleib nicht im Widerspruch steht zu dem, was die Medizin heute allgemein vertritt. Die allergische Reaktion an der Bronchialschleimhaut mit daraus entstehendem Asthma als letzte Erscheinung einer im Organismus vorherrschenden Gesamtsituation kann wirksam durch Cortison unterdrückt werden. Diese Therapie ist evtl. unvermeidlich. Für einen anthroposophischen Arzt stellt sich jedoch zusätzlich die Frage, wie diese Symptomatik eingebettet ist im ganzen Zusammenhang, wie es dazu kommt und wie diese Tendenz im Laufe des Lebens entstanden ist. Die vorausgegangenen, evtl. nur flüchtigen Symptome weisen dann oftmals den Weg zu einer Therapie.

Auf diese Art der Behandlung weist Rudolf Steiner hin in seinem Buch «Grundlegendes für eine Erweiterung der Heilkunst nach geisteswissenschaftlichen Erkenntnissen», das er zusammen mit der

Ärztin Ita Wegman verfaßt hat. Dort heißt es im Kapitel über charakteristische Krankheitsfälle:

«In diesem Kapitel möchten wir aus der Praxis des klinisch-therapeutischen Institutes in Arlesheim eine Reihe von Krankheitsfällen beschreiben. Dieselben werden zeigen, wie versucht werden kann, mit Zuhilfenahme der Erkenntnis vom geistigen Menschen ein durchgreifendes Bild des krankhaften Zustandes so zu gewinnen, daß die Diagnose unmittelbar lehrt, welches Arzneimittel angewendet werden muß. Dabei liegt eine Anschauung zugrunde, die Erkrankungs- und Gesundungsprozeß als einen einzigen Kreisprozeß ins Auge faßt. Die Erkrankung beginnt mit einer Irregularität in der Zusammensetzung des menschlichen Organismus mit Bezug auf seine in diesem Buch beschriebenen Teile. Sie ist an einem bestimmten Punkt angekommen, wenn man den Kranken in Behandlung bekommt. Man hat nun dafür zu sorgen, daß alle Vorgänge, die sich seit dem Beginn der Krankheit im menschlichen Organismus abgespielt haben, wieder zurückverlaufen, so daß man zuletzt beim Zustande der Gesundheit anlangt, in dem der Organismus vorher war… Im Krankheitsverlaufe ist nicht nur der lokalisierte Krankheitsprozeß, sondern die Gesamtveränderung des Organismus zu berücksichtigen und diese in den rückläufigen Prozeß einzubeziehen.»[7]

Ausgehend von der Unterhaltung unter den fünf Ärzten, die um den Verstorbenen standen und unterschiedliche Meinungen zu dessen Tod austauschten, haben wir jetzt zwei Wesensglieder im Sinne der anthroposophischen Medizin umrissen, den physischen Leib und den Ätherleib oder Lebensleib.

Erinnern wir uns nun, was der dritte Arzt zu sagen hatte: Er hatte hingewiesen auf die «Konfiguration der Seele» des Verstorbenen. In der Anthroposophie wird als drittes Wesensglied der Empfindungsleib oder Astralleib angesprochen. Er bildet die Grundlage für das Bewußtsein. Was durch den Astralleib zum Lebensleib hinzukommt wird deutlich am Vergleich von Pflanze und Tier. Die Pflanze lebt, aber sie ist mit diesem Leben in größter Abhängigkeit von den äußeren Bedingungen ihrer Umgebung: Ihre Lebensprozesse entfaltet sie je nach Nährstoffen ihres Standortes, je nach Wärme und Kälte, je nach Licht und Dunkelheit im Wechsel von Tag und Nacht, von Sommer und Winter.

Diese Abhängigkeit lockert sich stufenweise im Tierreich. Tiere entwickeln in ihrem Organismus Muskelgewebe als Grundlage für Eigenbewegung; der Verbrauch der eigenen Körpersubstanz bildet Eigenwärme, die Wahrnehmungsorgane, das Nervensystem und die Hormondrüsen vermitteln eine Eigenregulation der Stoffwechselgeschwindigkeiten, es entstehen im Zusammenhang mit der aktiven Nahrungssuche und Fortpflanzung Begierden, Triebe, Instinkte und eine Vielfalt von differenziertem Verhalten. Alle diese weisen uns auf seelisches Eigenleben und eine innere Erlebniswelt. Der norwegische Forscher Thor Heyerdahl hat geschildert, wie er nach wochenlanger Überfahrt über den Pazifik neben seinem Floß Kon-Tiki die langsam aufsteigende Atemluft eines unter ihm schwimmenden Walfisches erlebte. Diesen warm aufsteigenden Luftstrom empfand er wie die Begegnung mit einer großen brüderlichen Seele. Es ist diese Innerlichkeit des Fühlens, die Mensch und Tier verbindet. Rudolf Steiner charakterisiert sie einmal folgendermaßen:

«Wie aus verborgenen, geheimnisvollen Brunnen steigen beim Erwachen des Menschen bewußte Kräfte aus der Bewußtlosigkeit des Schlafes auf. Es ist dasselbe Bewußtsein, das beim Einschlafen hinuntersinkt in die dunklen Tiefen und das beim Aufwachen wieder heraufsteigt. Dasjenige, was das Leben immer wieder aus dem Zustand der Bewußtlosigkeit erweckt, ist im Sinne übersinnlicher Erkenntnis das dritte Glied der menschlichen Wesenheit. Man kann es den Astralleib nennen. Wie der physische Leib nicht durch die in ihm befindlichen mineralischen Stoffe und Kräfte seine Form erhalten kann, sondern wie er, um dieser Erhaltung willen, von dem Ätherleib durchsetzt sein muß, so können die Kräfte des Ätherleibes sich nicht durch sich selbst mit dem Lichte des Bewußtseins durchleuchten. Ein Ätherleib, der bloß sich selbst überlassen wäre, müßte sich fortdauernd in dem Zustande des Schlafes befinden. Man kann auch sagen: er könnte in dem physischen Leibe nur ein Pflanzensein unterhalten. Ein wachender Ätherleib ist von einem Astralleib durchleuchtet. Für die Sinnesbeobachtung verschwindet die Wirkung des Astralleibes, wenn der Mensch in Schlaf versinkt. Für die übersinnliche Beobachtung bleibt er noch vorhanden; nur scheint er von dem Ätherleibe getrennt oder herausgehoben.

In demselben Sinne, wie der Mensch seinen physischen Leib mit den Mineralien, seinen Ätherleib mit den Pflanzen gemein hat, ist er in bezug auf seinen Astralleib gleicher Art mit den Tieren.»[8]

62

In den Wirksamkeiten des Astralleibes liegt aber beim Menschen eine Tendenz, die ihn in hohem Maße anfällig macht und wesentlich mit seiner Erkrankungsneigung zu tun hat. Schon das durch den Astralleib bewirkte Wachen selbst führt zur Ermüdung und zur Notwendigkeit der Regeneration im Schlaf. Aber auch darüber hinaus entwickelt der Astralleib Tendenzen innerhalb des Organismus die krankhaft stören können.

An dieser Stelle müssen wir, trotz der Verwandtschaft des Menschen zum Tier auch einen Unterschied bedenken: Der tierische Organismus ist zwar nicht mit den Lebensprozessen in seine Umwelt eingebettet, wohl aber durch Instinkt und Verhalten. Das Tier gehört zur Natur dazu. Beim Menschen tritt demgegenüber die Verselbständigungstendenz in einer solchen Steigerung auf, daß er sich schließlich auch kulturell einen Eigenraum schafft und Eigentümlichkeiten ausbildet, die der Natur und auch seinen eigenen Lebensgesetzen entgegenwirken können.

Wir finden daher eine Fülle von Krankheiten, bei denen seelische Prozesse im Hintergrund stehen, die den körperlichen Lebensprozessen entgegenwirken. Hierzu zählen im Sinne der anthroposophischen Medizin nicht nur die anerkannt psycho-somatischen Störungen, wie z.B. das Magengeschwür oder auch das zuvor genannte Bronchialasthma. Vielmehr haben im Grunde alle Erkrankungen auch eine wirksame seelische Ebene und bedürfen deshalb des Verständnisses und therapeutischen Eingehens auch auf dieser Schicht.

Von der Muskelverspannung, über chronische Schmerzzustände beim spastischen Darm bis hin zu Bluthochdruck, Schilddrüsenüberfunktion und Krampfleiden kann in zahllosen Variationen die Einwirkung des Astralleibes gesehen werden. In diesem Bereich hat vor allem die künstlerische Therapie ein breites Gebiet ihrer Wirksamkeit.

Kommen wir nun zur vierten Schicht. Der vierte Arzt hatte in unserem eingangs zitierten Gespräch den fehlenden Mut des Verstorbenen als Todesursache bezeichnet. Darüber wäre sicher zu streiten. Immerhin mag auch hierin ein Körnchen Wahrheit sein. Der blinde französische Schriftsteller Jacques Lusseyran, ein Mitglied der französischen Resistance und KZ-Häftling am Ende des Krieges, berichtet, wie entscheidend der Mut und die positive Lebenseinstellung für die Gesundheit der Mitgefangenen waren.[9] Laurens van der Post berichtet ähnliches aus seiner japanischen Kriegsgefangenschaft. Van der Post war selbst daran beteiligt, eine Art interne Universität im Lager aufzubauen, um die Mitgefangenen geistig aktiv und dadurch aufrecht und gesund zu erhalten.[10] Manches, was hier geschildert wird, kommt dem entgegen, was in der Psychoimmunologie empirisch bestätigt werden kann. Wir sind dabei im Umkreis der Eigenschaften, die in der anthroposophischen Medizin in der Ebene des Ich angesiedelt werden. Das Ich bildet die vierte wesentliche Schicht, die im Menschen wirkt und ihn konstituiert, d.h. ihn aufbaut.

Hierbei ist im Sinne der Anthroposophie kein philosophisches Konstrukt gemeint, sondern die wirkliche geistige Wesenheit des Menschen, seine Identität als Individuum oder Person. Es ist das im Menschen, was immer weiter lernt, was handelnd sich seinen Sinn im Leben schaffen möchte; es ist das, was sich für eine eingesehene Idee überwinden kann. Kurz dasjenige, was auch der Medizin ihren menschlichen Sinn gibt.

Der Blick auf einen Kranken unter dem Aspekt seines Ich möchte mit einbeziehen, was an diesem Menschen qualitativ besonders ist und aus aller Gesetzlichkeit und Statistik herausfällt.

Der Sohn eines berühmten Psychologenehepaars bemerkte eines Tages, daß seine Eltern sein Verhalten fortwährend beobachteten, um das typische Verhalten seines Alters zu studieren. Dies kam bis zu dem Punkt, daß er eines Tages erklärte: «Ich kann auch ganz anders sein.» Später nannte er sich Günter Anders. Es ist für den anthroposophischen Arzt von so entscheidender Bedeutung, sich bewußt zu bleiben, daß jeder Patient diesen Teil in sich hat, der ganz anders ist und daß die Verschiedenheit, die am Gesicht erscheint und im Laufe des Lebens immer deutlicher wird, daß diese Verschiedenheit sich auch in Begabung, seelischen Eigentümlichkeiten, körperlichen Proportionen und Reaktionsweisen, ja bis in die physische Immunstruktur hinein ausdrückt. Jeder Patient ist in dieser Hinsicht ein «Günter Anders», der Anspruch darauf hat, ganz aus sich und seinen Gesetzen behandelt zu werden. Dazu gehört vor allem auch die Möglichkeit der Teilnahme und des aktiven, lernenden Mitvollzugs an dem, was die Krankheit im Schicksal bedeutet.

Hiermit kommen wir noch zum Aspekt des fünften Arztes. Dieser hatte angeführt, daß die Krankheiten von Gott gesandt sind. Damit mag auf einen Schicksalsaspekt gedeutet sein. Besonders an manchen großen Persönlichkeiten kann uns bewußt werden, wie eng ihr Leben und Wirken mit einer Krankheit verwoben ist. Denken wir an Dostojewski und seine Epilepsie, an Van Gogh und seinen Wahnsinn, an Beethovens Ertaubung oder an die Hautverhärtung von Paul Klee – seine Sklerodermie – die sich in seinen späten Bildern so erschütternd und doch großartig zeigt. Vieles Große ist im Menschen gewachsen durch die Auseinandersetzung mit einer Krankheit. Dieses Wachsen zu fördern, im Vertrauen auf einen größeren Zusammenhang, mag auch ärztliche Aufgabe sein.

Abschließend können wir sagen: Die Anthroposophische Medizin, die 1920 durch Rudolf Steiners ersten Ärzte-Kurs entstand, ist eine junge Wissenschaft. Zwar hat sie sich seither weit verbreitet und in Deutschland werden jährlich ca. 30.000 Patienten allein in anthroposophischen Krankenhäusern behandelt. Dennoch steht sie noch am Anfang. Es wird noch lange dauern, bis sie auch für den Bereich von Ätherleib, Astralleib und Ich die professionelle Wissenschaftlichkeit ausgebildet hat, die die Schulmedizin für den Bereich der physischen Strukturen schon in so bewundernswerter Weise erarbeitet hat. Deshalb wird man feststellen, daß in anthroposophischen Praxen und Kliniken auch viel an orthodoxer Medizin betrieben wird. Die anthroposophische Medizin wirft gegenwärtig mehr Fragen auf, als sie Antworten geben kann. Es sind jedoch Fragen, die sich zu stellen lohnen.

Die labile menschliche Konstitution, ihre Erkrankungsneigung und die Kräfte der Gesundheit: Warum erkrankt der Mensch?

Wenn Sie sich die Naturreiche ansehen und sich fragen, wo tritt eigentlich Erkrankung auf, dann kommen Sie sofort in Unsicherheiten.* Bei einem Mineral wird kaum jemand von Erkranken reden, obwohl es das gibt. Ich habe neulich einen Artikel gelesen: «Heilungsvorgänge am Kristall». Da sind Kristallisationsstörungen gewesen und im weiteren Wachstum werden diese immer weniger sichtbar, und dann wird von Heilung gesprochen. Also bitte, ein Minimum an Krankheitsbegriff taucht schon auf. Man geht von einer Regelform aus, die kann gestört sein, und es kann dann schöner werden wenn der Kristall weiterwächst.

Bei Pflanzen sind wir nicht im Zweifel, daß der Krankheitsbegriff schon anfängt eine gewisse Bedeutung zu haben, z.B. wenn Bäume von Mehltau befallen sind. Andererseits ist es im Pflanzenreich so, daß Pflanzen untereinander zum Beispiel um Nahrung konkurrieren. Es geht nicht anders, als daß verschiedene Pflanzen am gleichen Standort sich gegenseitig die Nahrung entziehen, und dadurch kümmert eben eine. Ist sie nun krank? Immerhin ihre Lebensgesetzmäßigkeit kann sich nicht voll entfalten.

Bei den Tieren wird keiner auf den Gedanken kommen zu bezweifeln, daß ein Tier krank sein kann. Ein Tier ist auch darin, wie es Schmerz äußert, ganz eindeutig krank. Es siecht unter Umständen dahin, und doch wissen wir, daß jedenfalls in der großen Ordnung der Natur Krankheiten im Tierreich eigentlich nicht vorkommen. Wenn ein Tier erkrankt, und es ist in einer gesunden biologischen Umgebung, dann wird es ausgemerzt. Die natürlichen Feinde be-

* Dieser Vortrag wurde als Abendvortrag im Rahmen einer Ärzte-Tagung in Linz/Österreich am 4. April 1992 gehalten. Es handelte sich um eine öffentliche Tagung, die von der Gesellschaft Anthroposophischer Ärzte in Österreich für Ärzte und Medizinstudenten veranstaltet wurde.

mächtigen sich seiner, es kann sich nicht ernähren, und da führt die Krankheit in der Regel zum Tode.

Und nun beim Menschen. Die Krankheit hat eine unglaubliche Fülle. Jedes Organ das wir haben füllt Bibliotheken mit seinen Krankheiten, alles wird behandelt. Wir haben gleichsam mit dem Menschen ein Aufblühen des Krankheitswesens wie auf einem Höhepunkt. Auch die Zahl der bekannten Krankheiten ist bei keiner anderen Art derart enorm wie beim Menschen. Also wir sehen eine Stufenfolge.

Diese gleiche Abfolge wird uns auch innerlich deutlich, wenn wir uns in Bezug auf diese verschiedenen Niveaus fragen, wo eigentlich bei einem einzelnen Patienten seine Krankheit begründet ist. Und um da nun eine gewisse Einführung zu geben, möchte ich Ihnen eine Patientin schildern, die vor einigen Jahren mit einer schweren rheumatoiden Arthritis (chronischem Gelenkrheuma) in unserer Behandlung war, in der Filderklinik.

Ich lernte sie kennen, als sie schon im Bett lag und zwar mit beiden Armen auf Kissen aufgestützt, zurückgelehnt. Ich wollte ihr die Hand geben, aber sie sagte, es ginge nicht, weil die Gelenke so schmerzhaft betroffen waren, daß sie sich nicht bewegen konnte. Sie war zu diesem Zeitpunkt 49 Jahre alt, jünger wirkend, eine eigentlich sehr geformte Persönlichkeit, die Backen relativ voll, nicht füllig aber, wie soll man sagen, prall, die Gestalt jugendlicher wirkend, mittelgroß, dunkelblondes Haar. Und es war auffällig, die irgendwie doch jugendlich wirkende Erscheinung und diese völlige, schmerzbedingte Bewegungsunfähigkeit. Sie hatte diese seronegative rheumathoide Arthritis, mit auch schon beginnenden Gelenkdeformationen, zu diesem Zeitpunkt seit etwa 15 Jahren, und es trat bei ihr immer wieder mit ganz massiven Schüben auf. Also nicht so ein schleichender, chronischer Verlauf, sondern ein massiv schubhafter Verlauf, der dann zu schwersten Schmerzzuständen führte, so daß sie sich wirklich überhaupt nicht rühren konnte, sie war dann praktisch voll pflegebedürftig während dieser Zeit.

Das Ganze hatte sehr eigentümlich begonnen auf einer Rußlandreise. Sie war mit einem Bekannten, einem Diplomaten nach Rußland gereist. Damals war sie Mitte 30. Sie hatte mit diesem Mann eine Beziehung, die sich so abspielte, daß er in seiner Botschaft in einer fernen Stadt lebte und sie an einer Universitätsklinik als Laborantin beschäftigt war. Sie trafen sich stets in Städten die irgendwo dazwischen lagen, nie bei ihm, nie bei ihr, es war eine Freundschaft, die sich nur an Wochenenden abspielte und sie sagte auch gleich bei der Befragung, sie könne sich auf etwas anderes nicht einlassen. Nun, auf diese Weise war das einige Zeit gegangen und dann war diese Rußlandreise erfolgt. Da waren sie auf der Transsibirischen Eisenbahn, und er hatte sich, als sie im Speisewagen war, an ihrem Tagebuch vergriffen und hatte darin gelesen, und sie merkte sofort, als sie wiederkam, daß «dicke Luft» war. Denn sie hatte in dem Tagebuch über ihn geschrieben und zwar dahingehend, daß sie wegen der Dauer und Nähe des jetzigen Zusammenseins mit den Nerven belastet sei. Jedenfalls war es ab dem Moment so, daß er nicht mehr unbefangen war, es baute sich immer mehr eine Spannung auf, bis sie ihn schließlich fragte, was los sei. Er hat dann eine furchtbare Szene gemacht und mit Selbstmord gedroht. Da bekam sie in der sibirischen Eisenbahn den ersten Anfall ihrer rheumatoiden Arthritis, der seither nicht mehr endet, bzw. immer wiederkehrt. Also eine markante, hochdramatische Auslösesituation.

Dann war es so, daß sie ein Kind bekam, aber sich nicht zur Heirat entschließen konnte. Ihm mißfiel das, sie konnte eigentlich ganz gut so leben, er wollte heiraten, sie wollte es nicht. Und es kam außerdem dazu, bei ihr sehr bezeichnend, daß sie in einer für sie sehr schwierigen Berufssituation war. Sie war an einer Universitätsfrauenklinik und machte dort wie sie sagte für «die Herren» – sie sagte es gebe fast nur männliche Gynäkologen an dieser Frauenklinik – Versuche und zwar derart, daß sie bei Karzinomoperationen ein bißchen Tumorgewebe bekam. Dieses hat sie aufbereitet und Mäusen in die Bauchhöhle eingespritzt. Dann wurden Chemotherapieschemata ausprobiert, über eine ganz bestimmte Zeit. Danach wurden die Mäuse getötet, und es wurde geschaut, wie das Ergebnis der Chemotherapie war. Sie machte das auch an Zellkulturen. Diese Arbeit fand sie innerlich abscheulich, sie fand sie ganz fürchterlich. Aber es war andrerseits so, daß sie sehr viel Anerkennung bekam. Sie war auf allen großen Kongressen mit dabei, und das fand sie wieder sehr interessant diese Auseinandersetzungen mitzuerleben. Sie hat sich aber immer wieder über das unmögliche Verhalten dieser Professoren geärgert: wenn, wie sie sagte, alle diese Herren dasitzen, diese männlichen Frauenärzte, und sie als einzige Frau dazu benützten, sich den Kaffee machen zu lassen. Sie hatte moralisch von diesen Kollegen die allerschlechteste Meinung, was den persönlichen Umgang anging, andererseits lebte sie aber auch in dieser Wertschätzung ihrer Fähigkeiten, sozusagen dieses Flairs den das Ganze mit sich brachte. Sie war sehr spezialisiert und eigentlich unersetzbar in ihrem Beruf. Soviel, um ein Bild von dieser Persönlichkeit zu zeichnen.

Bei der körperlichen Untersuchung fand sich dann, daß die Gelenke der Finger und des Ellenbogens stark überwärmt waren, äußerst schmerzempfindlich, so daß sie sich kaum bewegen konnte. Dabei war es so, daß sie überhaupt eine Art Hitzestau im oberen Teil des Organismus zu haben schien, der Kopf war warm, es lag eine gewisse Röte über allem, aber die Beine waren eiskalt, und es fiel auf, daß sie einen unwahrscheinlich weichen Muskeltonus in den Waden hatte. Dann schilderte sie, daß sie Verdauungsbeschwerden habe, sie litt an Obstipation. Weiter berichtete sie, daß die Beschwerden, die Schmerzen, eine Tageszyklik hätten, mit einer deutlichen Verschlechterung in den Morgenstunden. Und ferner, daß auch eine Zyklusabhängigkeit da sei, mit einer Besserung nach der Periode. Das also waren die Befunde.

Wir haben sie zunächst antiphlogistisch (entzündungshemmend) behandelt. Die Schmerzen waren sehr stark, ich erinnere mich, daß sie dann auch kurze Zeit Steroide (Cortison) bekommen hat, und eine anfängliche Besserung oder symptomatische Erleichterung war dadurch gegeben.

Jetzt haben wir verschiedene Ebenen, auf denen wir diesen Befund, die Situation dieses Menschen uns vorstellen können. Und vor allem hatte sie die Frage sehr intensiv: «Warum habe ich diese Erkrankung?». Und ich merkte selber an mir, wie ich mich nach und nach durch die Wochen der Behandlung zu immer neuen Antworten auch erst durchgerungen habe.

Zunächst einmal kann man sagen: sie hat einen entzündlichen Befall der Gelenke. Da sind irgendwelche Immunreaktionen, die da ablaufen, meinetwegen eine Antigenität gegen irgendetwas, etwas was demaskiert worden ist aus dem HLA-System und so weiter. Und das reagiert nun und wird an den Gelenken von der Synovialis (Innenschicht der Gelenkkapsel) aus in den Gelenkspalt freigesetzt und sorgt für eine entzündliche Hyperämie mit Pannusbildung (Gewebewucherung), Gelenkdestruktionen und all diesen Sachen. Und

4. Schicht	Schicksalsebene Ausbildung von Kräften	ICH
3. Schicht	Seelische Ebene Krankheitsneigung	ASTRALLEIB
2. Schicht	Gesamtheit der zusammenwirkenden Funktionen Gesundheit	ÄTHERLEIB
1. Schicht	Lokalbefund Antigen-Antikörper-Reaktion Symptome	PHYSISCHER LEIB

Schema zu den Wesensgliedern des Menschen

es ist klar, diese Auskunft stimmt, es stimmt ja, sie hat das, und insofern kann man ja auch so behandeln. Die antiphlogistische Behandlung, die sie bekommen hat, ist nun wirklich auf dieser Ebene angezeigt, oder wenn man Gold gäbe oder so etwas, dann ist dies zunächst einmal unter diesem Aspekt sachgemäß. Das heißt, wir betrachten den Lokalbefund (s. Schema) und stellen fest – ich sage es jetzt pars pro toto – eine Antigen-Antikörper-Reaktion. In ihrem Fall war es seronegativ, was aber nicht ausschließt, daß etwas Derartiges eben doch abläuft.

Nun bemerken wir aber, daß in der Art, wie wir diese Patientin betrachten wollen und auch im Hinblick darauf, daß wir sie von den Steroiden und Antiphlogistika wieder entwöhnen wollen, eine zweite Behandlungsschicht nötig wird. Und diese ist nun nicht mehr lokal. Für diese nächste Schicht müssen wir alle Dinge miteinbeziehen, die gewissermaßen die verschiebliche, funktionelle Gesamtsituation dieser Patientin betreffen. Es war bei ihr ganz offensichtlich: sehr kalte untere Gliedmaßen, extremer Tonusverlust in den Beinen, Atonie des Darmes, man hatte deutlich das Gefühl von einem Menschen, der, was die unteren Teile anbelangt, nicht ganz in sich drin ist.

Wir haben dann damit begonnen gar nicht so sehr das Lokale immer weiter zu behandeln, sondern wir haben versucht, sie im Stoffwechsel anders zu verankern. Sie bekam Fußbäder, Massagen an den Beinen, Einreibungen. Sie bekam Mittel, die die Darmperistaltik anregen sollten, Bittermittel, ausscheidungsfördernde Mittel. Und tatsächlich, sie bemerkte dann selber, daß es ganz eigentümlich war: wenn die Füße warm waren, dann ging es ihr an den Händen besser. Sie konnte es richtig feststellen, wenn die Füße wieder kalt wurden, dann hatte sie das Gefühl, daß die Gelenke wieder heißer und schmerzhafter wurden. Also es war bis zu einem gewissen Grad ein deutlicher Wechsel hin und her. Und so hatten wir auch das Gefühl, nach der Periode, wenn diese Stauung, die Flüssigkeitsstauung ausgeschwemmt war, ging es ihr besser. Man sieht also, und das kann man immer und immer wieder bei jedem Patienten finden, es ist ganz wichtig, nicht nur die lokale Situation zu betrachten. Was man lokal feststellen kann, ist richtig, aber es ist nur wie der i-Punkt auf dem i oder der Gipfel des Eisberges, darunter ist eine umfassende menschliche Situation, die insgesamt erfaßt werden muß. Und unter Umständen ist es so, daß alle möglichen anderen, eigentlich unbedeutenden Symptome vorher ablaufen, bis es dann zu der Krankheitssymptomatik kommt.

Wir sind hier also auf einer nächsten Ebene des Krankheitsgeschehens, die wir betrachten müssen und die wir in ihren Gesetzmäßigkeiten kennenlernen müssen: die Gesamtheit der zusammenwirkenden Funktionen (s. Schema S. 70). Hier haben wir jetzt im anthroposophischen Sprachgebrauch die Ebene des Ätherleibes. Ein beweglich Zusammenhängendes, das sich gleichsam wie flüssig verschieben kann. Funktionen, die an einer Stelle richtig sind, können sich an einen anderen Ort verlagern, und es tritt Erkrankung ein.

Wenn wir eine Patientin zum Beispiel haben mit Colitis ulcerosa (Dickdarmentzündung), ist eine der ersten Fragen: «Wie ist es mit der Periode?». Sehr oft sistiert die Periode. Indem wir die Periode anregen, wird die Colitis besser. Es ist wie eine Verschiebung, eine Krankheitsebene die sich in Verschiebungen von Funktionen äußert. Indem wir diese Ebene kennenlernen, können wir schon sehr viel therapeutisch machen, weil wir überlegen können, wo müssen diese Funktionen hinverlagert werden, wie können wir Reize anwenden, um es in die richtige Richtung zu bringen.

Wir sind hier auf einer Ebene, die ganz entsprechend ist dem Pflanzlichen. Wenn wir eine Pflanze verstehen wollen, meinetwillen eine Rose oder eine Tulpe, eine Blume, dann ist es sofort deutlich, wir verstehen die Rose nicht, wenn wir sie nur in ihrer blühenden Erscheinungsform anschauen. Sie hat vorher Stadien – die Blüte wird abfallen – sie hat später Stadien, und sie wird in eine fruchtende Form übergehen. Das Gesetz des Kristalles ist, ob er klein oder groß ist immer das Gleiche: die räumliche Erscheinung zeigt das Gesetz. Bei einer Pflanze ist es nicht so. Sie läuft durch Erscheinungsveränderungen hindurch. Und wenn wir nun das verstehen wollen, was charakteristisch botanisch ist, dann müssen wir auch auf die Phänomene eingehen, die nun gerade für sie bezeichnend sind. Und ein lebender Organismus macht eben eine Formverwandlung durch, und es ist ganz willkürlich, ein Stadium herauszugreifen und zu sagen «Das ist die Rose». Man merkt sogleich, die Rose ist ein Entwicklungsverlauf vom Samen über die sprießende Form bis hin zur blühenden und dann zur fruchtenden und schließlich samenbildenden Erscheinung. Das Gesetz der Pflanze ist ein Zeitliches. Eine Rose ist ein Zeitorganismus, ein Kristall ist ein Raumgesetz. Um dieses zu begreifen, müssen wir eigentlich diesen Umwandlungsvorgang in allen seinen verschiedenen Gestaltumbildungen innerlich mitvollziehen. Eine Gestalt in eine andere überführen, die Lebensgesetzmäßigkeit, die als Ganzes sich abspielt begreifen.

Wenn wir eine Erkrankung auf der ätherischen Stufe verstehen wollen, müssen wir die zusammenwirkenden Gesetzmäßigkeiten der Symptome und wie sie ineinander übergehen erfassen. Dann können wir schon ein bißchen mehr darüber sagen, warum an einer bestimmten Stelle ein Krankheitssymptom eingetreten ist, und wir haben vor allem für die Heilung schon eine tiefergreifende Möglichkeit.

Aber sie merken sofort, hiermit haben wir die Sache noch nicht ergründet. Wir können zwar sagen, immer wenn sie kalte Füße kriegt und wenn sich das alles so verschiebt, der Darm träge wird usw., dann kommt die Neigung, so an den Gelenken reagieren zu müssen. Wir können dem auch entgegenwirken durch Medikamente, so daß es vielleicht nie so richtig zum Ausbruch kommt, aber die Tendenz dazu ist doch da. Wir merken auch ganz deutlich anhand der Vorgeschichte, daß die Auslösung aus einer anderen Schicht gekommen ist.

Also die nächste Schicht ist, daß wir fragen «Warum reagiert sie denn im Organismus so?». Nun, bei dieser Patientin war es wirklich ganz auffällig. Was ich Ihnen so kurz skizziert habe, war für sie selber, wie sich zeigte, eine ganz problematische Situation. In ihrem inneren Lebensempfinden hatte sie nämlich das Gefühl, sie ist überall eigentlich wie unter einer Zerreißprobe, das heißt sie liebt einen Menschen, aber möchte sich nicht verbinden. Sie ist bei einer beruflichen Tätigkeit, ist es gerne aus bestimmten Gründen und findet es gleichzeitig abscheulich. Sie genießt die Anerkennung der hohen Herren und findet sie moralisch unmöglich. Es war auch interessant die Art, wie sie einem die Hand gab. Daran bin ich aufgewacht. Sie streckte einem die Hand entgegen, aber weil sie schmerzhaft war, zog sie sie immer gleich zurück. Man merkte: «nicht so fest zudrücken». Der Grund war ganz äußerlich, aber es war ein Bild für ihre ganze innere Situation. Auf etwas zugehen und schon wieder zurückziehen. Eine tief in ihr veranlagte Situation von der sie sagte, es sei ganz furchtbar, immer wieder würde sie denken, eigentlich müßte sie sich doch einmal zu einem Beruf entscheiden, mit dem sie insgesamt zufriedensein könnte. Immer wieder stünde sie vor der Frage, ob sie nicht kündigen sollte, und immer wieder entschloß sie sich dann doch nicht dazu. Der Verdienst war auch gut, sie wohnte schön, die Tochter ging auf die Waldorfschule, also es sprach auch immer wieder sehr viel dagegen. Die Arthritis war 15 Jahre vorher im Rahmen einer solchen Beziehung, die gleichzeitig Angst und eine starke erotische Bindung enthielt, aufgetreten. Nun, man merkte sofort, daß sie ein großes Bedürfnis danach hatte, das alles zu besprechen, denn sie hatte selbst das Gefühl, daß wesentliche Ursachen ihres Krankseins hier verborgen wären.

Ich schreibe jetzt einmal seelische Ebene hin (s. Schema S. 70). Im Sinne der anthroposophischen Medizin kann man in gewisser Weise sagen, daß hier, typologisch gesprochen, eigentlich eine Art Kernursachengebiet für alles Kranksein liegt. Das heißt nicht nur das problematische Seelenleben, sondern sogar das ganz gewöhnliche Seelenleben, das wir haben, ist eigentlich so, daß es uns ständig krank macht. Der Mensch hat durch sein Bewußtsein, durch seine innere Eigenqualität eine latente Krankheitsneigung in sich. Und an dieser Stelle möchte ich ein bißchen das Thema ausweiten, um das zu veranschaulichen.

Machen wir uns klar: Unser Organismus verläuft nach ganz bestimmten Gesetzmäßigkeiten. Und diese Gesetzmäßigkeiten werden in der wunderbarsten für uns eigentlich völlig unbekannten Weise ständig durchgeführt. Ich erinnere mich, wie ich vor einiger Zeit erschrocken bin, manchmal erschrickt man über Dinge, die man schon weiß, als ich meinen Ärmel so aufgerollt hatte. Ich habe nämlich eine prominente Vene hier, und die habe ich dann so ausgestrichen, so, und dann ließ ich los, und da merkte ich plötzlich: Um Gottes willen! da fließt Blut. Ja ich hatte plötzlich ein Urerlebnis, ich weiß nicht, ob Sie sich das vorstellen können: es bewegt sich. Und vor allem, es war dann für mich so erschreckend, weil ich dachte: wo bewegt sich das denn überall hin? Und dann war ein tröstlicher Moment, daß ich dachte: naja, es sind ja wenigstens die Venen fest, die Bahnen sind vorgegeben. Und dann erschrak ich gleich wieder, und ich merkte, die sind ja gar nicht fest, die sind ja auch in einem Stoffwechsel. Der Blutstrom ist eine schnelle Bewegung, aber die Gefäßwand selber wird ja eben aus diesem selben Blut ständig aufgebaut und ständig abgebaut. Die schnelle Bewegung des Blutes verläuft ja nur in einer langsameren Bewegung der Gefäße. Wo ich hinschaue, bestehe ich ja nur aus Geschwindigkeitsdifferenzen! Ich suchte wirklich mit einem gewissen Schreck: Wo bewegt es sich denn nicht? Ich machte mir klar, daß wenn man jemanden 3 Jahre lang nicht mehr gesehen hat, er ein vollständig anderer ist. Aber sein Lächeln ist das gleiche. Man sollte jeden zur Begrüßung anlächeln, da zeigt man wenigstens etwas, was der andere schon einmal gesehen hat. Also, es ist in Bewegung, wir bestehen, das ist ja buchstäbliche Wahrheit, nur aus Geschwindigkeitsdifferenzen, die aber so angeordnet sind, daß sich unser Organismus ständig dabei wieder erneuert.

Nun, wodurch werden diese Stoffwechselgeschwindigkeiten ständig so reguliert, daß sich unsere Gestalt wiederum bildet? Es ist das vegetative Nervensystem, z.B. die Geflechte unseres Darmes. Das vegetative Nervensystem hat selber keine umschriebene anatomische Form, es ist ein wirres Geflecht (vgl. hierzu auch die Abbildung 70 auf Seite 196). Nicht sehr ansehnlich. Wenn man es vergleicht mit dem Großhirn, das so wunderbar gegliedert ist, wo wir auch wissen, da sind ganz bestimmte Abbildungsgesetzmäßigkeiten am Großhirn, die «Homunkuli» (vgl. hierzu auch die Abbildungen 72a und b auf S. 199), dann sind ja diese vegetativen Geflechte irgendwie nicht so, daß man sie jeden Tag ansehen möchte. Dieses wirre Geflecht, das sich gar nicht irgendwie ordnet, ist eigentlich seiner Gliederung nach nicht abbildend tätig wie das Großhirn – auch das Rückenmark hat ja noch seine «Homunkuli» (vgl. hierzu die Abbildung 71 auf S. 198) die «Rückenmarkshomunkuli» die nach Modalitäten also Wärme, Muskelbewegung, Tastwahrnehmung usw. geordnet sind. Das vegetative Nervensystem ist dagegen nicht in der Weise topographisch angeordnet, aber es ist doch ein Bild darin, ein *wirkendes* Bild. Denn machen wir uns bewußt: wir haben verdaut am Tage, Salzsäure ist am Magen vorbeigeflossen, die Mucosa ist ein bißchen abgebaut, es ist weniger Schleim da, Zellen sind abgestoßen worden, es muß sich regenerieren. Was passiert? Nachts werden die Blutgefässe ein bißchen geöffnet, es wird mehr durchblutet an dieser Stelle, irgendwo anders weniger, die Zellen fangen an sich zu teilen, es fängt eine gewisse regeneratorische Tätigkeit an bis zu einer bestimmten Grenze, und dann wird der Zustrom wieder gedrosselt, es geht in eine Verlangsamung über, und das Organ hat sich bis an seine Grenze regeneriert. Eine phantastische Tätigkeit, die im Wesentlichen sich ja nachts abspielt. Tagsüber haben wir einen katabolen (abbauenden) Stoffwechsel, nachts haben wir einen regenerativen, anabolen Stoffwechsel, der im wesentlichen, und zwar je nach dem, was wir getan haben am Tag, uns so wiederherstellt, daß unsere leibliche Form Tag für Tag sich erneuert. Das ist sozusagen die Grundlage unseres Lebens, dadurch existieren wir soundsoviel Jahre, weil immer wieder die Vorgänge so geordnet werden, daß das Bild unserer Gestalt sich neu herstellt. Dieser Vorgang wird nun fortwährend gestört, und die wesentlichste Störung hierfür ist einfach das gewöhnliche Wachleben.

Erstens geht es mit dem Morgen in einen katabolen Stoffwechsel über, aber denken Sie sich andererseits, was wir alles über unsere Sinne, über unsere Gedanken, über unsere Empfindungen uns aufprägen, was eine Physiologie ganz anderer Art hat, die nichts mit den organbildenden Gesetzmäßigkeiten zu tun hat, aus denen wir immer wieder aufgebaut werden. Wir haben Herzklopfen – neulich bin ich auf der Straße gefahren, um eine Kurve herum, ich war ein bißchen verträumt und fuhr auf der linken Seite, plötzlich kam mir einer entgegen, ich mußte schnell ausweichen und merkte: tak, tak, tak, tak, tak mein Herz schlug. Ich machte mir klar: Adrenalin angekommen. Eine Störwirkung, Abbau, Glykogen verbrannt, es muß wieder aufgebaut werden. Man ärgert sich, man hat Kummer, man ist nervös, man ist gehetzt. Man muß Auto fahren, auf die Ampeln achten, auf die Fußgänger achten, man muß sich konzentrieren, man kann sich nicht damit verbinden, man wird müde. Und das Unglaubliche ist ja wirklich, am Abend, jeden Abend sind wir schließlich ermüdet, man wird müde. Ab einem bestimmten Zeitpunkt wird man unter Umständen furchtbar müde. Wenn man dann Nachtdienst hat, und man kann nicht schlafen dann ist man schließlich unerträglich müde. Man macht eine Charakterveränderung durch: gemein, unleidlich, man friert, man kriegt Herzklopfen, man ist tatsächlich am späten Abend latent erkrankt. Und die allermeisten Erkrankungen, jedenfalls die banaler Art, haben auch diesen Verlauf mit dem Tageslauf. Morgens fühlen wir uns nicht ganz wohl, mittags denken wir, ob wir nicht Fieber haben, abends messen wir 39,2°. Und dann wieder das ganz Typische, worauf wir sehr achten in der Klinik. Die Patienten sagen: «Die erste Nacht wieder richtig geschlafen». Wunderbar, man weiß, sie sind noch schwach, aber die Heilung ist im Gange. So haben wir es eigentlich ganz grob, die Erkrankung geht mit dem Tag, die Heilung kommt aus der Nacht. Es ist unser gewöhnliches Leben mit seinen vielfältigen Einflüssen, oder im Extrem bei dieser Patientin mit ihren starken seelischen Spannungen, es hat nach und nach die Tendenz, sich uns einzuprägen. Es ist nicht in Übereinstimmung mit unseren inneren Gesetzmäßigkeiten, es widerspricht, es erzeugt Bewußtsein, es baut uns ab, wir werden krank. Wenn es gut geht, sind wir gleichsam in einem immerwährenden Gleichgewicht zwischen Wachen und Abbau, Schlafen und Regeneration.

In gewisser Weise können wir sagen: alles Heilen ist eigentlich ein kundig werden, ein eingeweiht werden in die Geheimnisse der Ruhe. Das, was die Nacht an uns macht, wenn wir schlafen, das macht der Arzt in einer gekonnten und gerichteten, partiellen Weise. Ob er nun das Bein in Gips legt, ob er eine Diät verordnet, ob er eine Kur verschreibt, ob er gezielt ein Medikament gibt, er löst für diesen Teil die krankmachenden seelischen Einflüsse (s. Schema S. 70), die eigentlich die Ursache dieser Verschiebungen sind, heraus und diese gestörte Leiblichkeit wird des nachts anders durchsetzt von den Urbildern des Leibaufbaus, die einmal gewirkt haben in der Leibentstehung. Das ist im Grunde das Geheimnis, anthroposophisch gesprochen, der Therapie. Der Arzt muß werden ein Eingeweihter der Ruhe. Die Geheimnisse der Ruhe handhaben lernen ist sozusagen

Medizin. In der Nacht baut sich der Leib auf. Er kehrt ja auch wirklich physiologisch zu den Prozessen zurück, die im Anfang des Lebens waren, bis hin zur STH-Ausschüttung: Somatotropes Hormon (Wachstumshormon), wird nachts ausgeschieden, ist wesentlich für die Regeneration der Organe. Auch die Glucocorticoide, regenerativ tätig bis zu einem gewissen Grad, haben Nachtwirkung. Eine kleine Wiederholung dessen, was die Leibbildung einmal im Großen war, ist Heilung.

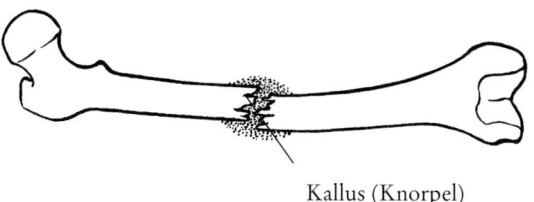

Kallus (Knorpel)

Abb. 7

Wenn wir einen Knochenbruch haben, und haben einen Frakturspalt, und wir stellen das Bein ruhig, so entsteht um den Spalt Kallus. Das ist aber Knorpel, woraus der Mensch überhaupt einmal bestand. Wir bestehen zum Zeitpunkt der Geburt aus Knorpelmännchen und Knorpelweibchen. Bei einer Fraktur wird es lokal wiederholt (s. Abb. 7). Der Kallus wird dann wieder abgebaut, indem sekundär die Verknöcherung eintritt. Das heißt die Heilung macht einen Umweg über die Jugend. Sie geht nicht direkt. Das ist im kleinen der Schlaf, im großen die Heilung, der Umweg über die Jugend. Die Vorgänge des Schlafes, der Jugend, wo der Mensch überhaupt im Mutterleib schläft, und der Heilung sind verwandt. Und die Vorgänge des Wachseins, mit ihren verschiedenen Verspannungssituationen im Inneren sind diejenigen, die uns erkranken machen oder die uns die Disposition zum Kranksein immerfort geben.

Und bei unserer Patientin war nun ganz deutlich zu bemerken, wie eine bestimmte Wurzel ihres Krankseins wirklich in dieser starken seelischen Situation gegeben war. Medikamentös haben wir manches versucht, aber vor allem war die künstlerische Therapie für sie ein wesentliches Erkenntnismoment. Besonders deutlich war es für sie in der Maltherapie. Sie malt ein Bild, der Maltherapeut sagt zuerst mal gar nicht viel, es wird gemalt und dann, weil es ja sie ist, die malt, tauchen ihre inneren Situationen im Bild auf. Jetzt muß gar nicht viel psychologisiert werden. Man spricht über das Bild, und sie sieht darin plötzlich etwas von sich selbst und fängt jetzt an, zunächst im Medium des Bildes, durch eine Änderung des Stiles an sich zu arbeiten. Ganz wichtig ist, daß man nicht zuviel psychologisiert dabei, sondern es richtig wie ein Phänomen betrachtet. Wie wirkt das Bild? Es ist wie eine Art Spiegel. Ganz deutlich war es bei ihr dann auch in der Heileurythmie.

Nun, die nächste Schicht (s. Schema S. 70) ist eine gleichwohl architektonischere Ebene als die anderen. Hier, im Physischen, letzte Ergebnisse, hier, im Ätherischen, Wechselwirkung der zusammenhängenden Organfunktionen, die unter der Gewalt bestimmter seelischer Qualitäten verschoben sind. Hier, die seelische Ebene, der Astralleib, ist im wesentlichen schon eine Verursachungsebene. Und indem man die Dinge auf dieser Ebene bespricht, sind wir schon ein Stück näher an dem, warum der Mensch erkrankt. Nun ist es natürlich sehr unterschiedlich im einzelnen Fall, wie leicht man das feststellen kann. Es gibt manche Dinge da liegt die Ursache ganz oberflächlich, es gibt manche Dinge, da liegt die Ursache tiefer. Jeder Mensch hat eine bestimmte Konstitution, seinen individuellen Zusammenhang des Seelischen mit dem Leiblich-Funktionellen. Da sind wir mit unserem Seelenleben nicht so einfach herauslösbar, da gibt es z. B. Temperamentseigenschaften. Ein Melancholiker, wenn dem bestimmte Sachen begegnen, so ist es etwas ganz anderes als wenn dasselbe einem Sanguiniker begegnet. Es trifft auf einen anderen Boden. Aber das Seelische wirkt mit. Hier sind sehr viele Dinge möglich, um auch prophylaktisch für die Gesundheit zu arbeiten. Und gerade hier kann man sich fragen, was sind eigentlich die Bedingungen dafür, daß man im Seelischen Ruhe in sich ausbilden kann? Daß man nicht ständig von außen gelebt wird, daß man sich selber findet und daß im Inneren ein Gefühl entsteht: Ich bin bei mir, im Seelischen.

Nun kommen wir zur letzten Ebene, zur Schicksalsebene. Nicht jede Krankheit kann geheilt werden. Nicht jeder Zustand ist auch einfach so irgendwie entstanden. Manche Dinge bringt man mit. Denken Sie sich, jeder von Ihnen hat sein Gesicht. Und mit diesem Gesicht, das wir haben, muß jeder von uns sein Leben lang auskommen. Diese Qualität Gesicht ist nicht nur eine Sache der Hautoberfläche im Bereich des Kopfes, sondern diese Qualität Gesicht setzt sich fort in den gesamten Organismus bis in den Immunaufbau unseres Eiweißes, es ist hochindividuell. Aber nicht nur dieses. Wir haben jeder von uns auch unsere eigenen Proportionen das ist nicht änderbar, auch wenn wir es noch so sehr wünschten. Man geht irgendwie mit sich durchs Leben, das ist Schicksal. Man hat Fähigkeiten, man hat Unfähigkeiten, man steckt in einer Konstitution drin, leiblich. Man hat bestimmte Lebenskräfte, man hat ein bestimmtes Temperament, man hat eine bestimmte Art mit Problemen umzugehen. Das ist alles nicht so einfach. Nun, wir haben diesen Aspekt des Gesichtes, wir haben diesen Aspekt, daß wir mehr oder weniger etwas vorfinden mit uns selber, von dem wir aber doch sagen müssen: das bin ja ich, wer denn sonst. Und da könnte man nun denken, daß man damit sozusagen in einem fatalistischen Sinne einfach in etwas hereingeworfen ist. Aber es ist eben doch nicht ganz so. Von dem amerikanischen Schauspieler Orson Welles gibt es das Wort: «Ab vierzig ist jeder für sein Gesicht selbst verantwortlich». Das ist phantastisch. Das heißt, daß der Mensch eine gewisse Grundausstattung abbekommt. Aber bis man vierzig ist, das war seine Schätzung, ist so viel Mimik über das Gesicht hergelaufen, daß der Ausdruck des Gesichtes inzwischen sehr stark durch uns selber geprägt ist. Und so wird es im Laufe des Lebens immer mehr. Sie wissen, in Rom haben sich die alten Portraitkünstler immer am alten Kopf orientiert, nicht am jugendlichen, wie in Griechenland, weil sie den Persönlichkeitsausdruck suchten. Wir werden nach und nach dasjenige, was wir aus uns machen.

Wenn nun ein Mensch zu uns kommt, und er fragt uns: «Warum bin ich erkrankt?», so müssen wir mit ihm anschauen was da ist. Und wir fragen ihn: «Kannst Du das Gefühl haben, daß das, was mit Dir geschieht, zu Dir gehört oder nicht? Gehört es zu Dir?» Viele haben das Gefühl, wenn sie etwas Leidhaftes durchmachen, es gehört nicht zu ihnen – erst einmal. Und wenn man sie dann fragt: «Ja, und die schönen Sachen im Leben, haben die auch nicht zu Dir gehört?», dann sind sie zweifelnd. Wenn man dann zurückblickt mit ihnen gemeinsam auf etwas Schweres, was sie schon durchgemacht haben, was aber vergangen ist, und man fragt sie: «Und gehörte das auch nicht zu Dir?» Dann ist es immer ganz klar, was man Schweres durchgemacht hat und schon überwunden hat, das gehört zu einem.

Ich habe es einmal, in einer Situation, die für uns alle sehr erschütternd war, bei einer jungen Frau erlebt, die an einem Ovarialkarzinom mit 25 starb. Sie sagte, etwa 10 Tage vor ihrem Tod: «Also leben wäre ganz toll, aber wenn es um den Preis wäre, all das nicht gelernt zu haben, was ich jetzt gelernt habe, dann würde ich sogar lieber sterben».

Am Lebensende prüft sich das Leben oder wägt sich das Leben anders, und die schweren Dinge werden plötzlich zu den wertvollen Dingen auf die man nicht verzichten möchte, und die erfreulichen Dinge, die sind vom Gewicht her nicht mehr so groß. Eigentümlich. Also Substanzbildung in der Schicksalsschmiede.

Aber die Frage geht noch weiter: «Ja, und warum habe ich diese Krankheit?». Das kann man natürlich nicht so leicht beantworten, aber im Sinne der Anthroposphie wird davon gesprochen, daß dasjenige, was ein Mensch durchmacht im Leben oder auch dasjenige, was er hat und kann im Leben, wirklich zu ihm gehört. Das lebt zum Beispiel in der anthroposophischen Heilpädagogik: die Früchte, die durch dieses schwere, behinderte Leben errungen werden, sie gehören zum Menschen dazu. Ich habe es einmal erlebt, als ich in einem heilpädagogischen Heim einen Besuch machte. Da war ein 10jähriges Kind, das gerade gelernt hatte, den Schnürbändel zu knüpfen. Es wollte mir das unbedingt vorführen. Ich habe es mir also zeigen lassen, und es hat ungefähr acht Minuten gedauert, bis es die Schuhe zuhatte. Es war ein spastisches Kind. Alles anstrengend, eine riesen Freude, als es dann geglückt war. Und ich dachte bei mir, man könnte denken, im Vergleich zu diesem Kind bin ich sozusagen geistig ein Riese, und es ist ein Zwerg, wenn ich aber den Willen betrachte, muß ich sagen, das Kind ist der Riese. Alles, was es macht, kostet es Kraft, immer ist es mit dem Willen beteiligt. Ich dagegen gleite mehr oder weniger auf einer Schlittschuhbahn durchs Leben, ich bin der Zwerg.

In der anthroposophischen Heilpädagogik gilt nun ganz stark die Auffassung, daß diese Kräfte, die ein Mensch in einem Leben erübt, mit ihm verbunden bleiben, er bringt sie in ein neues Leben mit. Und wenn wir einen Menschen kennenlernen, der besondere Fähigkeiten hat, dann ist es nicht so, daß wir sagen können: «Naja, da ist eine glückliche Mutation in der Erbmasse seiner Eltern erfolgt». Es gibt einen Aufsatz von Manfred Eigen «Wer war Mozart»? Und Manfred Eigen ordnet Mozart dem Extrempunkt einer Gauss'schen Verteilungskurve zu. Also Menschen mit 175 cm sind häufig und Riesen mit 210 cm sind selten. Mozart ist sozusagen ein Riese mit 210 cm und das passiert eben selten nach den Wahrscheinlichkeitsgesetzen der Mutationsgenetik. Wer war, in unserem Sinne, Mozart? Seine Genialität von Kindheit an ist etwas, das ist wirklich er. Mit Recht kann man sich mit dem verbunden fühlen, was man kann, aber es gehört auch zu einem dazu, was man leiden muß. Entweder als Ergebnis aus einer Vergangenheit, oder weil man sich vorgenommen hat sozusagen eine harte Schulung durchzumachen für eine fernere Zukunft, wo man diese Fähigkeiten haben möchte.

Also die Schicksalsfrage stellt sich mit der Frage nach der Ausbildung von Kräften (s. Schema S. 70). Und wenn man nun fragt: «Warum erkrankt ein Mensch?», so sind wir hier schließlich auf einer Ebene, wo man sagen kann, es ist eine Art Privatstunde beim lieben Gott, die man hat. Man kann so und so lernen, nicht immer packt man's, manches versäumt man, manchmal muß man etwas nachholen, oder man muß es eben anders lernen. Und so kann es sein, daß man erkrankt, und man hat dann sozusagen eine Privatstunde beim lieben Gott, man ist aber wirklich aufgerufen auch daran zu lernen. Und da liegt nun eine ganz wichtige Aufgabe für den Arzt, denn er ist in dem Moment nicht betroffen. Der Kranke hat es schwer, sich zu diesem Gesichtspunkt aufzuraffen. Der Arzt ist aufgerufen, den Weg dahin zu bahnen, damit der Kranke, wenn er das durchgemacht hat und die Kräfte sich erworben hat, die er durch den Krankheitsprozeß erwerben konnte, die Krankheit nicht mehr braucht im Schicksalshinblick. Sie ist geheilt, weil dasjenige überwunden oder durchgemacht ist, was letztlich der Grund war, warum er diese Krankheit im Sinne einer Schicksalsschulung durchzumachen hatte.

So war es auch mit dieser Patientin, von der ich eingangs sprach. Sie hat sehr, sehr viel im Laufe von wiederholten Krankheitsperioden an sich gearbeitet. Es war für mich sehr interessant, als ich sie jetzt vor sieben bis acht Wochen in dem Ort, wo sie arbeitet, traf. Es ging ihr ziemlich gut, und sie sagte, sie hätte jetzt gekündigt, also sechs Jahre nach unserem Gespräch hatte sie schließlich gekündigt. Sie war sehr erleichtert, sie hatte die Entscheidung getroffen, und hatte sich durchgerungen, sich ein neues Koordinatensystem zu geben. Dabei war es so, daß sie das jetzt nicht mehr sozusagen sich abzwingen mußte, das ist ganz wichtig, sondern sie hatte so an sich gearbeitet, daß ihre ganze Bedürfnisstruktur anders geworden war, und es war zum Schluß, sagte sie, ganz leicht. So war es gut, sonst wäre die Verkrampfung nur verschoben worden. Es muß wirklich bis an den Punkt kommen daß es auch durchgemacht ist, sonst kommt es in anderem Kleide wieder, denn man nimmt sich selber immer mit.

So ist das gewissermaßen jetzt ein Aufriß für die Frage «Warum erkrankt der Mensch?». Wir können diese Frage auf der physischen Ebene beantworten, indem wir den lokalen Vorgang ansehen. Wir können sie auf der funktionell-ätherischen Ebene anschauen, hier gewinnen wir schon wesentliche therapeutische Momente dadurch, daß wir auf die Verschiebung der Kräfte achten, die dabei stattgefunden hat. Wir können auf die Einwirkungen vom Bewußtsein her schauen (Astralleib), wir können auf die Schicksalskräfte (Ich) schauen, die letztlich in unserem Leben ständig wirken. Und aus diesen unterschiedlichen Gesichtspunkten gewinnen wir auch den Aspekt für die Heilung.

Physisch ist diese Krankheit geheilt, wenn die Antigen-Antikörper-Reaktion nicht mehr abläuft (s. Schema S. 70). Im Ätherischen ist sie geheilt, wenn die Verschiebungen die dazu geführt haben, nicht mehr die lokalen Krankheitsbefunde in Gang setzen. Hier auf der seelischen Ebene ist sie geheilt, wenn diese Verschiebung so geordnet wird, daß der Betreffende innerlich in einen Gleichgewichtszustand kommen kann. Und auf der Ebene des Schicksals ist sie schließlich ergriffen, wenn der Mensch seine inneren Schicksalsaufgaben angreift und an ihnen arbeitet. Ein wesentlicher Auflösungsmoment für die Krankheit ist, den Vorgang vom physisch-leiblichen in die persönliche Schicksalsverantwortung zu verschieben. Hier ist der innere Kampf immer richtig, das heißt sich entwickeln, da gehört er hin. Wenn wir hier (auf der Ebene des Ich) nicht immer in Auseinandersetzung arbeiten würden, wir nennen das «uns überwinden», dann wären wir alle sehr langweilig. Das brauchen wir, das müssen wir machen. Je mehr es uns gelingt im Seelischen und Geistigen an uns zu arbeiten, desto weniger muß sich eine Schwäche nach unten ins Leibliche hinein verschieben.

In diesem Sinne ist geistige Anstrengung, wirkliche geistige Anstrengung im leiblichen Sinne gesund. Man hat den Krankheitsvorgang, die Situation der inneren Auseinandersetzung auf den Schauplatz verlegt, wo er der menschlichen Konstitution gemäß hingehört.

Unser Seelenleben ist entwurzelt. So wie der Mensch beim Aufheben der Arme seine Gliedmaßen aus der Schwere hebt, so ist auch das Seelenleben des Menschen, weil er ein weiteres Glied, das Ich hat, aus seiner Naturbindung entwurzelt. Wir können mitten im Winter ein Erdbeereis wollen. Alles mögliche kann uns einfallen, wozu wir Lust haben. Das Gedächtnis ist eine riesen Unterstützung. Wir haben ein freies Gedächtnis, mit dem wir uns unentwegt an das erinnern können, was uns beim letzten Mal Spaß gemacht hat. Wir bringen uns in alle möglichen Situationen hinein, die vollständig naturkonträr sind. Kein Wesen außer dem Menschen kann völlig unnatürlich leben und mit sich die ganze Umwelt vernichten. Eine andere Freiheitsmöglichkeit ist da. Die Naturbindung hat sich abgelöst, eine andere Einwurzelung wird nötig. Und je mehr der Arzt hierüber kundig ist, desto mehr kann er einem Patienten mit einer schicksalhaften Erkrankung auch anbieten. Und in diesem Sinne empfinde ich, daß in der Anthroposophie eine große Möglichkeit gegeben ist, auf vielen Schichten nachzudenken über das Krankheitsgeschehen und auf den verschiedensten Ebenen etwas anzubieten.

Und wenn man anfangen will, man kann ja mit der funktionellen Ebene beginnen, und schauen, wo gehören eigentlich die Reaktionen hin, was hat sich verschoben. Es ist gar nicht so schwer. Ich glaube, man muß es nur anpacken, mit einer gewissen kultivierten Naivität einfach anfangen.

Studien zum physischen Leib
und Ätherleib

Der physische Leib[*]

Der Tod ist ein Vorgang, der den Organismus als Ganzes betrifft. Einzelne Organe wie Herz, Niere und Hornhaut können verpflanzt werden und weiterleben. Gewebe und Zellen können über Jahrzehnte ohne Anzeichen des Alterns in Nährlösungen wachsen bzw. sich vermehren. Sie verhalten sich unter diesen Bedingungen wie Einzeller oder Zellkolonien und scheinen unsterblich. Höhere Organismen und somit auch der Mensch unterliegen als Ganzes nicht nur Grenzen des Größenwachstums sondern auch einer Begrenzung der Lebensdauer und bilden am Lebensende einen Leichnam.[1]

In dem befruchteten Ei (Zygote) werden am Anfang des Lebens alle Funktionen von *einer* Zelle umfaßt. Durch die Entwicklungs- und Wachstumszeit und durch die darüber hinaus reichende Entstehung und Reifung sich differenzierender Funktionen vollziehen sich im weiteren Verlauf aber mehrfache Gestalt- und Prozeßumwandlungen (Biomorphosen).[2] Sie führen zu einer Entfaltung, d.h. Auseinanderlegung der sich ursprünglich durchdringenden Lebensprozesse in verschiedene Organe. Diese leben dadurch, daß ihre Funktionen zu einer höheren Einheit zusammengeschlossen werden, indem das zirkulierende Blut alle Teile durchströmt und sie so verbindet. Der Tod des Organismus muß eintreten, wenn die Organe nicht mehr in der Lage sind, zu einem Ganzen zusammenzuwirken und sich nicht mehr gegenseitig tragen und erhalten können. Das charakteristische klinische Zeichen hierfür ist der Stillstand von Herz und Kreislauf. Gehirn, Leber, Lunge, Nieren, Darm usf. ver-

---

[*] Die beiden folgenden Abschnitte sind zwei fragmentarische Kapitel aus einer fragmentgebliebenen Arbeit über die erkenntnistheoretischen Grundlagen der anthroposophischen Medizin (1986). Insbesondere der Abschnitt über den Ätherleib ist fragmentarisch. Er enthält nur einen Aspekt, dem weitere folgen sollten. Doch ist die methodische Durchführung beispielhaft für die Art, in der Thomas McKeen geforscht hat.

fallen damit der Isolierung. Sie stehen als geformte organische Körper räumlich unverbunden nebeneinander, wodurch ihre Funktion erlischt.

Was sich funktionell während der Wachstumsphase auseinanderentwickelt und voneinander getrennt hat, verfällt in diesem Moment endgültig. Es vollzieht sich dadurch innerhalb von wenigen Augenblicken der Übergang vom Lebensstoffwechsel zum Leichenstoffwechsel.

Eine genaue Darstellung der postmortalen Abläufe ist nicht unsere Aufgabe. Wir verfolgen den Vorgang, wie er von Prokop beschrieben wird[3], aber soweit, wie er uns dazu dient, einen Begriff vom *physischen Leib* zu gewinnen:

Nach dem Tod setzen als erstes physikalische Veränderungen ein. Die beim Lebenden in engen Grenzen gewahrte Autonomie der Körperkerntemperatur um 37°C gleicht sich, beginnend mit dem Stillstand des Blutkreislaufes, der Umgebungstemperatur an. Die vorhandene Wärme wird rasch abgestrahlt, und durch Flüssigkeitsverdunstung wird die Umgebungstemperatur sogar unterschritten. Ein Teil der in der Lunge vorhandenen Luft entweicht beim letzten Ausatmen, und die rhythmische Bewegung des Gasstoffwechsels kommt damit zum Stillstand. Die letzte Exspiration ist kein aktiver Vorgang des Lebens, sondern Folge der passiven Kontraktion der elastischen Fasern des Lungengerüstes, denen kein muskulärer Tonus mehr entgegenwirkt. – Die Blut- und Gewebeflüssigkeit, die sich in ununterbrochenen Strömungen differenzierter Geschwindigkeit pulsierend, fließend und sickernd bewegt hat, folgt nach dem Tod einheitlich der Schwerkraft zu den abhängigen Körperpartien, wo sie sich in der Haut und im Bindegewebe wie in einem Sack sammeln. An den Auflagestellen des Körpers bilden sich dadurch die nur anfangs noch wegdrückbaren Druck- und Stauungszeichen als äußerlich sichtbare Totenzeichen. Die physikalischen Veränderungen weisen darauf hin, daß die ineinander wirkenden Aggregatzustände sich trennen.

In den Stunden nach dem Tod beginnt auch die substantielle Auflösung der Gestalt durch autolytische Zersetzung. Eine erste Folge der Eiweißdenaturierung ist die Ausbildung der Totenstarre, die von der Kiefermuskulatur am Kopf ausgehend über den Hals und Rumpf absteigt und zu den Armen und Beinen fortschreitet. Sie ist eine

Folge des spontanen Zerfalls der energiereichen organischen Phosphate (ATP → ADP), was auch am Lebenden die Voraussetzung für die willkürlichen Muskelkontraktionen darstellt. Da jedoch die erneute ATP-Synthese, die sonst bei der Erschlaffung der einzelnen Muskelfasern stattfindet, ausbleibt, kommt es zur anhaltenden Totenstarre, die sich erst durch den substantiellen Zerfall der Muskelsubstanz unter Ammoniakbildung wieder löst. – Im Innern der Leibeshöhle vollzieht sich währenddessen die Auflösung der Organgrenzen. Die an den Zellmembranen aufrecht gehaltene Trennung von intrazellurärem und extrazellulärem Milieu bricht zusammen. Hierdurch erlischt nicht nur die elektrische Erregbarkeit des Nerven- und Muskelgewebes, es kommt auch zum Austritt von Enzymen und damit zu Prozessen der Selbstverdauung. Deutlich ist dies vor allem am Pankreas, das durch seine aktiven, proteolytischen Fermente, die sonst der Aufspaltung der Nahrung dienen, nun selbst aufgelöst wird.

Die Blutgefäße werden unter der Einwirkung der anfallenden Säure permeabel, so daß Blutkörperchen und das schon bald hämolytisch verfärbte Plasma ins Gewebe austritt. Auch die Gefäße selbst, besonders die Kapillaren, Arteriolen und Venolen, lösen sich auf, sobald sie ihre Funktion im Kreislauf nicht mehr verrichten. An Augenspiegeluntersuchungen des Leichenauges wurde die über Stunden bis Tage sich vollziehende Einschmelzung der retinalen Gefäßstruktur und der Papille beobachtet und zur gerichtsmedizinischen Todeszeitbestimmung tabelliert.[4,5] In den ersten zweieinhalb Stunden findet sich lediglich eine ischämische Abblassung der Netzhaut, jedoch nach fünf Stunden sind bereits die kleinsten Gefäße nicht mehr sichtbar und nach 24 Stunden ist auch am Gefäßtrichter der Papille praktisch keine abgrenzbare Struktur mehr auszumachen. Noch einige Zeit erlauben dagegen die lichtbrechenden Medien der feucht gehaltenen Hornhaut und die Linse einen unbehinderten Einblick auf den Augenfundus, bis nach ca. 70 Stunden die bindegewebigen Fasern entquollen sind, welche die Spiegelung zunehmend behindern und schließlich unmöglich machen.

Die hier angedeuteten Prozesse, die der Pathologie und Gerichtsmedizin vielfältig und in Einzelheiten bekannt sind, vollziehen sich in Abhängigkeit von Temperatur, Feuchtigkeit, Luftbewegung und anderen Umwelteinflüssen. Extreme Kälte führt zu Konservierung durch Frost, trockene, warme Luft zur Mumifikation, die Gerbsäuren mancher Böden zur Moorleichenbildung usf. Wird die Autolyse aber nicht durch spezifische Umgebungsverhältnisse verhindert, dann geht sie bei entsprechenden Verhältnissen in bakteriell bedingte Fäulnisprozesse über, die eine Verflüssigung des Kadavers mit Gasbildung zur Folge haben. Hierauf folgt die Verwesung der noch verbliebenen Sehnen, Bänder, Haare, des Knorpels und der Haut durch Pilze und Flechten. Diese Aufnahme in den Lebenskreislauf saprophytärer Organismen überdauert nur das mineralische Skelett mit den Zähnen als unverweslicher Rest des Körpers.

Der Leib des Menschen ist ein Ergebnis der Organbildung, des Wachstums und der Entwicklung. Die Gestalt wird durch das Leben gebildet und erhalten und kann durch ein Verständnis für die Gesetze des Lebens verstanden werden. Das sollte nicht davon abhalten, auch den Leichnam zu betrachten, denn die Substanzen und Gesetze, die nach dem Tod seine Auflösung bewirken, sind *dieselben*, die auch im Leben vorhanden sind. Ihre Wirksamkeit liegt jedoch in einer anderen Richtung, die im Leben nicht zur Erscheinung kommt. An der Vielfältigkeit der Kräfte und Wirkungen, die im Tod ihre Form auseinandertreiben und dazu führen, daß die einzelnen Stoffe wieder in den Zusammenhang zurückkehren, aus dem sie ursprünglich kamen, tritt zutage, was im Leben verdeckt ist: die Eigengesetzlichkeit der Substanzen und Teile, die zusammengeführt die Körperlichkeit des Menschen bilden. Sie sind sein *physischer Leib*.

Der Ätherleib:
Zur Frage des Kriteriums für «Leben»

In den Erscheinungen der Verwesung wirken die Gesetzmäßigkeiten der Stoffe ebenso naturgesetzlich wie am lebenden Organismus. Die biochemischen Reaktionen, die dabei auftreten, sind im Prinzip gleicher Art und z.T. identisch mit denen, die auch am lebenden Körper vorkommen. Je mehr einzelne Prozesse, einzelne Substanzen oder deren Wechselwirkung ins Auge gefaßt werden, um so weniger läßt sich ein Unterschied feststellen zwischen den Vorgängen, die sich im

Lebensprozeß abspielen und denjenigen, die am toten Körper festzustellen sind, bzw. im Laborversuch nachvollzogen werden können.
Entsprechend ist gefolgert worden, daß vom Gesichtspunkt der Biochemie eine prinzipielle Differenz zwischen belebter und unbelebter
Substanz nicht besteht.[6]

Ein ähnliches Unterscheidungsproblem wie zwischen lebendigem
und unbelebtem Geschehen, bestand im 18. Jahrhundert hinsichtlich
des Verhältnisses von Mensch und Tier. Von Seiten der Wissenschaft
wurde damals behauptet, daß ein grundlegender Unterschied zwischen diesen bestehe, der dadurch gekennzeichnet sei, daß beim
Menschen der Zwischenkieferknochen fehle. Als Goethe das Os
intermaxillare nachwies (1784), war dieser Behauptung der Boden
entzogen. Für diejenigen, welche das Fehlen des Zwischenkieferknochens als Beweis für die Sonderstellung des Menschen ansahen, mußte hierdurch der Mensch zum Tier werden. Goethe selbst war allerdings nicht der Auffassung, daß kein Wesensunterschied zwischen
Mensch und Tier bestünde, aber er vertrat mit Nachdruck eine Anschauung, aus der es sinnlos erscheinen mußte, diesen Unterschied in
etwas Einzelnem zu suchen.[7] Entscheidend war für ihn vielmehr, *wie*
das Einzelne im Ganzen steht. In diesem Sinne waren die Besonderheiten des menschlichen Zwischenkieferknochens, die daraus resul-
tieren, daß der Gesichtsschädel des Menschen nicht wie beim Tier
nach vorne zur Schnauze hin auswächst, für Goethe im Gegenteil
gerade ein Zeichen für den Unterschied von Mensch und Tier in
typologischer Hinsicht.[8]

Wie sich an dieser historischen Frage zeigt, ist das entscheidende
Problem nicht, ob ein bestimmtes Kriterium erfüllt ist oder nicht,
sondern, *was* als Kriterium für die Entscheidung einer grundsätzli-
chen Frage aufgestellt wird. So spricht die Tatsache, daß es seit J.
Wöhlers Harnstoffsynthese (1828) immer mehr gelungen ist, die
chemische Struktur der im Organismus gebildeten Substanzen auf-
zuklären, und labormäßig zu synthetisieren, weder für noch gegen
die Annahme, daß das Leben ein eigenständiger Vorgang ist, der eine
neue Stufe des Naturgeschehens bedeutet. Die Aufklärung der substantiellen Abläufe und deren künstlicher Nachvollzug außerhalb
eines Organismus sind vielmehr ebenso ungeeignet, einen Maßstab
für die Unterscheidung von Leben und Tod abzugeben, wie das
Vorhandensein oder Fehlen spezieller Knochen für das Problem der

Unterscheidung von Mensch und Tier. Wird dies als wesentliches Kriterium erachtet, so sind hierin schon Voraussetzungen enthalten, deren Berechtigung nicht daraus stammt, was dem Leben als Qualität eigentümlich ist, sondern daraus, womit man in der wissenschaftlichen Theorie und Praxis bisher umzugehen gelernt hat. Die Ergebnisse, zu denen die wissenschaftliche Meinung in dieser Hinsicht kommt, müssen im Zusammenhang mit den methodischen Beschränkungen betrachtet werden, aus denen sie hervorgehen. Hier soll von einer Betrachtungsweise ausgegangen werden, die sich als sachgemäß für den Lebensprozeß selbst ergibt.

Der Zusammenhang der Lebensprozesse

Die Verwesung einer im Leben entstandenen Gestalt bedeutet ihre Zersetzung. Dies ist im Ganzen gesehen ein analytischer Prozeß. Teils durch den Chemismus der Körpersubstanzen selbst, teils durch äußere Kräfte bedingt, kommt es zur Auflösung der Form. Da die Substanztendenzen und die von außen einwirkenden Kräfte nicht erst im Todesmoment entstehen, sondern auch zuvor vorhanden waren, stellt sich die Frage, wodurch dieser Vorgang im Leben fortwährend verhindert wird und in welchem Zusammenhang sich die Abläufe im Leben zeigen. Um hiervon eine Anschauung zu bekommen, betrachten wir zunächst nochmals das Auge, an dem der Vorgang der Organauflösung genau untersucht worden ist:[9]

Wir berichteten, wie nach dem Tode am hinteren Pol des Auges die Strukturen der Netzhautgefäße nach Stunden zu verschwimmen beginnen und wie etwas später am vorderen Pol die durchsichtigen Medien eintrüben. Die organischen Substanzen, aus denen die betreffenden Organe bestehen, folgen damit den Tendenzen, die sich aus den lokalen chemischen Wechselwirkungen ergeben. – An der Hornhaut (Cornea) kommt es gewöhnlich an den äußeren Schichten zur Eintrocknung, an der hinteren Fläche aber, die an das Kammerwasser angrenzt, zur Schwellung. Beide Prozesse haben die gleiche Erscheinung zur Folge: die Cornea nimmt eine bläulich-weiße Farbe an und wird trüb. Bei entsprechender Vergrößerung betrachtet, lassen sich dann ihre Bindegewebsstrukturen erkennen.

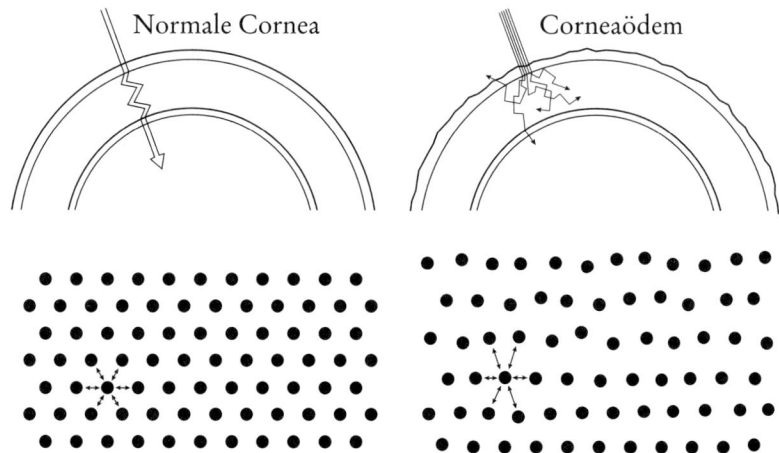

Normale Cornea

Corneaödem

Abb. 8a: Normale Fibrillenstruktur der Cornea. Ein fein abgestimmtes Kräftesystem, bestehend aus dem Gewebedruck der Grundsubstanz, der die Fibrillen auseinanderdrängt, und dem Gegendruck der vorderen und hinteren Membran, hält die Hornhautfibrillen in ihrer transparenten Ordnung.

Abb. 8b: Unregelmäßige Anordnung der Fibrillen durch Schwellung. Die Abstände der Fibrillen werden durch das Ödem unterschiedlich, das einfallende Licht wird diffus gestreut, das Hornhautgewebe erscheint trübe.

Oberer Teil modifiziert nach L. Panfique und J. Charleux, Keratoplasty for Treatment of Oedema of the Cornea, aus Cornea-Plastic-Surgery, P.V. Rycroft.
Unterer Teil aus S. Duke-Elder, System of Ophthalmology, IV, Physiology of the Eye.

Das Stroma der Hornhaut besteht aus einem dichten Gewebe kollagener Fasern, die in eine schleimige Grundsubstanz aus schwefelhaltigen Mucopolysacchariden eingelagert sind. Da diese beiden Grundelemente nicht den gleichen Refraktionsindex für Licht haben, wird das Licht an den Fasern diffus gestreut. Maurice hat 1957 berechnet, daß unter gewöhnlichen Bedingungen mehr als 90% des einfallenden Lichtes durch die Streuung innerhalb der Hornhaut absorbiert oder reflektiert werden müssen, was fast vollständige Trübe bedeutet. Dadurch war klar, daß die Transparenz am gesunden

Auge den erklärungsbedürftigen Zustand darstellte, nicht die Trübe an der erkrankten Cornea oder am toten Auge.[10] Nur unter der Bedingung, daß eine spezielle Anordnung und ein bestimmter Abstand der Fibrillen zueinander bestünde, könnte die Situation vorliegen, daß die Lichtstreuung der einzelnen Fibrillen nicht unabhängig voneinander wären, sondern untereinander in einem solchen Spiegelverhälnis stünden, daß aus ihrer Wechselwirkung der Sonderzustand der Transparenz einträte. Eine entsprechende Fibrillenstruktur konnte 1962 durch Potts nachgewiesen werden.[11]

Als Voraussetzung für die Lichtdurchlässigkeit muß jede einzelne Faser in einem bestimmten Verhältnis zur benachbarten Faser stehen. Dadurch wird die Cornea als Ganzes von einem Gesetz beherrscht, das die Streuung verhindert. Die Mikrofibrillen sind daher in fast kristalliner Präzision angeordnet. Ihre Schichten haben eine Periodik von 535 Å im Stroma, die Descemet' Membran genau die doppelte: 1070 Å. Diese Abmessungen haben ihren Sinn im Zusammenhang mit den Interferenzphänomenen des sichtbaren Lichtes. Alles diffus gestreute Licht wird durch Interferenz entweder ganz ausgelöscht, oder es verstärkt sich und passiert so die Hornhaut. Im gequollenen Zustand ist dies nicht der Fall, und es tritt Trübung ein.

Die Folge der dargestellten Anordnung ist, daß das Einzelelement optisch verschwindet. Es tritt zurück und ordnet sich ein in die Gesetzmäßigkeit des von außen einstrahlenden Lichtes. Hierin lag lange Zeit eines der Probleme für die Erforschung dieser Tatsache, weil im gesunden Zustand die innere Hornhautstruktur sich für die Beobachtung «unsichtbar» macht. Erst die Elektronenmikroskopie konnte sie sichtbar machen.

So ist die Transparenz funktionell ein das ganze Leben über aufrecht erhaltener Ausnahmezustand zwischen Verdichtung und Schwellung. Stirbt der Mensch, erscheinen die bis dahin dem Lichtgesetz sich unterordnenden Teile selbst und das Auge wird trüb.

Bisher haben wir nur auf die Gesetzmäßigkeiten der Hornhaut geblickt, ohne zu berücksichtigen, durch welche Bedingungen die geschilderte spezifische Situation aufrecht erhalten wird: in der Embryonalzeit sind die Hornhaut und die umgebende Lederhaut vorübergehend beide durchsichtig; beide bilden innerhalb der Mucopolysaccharidmatrix ein System von Bindegewebe aus. Während sich jedoch an der Cornea eine gleichmäßige, lamellenartige Schichtung

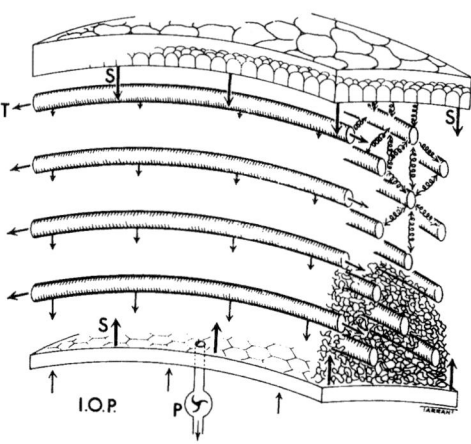

Abb. 9: Schema der Kräfte innerhalb der Cornea (D. M. Maurice aus:
S. Duke-Elder, System of Ophthalmology, IV, Physiology of the Eye)

mehr und mehr aufbaut – vermutlich mit unter dem Einfluß des von
hinten einwirkenden Kammerwasserdruckes – gibt die Lederhaut die
regelmäßige Anordnung auf, das Mucopolysaccharid verschwindet,
und es bildet sich eine derbe, gitterartige Geflechtstruktur aus. An
der Hornhaut werden dagegen gewissermaßen die embryonalen Verhältnisse zeitlebens erhalten. – Die schwefelreiche Grundsubstanz
der Hornhaut hat eine starke Tendenz zur Wassereinlagerung und
damit zur Ausbildung eines Cornealödems. Hierdurch bildet sie
einen Gewebeturgor aus, der die Fibrillen auseinanderdrängt und im
Gleichgewicht steht mit dem elastischen Zug der gekrümmt verlaufenden Fasern. Dieses Gleichgewicht wird fortwährend durch die
vordere Epithelschicht und das hintere Endothel im Zusammenhang
mit den dazugehörigen Membranen aufrechterhalten. Zusammen re-
gulieren sie den Flüssigkeitsein- und -ausstrom. Damit wird neben
der abgestimmten Turgeszenz, welche die Hornhautfibrillen in ihrer
Ordnung hält, zugleich eine feine Zirkulation aufrecht erhalten,
durch welche Sauerstoff, Salze, Glukose und Aminosäuren in die
Hornhaut gelangen und durch welche Abbauprodukte ausgeschieden werden können.

Die wesentlichste Funktion der Stoffwechselregulierung des bra-
dytrophen Cornealgewebes (HW-Zeit ca. 100 Tage) kommt dem

Hornhautendothel zu, das nach innen an das Kammerwasser angrenzt. Es wirkt im gesunden Zustand der spontanen Neigung der hydrophilen Matrix zur Ausbildung eines Ödems entgegen und läßt nur soviel Flüssigkeitsdruck bestehen, wie zur Ordnung der Fibrillenstruktur erforderlich ist. Ihre Erkrankung oder Verletzung stellt eine Gefährdung für das Auge dar. Obwohl sie ein relativ vitales Gewebe ist (völlige Neubildung des zellulären Gewebes ca. alle sieben Tage), das rasch regenerieren kann, besteht die Gefahr, daß ein entstandenes Cornealödem sich organisiert, indem die in ihm ruhenden Fibroblasten sich teilen und eine skleraartige Hornhauttrübung hervorrufen.

Auf weitere Einzelheiten dieses komplexen Wechselverhältnisses könnte eingegangen werden. Für unseren Zweck genügt es jedoch, darauf hinzuweisen, daß durch abgestimmte und im Gleichgewicht gehaltene Wechselwirkungen zwischen den verschiedenen Geweben spezielle Verhältnisse geschaffen werden, die zusammen die Lichtdurchlässigkeit möglich machen. Was wir durch die Elektronenmikroskopie heute als Anordnung der Fibrillen kennen, muß in einem lebenden Organismus jeden Augenblick neu geschaffen werden. Die Struktur ist nahezu mineralisch, aber die Substanz ist zelluläres oder fibrilläres Gewebe mit Stoffwechsel und Regeneration. Die Anordnung der Transparenz kann nur erhalten werden, wenn ihre Strukturbedingungen in den Stoffwechselverhältnissen der sie umgebenden Medien ebenfalls wirksam sind. Zu diesen Medien gehört neben dem Endothel und der Descemet' Membran auch das Kammerwasser, das als ein Spezialkreislauf des Blutes aus den Arterien des Ciliarkörpers ausgepreßt wird und die differenzierte, dreischichtige Tränenflüssigkeit aus einem schleimigen, wässrigen und öligen Film bestehend, die die Cornea von vorne benetzt. Diese werden wiederum aus ihren jeweiligen organischen Besonderheiten heraus gebildet.

Die Voraussetzungen, die in besonderer Weise herrschen müssen, um die Hornhäute und ihre Struktur zu ermöglichen, lassen sich somit in den gesamten Organismus hinein verfolgen. Das Gesetz der Transparenz wirkt hier in einer Metamorphose – als die organischen Wechselverhältnisse, die zusammentreten müssen, um an einem spezifischen Ort eine durchsichtige Cornea möglich zu machen. Fragen wir also, warum die Hornhaut am Lebenden transparent ist, so kann diese Frage in verschiedener Weise beantwortet werden: Im Sinne

93

einer physikalischen Sicht kann man darauf hinweisen, daß die Wellenzüge des sichtbaren Lichtes durch die Fibrillenstruktur der Hornhaut entweder durch Phasengleichheit verstärkt oder ausgelöscht werden – aber nicht diffus streuen, und daß deshalb die Hornhaut durchsichtig ist. Diese Antwort ist richtig – sie blickt jedoch nur auf die in Frage kommende Struktur selbst, ohne die organischen Bedingungen zu berücksichtigen, durch die sie besteht.

Die Situation wird im biologischen Sinn umfassender verstanden, wenn man darauf hinblickt, welche Wechselbezüge zusammentreten und aufrecht erhalten werden müssen, um die Transparenz an einem begrenzten Ort entstehen zu lassen. Hiermit bewegen wir uns schon in dem Bereich, der auch erklären kann, warum die Cornea im Tode eintrübt und sehen daran, daß das oben ausgesprochene physikalische Prinzip in diesem Sinn nicht eine biologische Ursache ist, sondern die Wirkung von Ordnungsprinzipien, die im Organismus selbst, in seinen, durch den Stoffwechsel realisierten Prozessen vorhanden sind.

Fragt man daher danach, was die Ordnungsprinzipien sind, die durch die ununterbrochenen Substanzbewegungen als Organe sichtbar in Erscheinung treten, diese ausgestalten und sie das Leben über erhalten, so wird man darauf aufmerksam, wie die Bedingungen, welche die Hornhaut bilden und erhalten, selbst in einen Zusammenhang eingebunden sind, der ihnen erst ihre volle Bedeutung gibt. Dieser Zusammenhang ist das Auge als Organ selbst. Hiervon ist die Hornhaut nur eines der mehreren, hintereinander angeordneten transparenten Teile.

So kann ein weiterer Schritt getan werden, indem wir sagen: die Hornhaut am vorderen Pol des Auges ist transparent, weil am hinteren Pol die lichtempfindliche Netzhaut ist, und indem wir darauf hinweisen, daß beide Bildungen erst *zusammen* die Bedingungen des Sehens im Sinnesorgan erfüllen.

In der letzten Begündung hat das Wort «weil» einen anderen Charakter. Während es in der ersten Antwort nur *kausal* gemeint war («weil die Lichtwellen dadurch …»), ist es jetzt *korrelativ* gemeint. Kausal gesprochen ist es falsch, zu sagen, «die Hornhaut ist transparent, weil die Netzhaut am anderen Augenpol lichtempfindlich ist», als hätte die lichtempfindliche Netzhaut die Bedinungen hierfür erzeugt. Dieses «weil» blickt auf eine umfassendere Gesetzmäßigkeit, in welche sich die voneinander nicht unmittelbar abhängige Hornhaut und Netzhaut beide einordnen und durch die sie als zusammengehörig und aufeinander bezogen erscheinen. Unter diesem Gesichtspunkt wird der Blick von dem, was die Einzelheit verursacht zu der Gesetzmäßigkeit hingewendet, die im ganzen Auge wirksam ist und die als ein Einheitliches in ihren verschiedenen Bildungen zu finden ist.

So wie die Hornhaut besprochen wurde, so ließen sich auch die Strukturen des hinteren Augenpoles darstellen und in den Stufen ihrer unmittelbaren Funktion und ihres typologischen Bildeprinzips betrachten. Dabei könnte deutlich werden, daß der substantielle, chemische Prozeß, der sich zwischen der Retina und dem schwarzen Pigmentepithel abspielt und aus der sich das Wechselspiel vom Zerfall und Aufbau des Sehpurpurs ergibt, das polare Gegenbild zur Hornhauttransparenz darstellt. Im Auge verwirklichen sich dabei organisch die Gesetze des Lichtes und der Lichtabsorption, die im Schwarz des Pigmentes enden, das die sensiblen Enden der Zapfen und Stäbchen umscheidet. Beide Extreme, Licht und Finsternis, überfordern das Sinnesorgan. Vermittelt durch eine trübende Schicht entstehen jedoch die Farben: gelbe und rote Töne, indem sich die trübende Schicht vor dem Licht zeigt (z.B. wie beim Sonnenuntergang), blaue Farben, indem die Trübe vor einem dunklen Hintergrund beleuchtet wird (blauer Himmel, Blau des Irisstromas vor dem Pigment der hinteren Irisfläche).[12] Was die Lichtgesetzmäßigkeit in ihrer Farbentstehung im Großen zwischen Tag und Nacht ist – das bildet das Auge im Kleinen zwischen Hornhaut und Retina mit dem Pigmentepithel.

So können die zuletzt nur angedeuteten Aspekte auf einen umfassenden Rahmen für die Beantwortung der Frage hinweisen, warum die Hornhaut transparent ist: weil sich Menschen und Tiere als sehende Wesen durch ihre Augen in die Gesetze des Lichtes einfügen. Goethe sprach daher aus: «Das Auge ist am Licht für das Licht gebildet».[13] Das ist keine Metapher, sondern der Ausdruck einer Methode, die das Einzelne in seinem *Zusammenhang* zu verstehen sucht, um dadurch für den Bereich der Organik zu erkennen, wie die Gesetzte der Physik und Chemie in solche Wechselverhältnisse gebracht werden, daß sie sich in umfassendere Bezüge der organischen Lebenswelt einordnen.

Aus dem Ausgeführten sollte deutlich werden, daß es sich bei dem methodischen Vorgehen, das hier gemeint ist, um eine Betrachtungsweise handelt, welche das analysierende und kausale Vorgehen nicht ablehnt, sondern es *einordnet.* Im ersten Kapitel seines gemeinsam mit der Ärztin Ita Wegman verfaßten Buches «Grundlegendes für eine Erweiterung der Heilkunst nach geisteswissenschaftlichen Erkenntnissen» schreibt Rudolf Steiner: «Nicht um eine Opposition gegen die mit den anerkannten wissenschaftlichen Methoden der Gegenwart arbeitende Medizin handelt es sich. Diese wird von uns in ihren Prinzipien voll anerkannt. Und wir haben die Meinung, daß das von uns Gegebene nur derjenige in der ärztlichen Kunst verwenden soll, der im Sinne dieser Prinzipien vollgültig Arzt sein kann.

Allein wir fügen zu dem, was man mit den heute anerkannten wissenschaftlichen Methoden über den Menschen wissen kann, noch weitere Erkenntnisse hinzu, die durch andere Methosen gefunden werden und sehen uns daher gezwungen, aus dieser erweiterten Welt- und Menschenerkenntnis auch für eine Erweiterung der ärztlichen Kunst zu arbeiten.»[14]

Die Frage danach, was das Teil ins Ganze einordnet – das Kollagen in die Hornhautfibrille, die Fibrillen in die Ordnung der lebenden Cornea, diese in die Gesetze des Auges, das Auge als Sinnesorgan in den Organismus des ganzen Menschen, den Menschen aber in eine Welt der physischen Farben und auf die Erde, die sich vom Weltraum zwischen Tag- und Nachtseite in dem atmosphärischen Umkreis unserer Himmelsbläue zeigt – diese verschiedenen Dimensionen der Einordnung können typologisch als *ein* Gesetz betrachtet werden. Die Entstehung einer transparenten Cornea ist nicht weniger von den Eigenschaften des Gewebes als von dem Vorhandensein des Lichtes abhängig. Der Lebensprozeß fügt das Teil ins Ganze ein. Das gilt allgemein:

Was am Auge optisch sichtbar wird, ist der Gesetzmäßigkeit nach das Gleiche, was sich am ganzen Organismus zeigt. Am Leichnam ist die Abstimmung gestört, der Zusammenhang zerfällt. Was an der Hornhaut die Trübung durch Hervortreten der Einzelstruktur ist, das ist an den anderen Organen z.B. das Zur Geltung-Kommen von Enzymwirkungen, die zwar gesetzlich sind, aber dann nicht mehr in der Orientierung liegen, die sie mit dem Ganzen zu *einer* übergeordneten Einheit verbindet. Der Unterschied zwischen den Vorgängen in Leben und Tod ergibt sich aus den Verhältnissen, welche diese *zueinander* haben. Das ist eine Blickrichtung, die das Einzelne in seiner Bedeutung anerkennt, aber nach dem Umfassenden schaut. Die kleinste Kugelalge im Weltmeer ist als ein Lebewesen in ihren Lebensgesetzen nicht denkbar ohne die Einbettung in die Sonderbedingungen der Erde im Kosmos mit ihrer bewegten Lufthülle, ihren Gezeiten, ihrem Sonnenabstand und dem Jahreslauf mit seinem durch die Ekliptik bedingten Klimawechseln. Die Erscheinung des Lebens ergibt sich nicht aus der Analyse des Einzelnen, diese Blickrichtung löst den Zusammenhang auf und führt zu den substantiellen Bedingungen. Für alles Lebende ist aber typisch, daß es sich in bestimmte übergeordnete Verhältnisse einfügt und diese lebendig realisiert.

Aus diesen Erwägungen kann nicht bewiesen werden, sondern nur hingewiesen werden, auf das, was sich der Anschauung des Geisteswissenschaftlers als «Ätherische Kräfte» ergibt: Die Erde ist ein großer Massenkörper. Man kann sich seine Schwerewirkung im Erdmittelpunkt konzentriert denken. Von hier wirkt sie in den Weltraum hinaus und affiziert andere planetarische Körper. Diese Wirkung scheint uns verständlich: wir können uns ihrem Ursprung sinnlich gegenüberstellen, bzw. ihn sinnlich vorstellen. Rudolf Steiner bezeichnete solche Kräfte, die von einem sinnlich wahrnehmbaren Zentrum ausgehen, als «Zentralkräfte». Zu ihnen gehören neben der Schwerkraft z.B. der Magnetismus, die Elektrizität, chemische Wechselverhältnisse u.a. Diesen stellte er die ätherischen Kräfte gegenüber, die kein sinnliches Zentrum haben, sondern aus einem Umkreis kommen, umfänglich wirken und nicht wie von einem Zentrum ausstrahlen, sondern wie von außen einstrahlen. Entgegengesetzt ist auch ihre Wirkrichtung, sie führt zum Umfassenden. Es sind diese Kräfte, welche nach den Ergebnissen der Anthroposophie in allem, was lebt, wirksam sind. Sie sind ihrer Qualität nach beweglicher, flüssiger und differenzierter als die physischen Gesetzmäßigkeiten. Sie wirken in den physischen Gesetzmäßigkeiten und in deren Wechselverhältnissen und schaffen so die Bedingungen, die das Teil in das Ganze einordnen – die Hornhautfibrille in die Welt des Lichtes. Dadurch tritt die physische Tendenz der Zentralkräfte zurück – die Fibrillen ordnen sich zur Transparenz. So ist das Verhältnis des Lichtes unserer erhellten Atmosphäre zum Hornhautgewebe ein bildhaftes Beispiel für die Einwirkung der perpiherischen, ätherischen Kräfte, die nicht substantiell, aber ordnend wirken auf die sonst den Zentralkräften unterliegenden, substantiellen Teile des Leibes.

II.
Goetheanistische Studien

Gedanken zur Leibgestalt und Erinnerungskraft des Menschen

Arme und Kopf

Wenn ein Kind am Boden krabbelt, so sind seine Arme und Hände als Organe der Fortbewegung und Stütze durch Funktion und Gewicht an die Erde gebunden.* Durch Drehung im Hüftgelenk wird der Rumpf beim Aufrichten über die Beine gestellt, die nun alle Last tragen und zu den alleinigen Instrumenten der Bewegung im Raume werden. Die Arme und Hände befreien sich dadurch aus der Gewichtsbindung und können zu Werkzeugen des Greifens, aber auch des seelischen Ausdrucks werden. Das räumliche Aufrichten hat sie auf eine höhere Funktionsstufe gehoben.

Der Kopf, der durch die Aufrichtung vom vordersten Körperteil zum obersten wird, rückt funktionell noch weiter auf. Er wird von der Greiffunktion entlastet, und seine von unten balancierend getragene Haltung gibt ihm äußeren Überblick und innere Leichtigkeit. Die vom Rumpf hinaufstrahlende Muskulatur die beim Tier den vorne anhängenden Kopf beständig nach hinten zieht und dabei große Knochenwülste und Spangen als Ansatzlinien schafft, hat beim Menschen an der Schädelbasis ihre Grenze. Von hier aus wird der Schädel lediglich nach links und rechts gedreht oder vor und zurück geneigt. Die horizontal gestellte Schädelbasis mit ihrer Unterstützung unter dem Schwerpunkt durch den Atlaswirbel läßt die Schädelwölbung frei von äußeren Muskelkräften. Dadurch wird sie ganz zum äußeren Bild des in ihr zentrifugal nach allen Seiten wachsenden Gehirns. Die überflüssigen äußeren Muskel- und Bewegungskräfte können zu inneren Wachstums- und Gestaltungskräften umgewandelt werden. Die starke Hirnvergrößerung des Menschen gegenüber dem Affen ist die Konsequenz dieser Lage. (Gehirngewicht des Menschen ca. 1500g, des Gorillas ca. 430–650g.)

* Beitrag aus der Festschrift für Gisbert Husemann zum 80.Geburtstag, 1987, Sonderheft der Zeitschrift «Merkurstab».

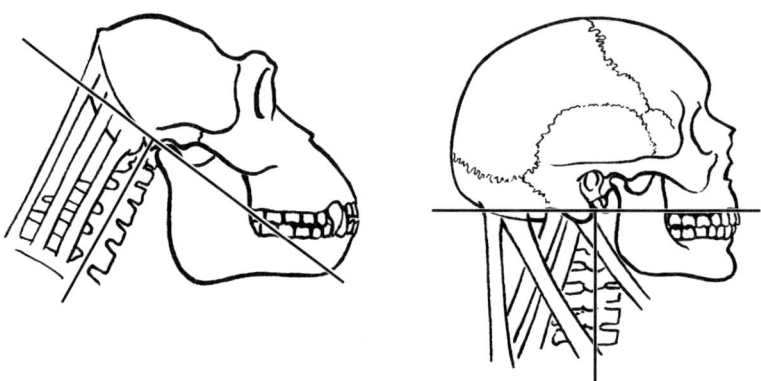

Abb. 10: Gorillaschädel und Menschenschädel ungefähr auf gleiche Größe gebracht (nach Encyclopaedia Brittanica, 1983). Die Schädelbasis des Gorillas steht schräg. Die haltende Muskulatur reicht fast bis zur Scheitelhöhe. Ein ständiger muskulärer Zug nach hinten ist erforderlich, um dem schweren Unterkiefer das Gleichgewicht zu halten. Die horizontale Schädelbasis des Menschen wird von unten nahe am Schädelschwerpunkt unterstützt. Der Kopf balanciert auf der Halswirbelsäule, der Hirnschädel wird von Muskelkräften freigelassen. Im Innern schwimmt das Gehirn im Liquor und ist zu 98% vom Eigengewicht befreit.

Was sich schon anatomisch durch die Hände und den Schädel als Typus zeigt: die Loslösung vom Gewichtsdruck der Erde, das hat seine Fortsetzung im Innern des Seelenlebens, wenn der Mensch sich von der Bindung an die Sinneswahrnehmung befreit: «Jedes Ansehen geht über in ein Betrachten, jedes Betrachten in ein Sinnen, jedes Sinnen in ein Verknüpfen. und so können wir sagen, daß wir bei jedem aufmerksamen Blick in die Welt schon theoretisieren» (Goethe).[1] Der Weg von der Gebundenheit an die Wahrnehmung zum geistig freien «Theoretisieren» geht wie die Aufrichtung in Stufen. Im Ansehen ist der Blick zunächst durch den Gegenstand gefangen. Im aufmerkenden Betrachten beginnt das Bewußtsein in innerer Bewegung die Bindung an das Objekt zu lockern. Wenn wir beim Sinnen die Augen schließen, haben wir uns durch den Lidschluß vom Gegenstand getrennt. Das innere Leben der Phantasie kann sich entfalten, das im Verknüpfen zu einer höheren Regel und Ordnung

102

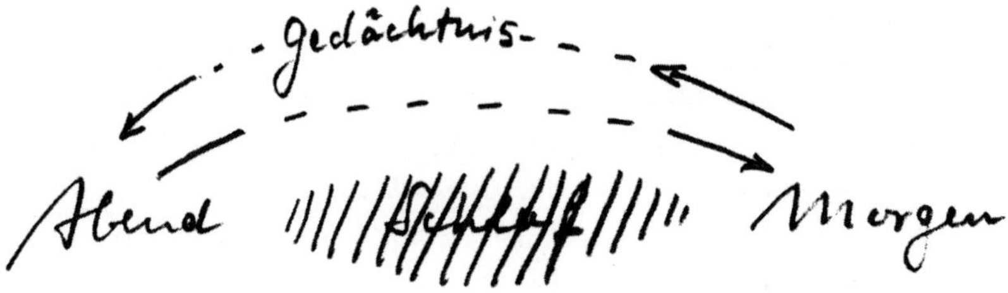

Abb. 11: Das Bewußtsein findet sich am Morgen wieder nach der Unterbrechung der Nacht. Das Gedächtnis überspringt die Lücke und knüpft an den Abend an.

aufsteigt, die nicht sinnlich gegeben ist, sondern als gesetzliche Beziehung zwischen den Objekten wirkt. Das Fassen und Greifen der Hände wird zum seelischen Begreifen und Erfassen.

Eine noch weiter gehende Loslösung aus dem Bereich der Welt und der Sinne offenbart sich im seelischen Erleben der eigenen Identität.

Wenn der Mensch am Morgen erwacht und sich an die Entschlüsse des vorigen Abends erinnert, liegt darin noch etwas anderes und mehr als im Begreifen der Welt: «Würden wir nicht schlafen können, würde nicht fortwährend unser Leben vom Schlaf durchbrochen werden, so würden wir nicht kommen können zu einer deutlichen Ich-Vorstellung, zu einem deutlichen Innenleben. Wir würden immerfort das Äußere erleben und ganz ins Äußere aufgehen» (Rudolf Steiner).[2]

Durch den Schlaf wird dem Menschen sein gesamtes Gegenstandsbewußtsein genommen. Daß er sich aufwachend dennoch als der gleiche wiederfindet, wird ihm durch sein Gedächtnis geschenkt, das die Lücke der Nacht überspringt und die getrennten Erlebnisse von gestern und heute verbindet.

Die sphärische Wölbung des Kopfes weist auf einen räumlichen Mittelpunkt im Innern. Hierauf konvergieren beim Menschen auch die trichterartigen Augenbecher. (Das ungefähre Zentrum des Gorillaschädels liegt dagegen außerhalb der Schädelkapsel im oberen Gesichtsschädel hinter der Nasenöffnung.) Seelisch findet sich dieses Mittelpunktgefühl im Ich-Bewußtsein. Als zentrierende Kraft des seelischen Lebens wirkt das Gedächtnis, das alle Erlebnisse zusam-

103

menfaßt und im Bewußtsein geistig verbindet. Durch die Aufrichtung hebt der Mensch anatomisch Kopf und Hände aus der Schwere. Durch Sinnen und Denken löst er sich seelisch von der Bannwirkung der Wahrnehmung. Durch sein Gedächtnis befreit er sich vom Augenblick und findet sich als einheitliches Wesen, das im Wechsel der inneren und äußeren Zustände das gleiche bleibt. So sprechen freie Hände, erhobener Kopf, Denk- und Erinnerungsvermögen von einem Typus und sind Metamorphosen derselben Kraft.

Beine und Füße

Im Gegensatz zum Kopf sind die Beine und Füße des Menschen ganz in die Schwere gestellt und scheinen zum Ausdruck vollkommener Erdgebundenheit geworden zu sein. Ist das Tier seinem Typus nach zwar nirgends ganz vom Gewicht befreit, so ist es doch andererseits auch nirgends ganz der Schwere ausgesetzt. Es bewegt seine ökonomisch auf vier Beine verteilte Masse springend, grabend, hüpfend oder fliegend mit der Leichtigkeit und Geschwindigkeit, die ihm seine spezialisierten Gliedmaßen erlauben.

Am Skelett der Katze läßt sich das Wesentliche ablesen: Der gewölbte Rücken wird hinten rechts und links am Becken wie von einer Zwinge gefaßt. Von hier aus können die zu Winkeln abgeknickten Glieder ihre Bewegungskraft auf den Rumpf übertragen. Die vordere Gliederstellung ist gestreckter – sie dient mehr als tragende Stütze für Kopf und Brust, während sich in den stärker gebeugten hinteren Gliedern die Sprungkraft konzentriert. Die Winkelstellung ist die Bewegungsreserve des Tieres. Wenn es die Glieder plötzlich und kraftvoll streckt, so wird der Leib katapultartig nach vorne geschleudert. Aus dem gleichen Grund wird auch vom Menschen vor einem Sprint die entsprechende Haltung eingenommen. Als Ende des letzten Jahrhunderts erstmalig ein Sportler in der zusammengekauerten Haltung, mit vornübergebeugtem Körper und den Händen am Boden sich zum Start plazierte, da lachte das Publikum. Aber am Schluß hatte er gewonnen. Wenn es um maximale Beschleunigung geht, ist die Vordehnung der Muskeln und die Imitation der Tierstellung funktionell sinnvoll.

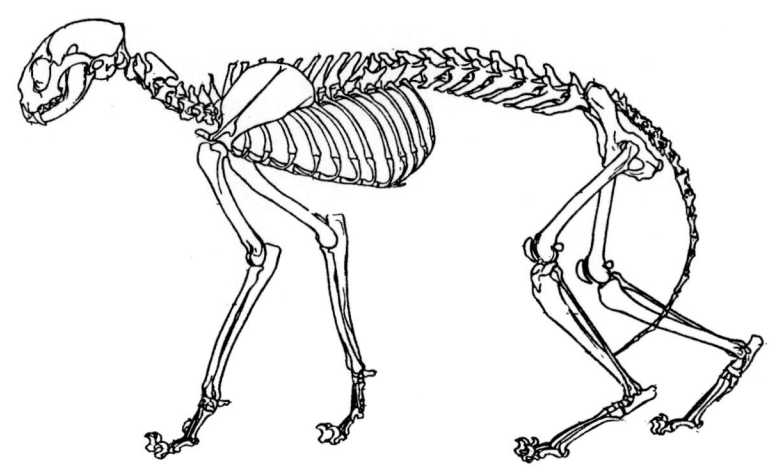

Abb. 12: Skelett einer Katze

Das Prinzip der Beweglichkeit und Geschwindigkeit hat im Tierreich eine Vollkommenheit erreicht, die den Menschen weit zurückläßt. Ein scheinbar plumpes Tier wie das Nilpferd bewegt sich im tiefen Schlamm mit Sicherheit und unaufhaltsamem Vorwärtsdrang; ein Maulwurf gräbt sich mit frappierender Geschwindigkeit durch die Erde; das Känguruh hat elastische Sehnen, die sich beim Aufprall dehnen und zum nächsten Absprung elastisch wieder zusammenziehen, so daß es ohne Ermüdung in Riesensprüngen über die Steppe hüpft. Von der Sprungkraft und Geschmeidigkeit der Raubkatze oder dem Flügel des Vogels ganz zu schweigen. Leichtigkeit und Schnelligkeit im jeweiligen Lebensraum zeichnet alle aus.

Das Bein und der Fuß des Menschen sprechen ein geradezu entgegengesetztes Gesetz aus. Schon die aufrichtende Drehung des Rumpfes im Hüftgelenk deutet die Richtungsänderung an. Der Körper wird über die «hintere» Extremität gehoben, die dadurch zur unteren wird. Das entspricht einer Rückwärtsbewegung. Beim Pferd ist Entsprechendes zu beobachten, wenn der Reiter stark am Zügel zieht, oder wenn es an einer Schranke scheut. Im Aufbäumen zeigt sich der abrupt gebremste Bewegungsfluß als Umwendung.

Unterhalb der Hüfte wiederholt sich die Aufrichtung in der Streckung des Kniegelenkes. Das Bein wird annähernd – vor allem

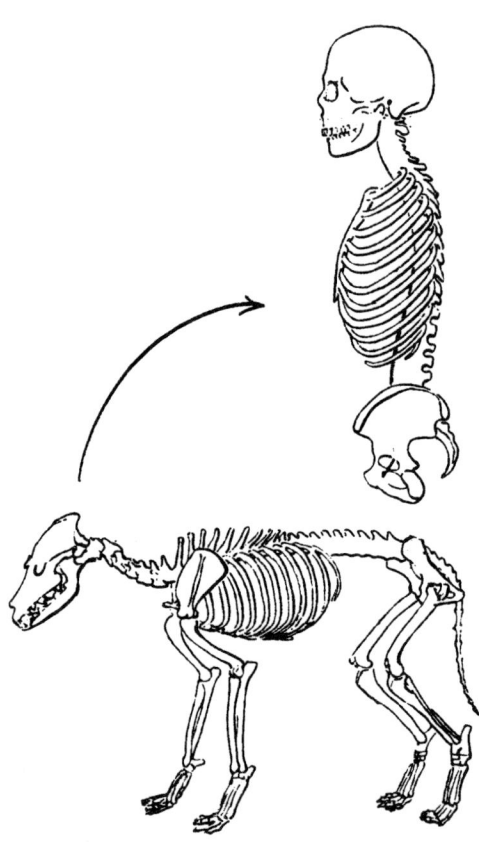

Abb. 13: Mensch- und Tierskelett (Hund) in ihrer Haltung übereinander (nach Strasser aus Benninghoff-Goerttler,[3] modif.). Die Aufrichtung ist eine Rückwärtsdrehung im Hüftgelenk und entspricht einer Umkehrung der horizontal nach vorne gehenden Bewegungsrichtung.

der Unterschenkel – ins Lot gestellt. Während die geknickte Gliederstellung beim Tier der Schwerelinie ausweicht und dadurch Beweglichkeit gewinnt, verläuft beim Menschen die Schwerelinie durch den Knochen. Diese Streckung im Bein ist gleichbedeutend mit der Aufgabe der Bewegungsreserve. Will der Mensch einen Schritt tun, muß er sich aus seiner labilen Gleichgewichtsstellung herauskippen. Er würde fallen, wenn nicht das nach vorne genommene Bein ihn auffangen würde. Dabei erfolgt eine Beugung im

106

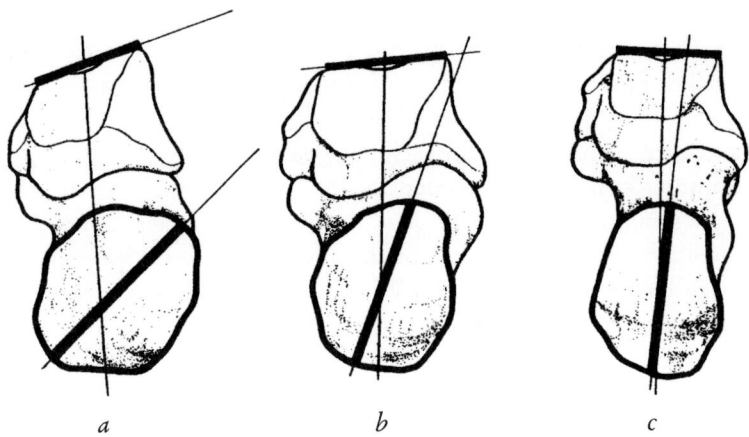

Abb. 14: Entwicklung der Fersenstellung von hinten gesehen a) beim Neu-
geborenen, b) beim zweijährigen Kind, c) beim Erwachsenen (aus Benninghoff-Goerttler nach Lanz). Der Längsdurchmesser des Fersenbeinhöckers
dreht sich fast in die Vertikale, während die Gelenkfläche des Sprungbeines
sich zur Horizontalen absenkt. Wir sehen hier ein Trag-Balance-Verhältnis
entsprechend der Situation an der Schädelbasis.

Hüft- und Kniegelenk. Indem diese dann wieder durch Streckung
aufgehoben wird, ist ein Schritt getan. So ist das Gehen ein immer
neu aufgefangenes Fallen.

Der Bewegungsimpuls zum Gehen geht von der Ferse aus. Hier
bleibt zwischen horizontaler Fußstellung und vertikaler Körperhaltung ein Winkel von 90° übrig. Die säulenartig auf dem Fuß sich
aufbauende Konstruktion des knöchernen Gerüstes wird «in Gang
gesetzt»,indem von der Wade aus (durch den m. gastrognemius und
m. soleus) das Fersenbein ergriffen und hochgezogen wird. Außerdem greifen drei Muskeln (m. tibialis anterior und posterior sowie
der m. peroneus longus) von innen und außen schlingenförmig unter
dem Mittelfuß durch, so daß von hinten und unten der Fuß gehoben
wird. Die Zehen, die im Grundgelenk abknicken, werden dadurch in
den Boden hineingedrückt. Um festen Halt zu finden, krallen sie sich
in einer Art Greifbewegung in die Unterlage – dies vor allen mit der
Kraft der Muskeln, die unter der Fußsohle von der Ferse zu den
Zehen verlaufen (z. B. m. flexor digitorum brevis) und den ganzen
Fuß dabei wie durch eine Bogensehne spannen.

107

Diese Muskelzüge bilden am Gehen die angeborene Fußgestalt um. Wie der aufrechte Stand nicht angeboren ist, sondern erlernt werden muß, so muß auch die entsprechende Fußform erst erworben werden: Das Fersenbein dreht sich unter der Kraft der nach oben ziehenden Achillessehne um seine Achse, der Mittelfuß wird durch den unter ihm durchziehenden sog. Steigbügel hinaufgehoben. Das Sprungbein rückt auf den Fersenknochen statt wie beim Affen daneben liegen zu bleiben. Fersenbeinachse und oberes Sprunggelenk bilden dadurch einen rechten Winkel. Was am Kopf im Verhältnis von Halswirbelsäule und Schädelbasis als aufeinander balancierendes Verhältnis seinen Abschluß findet, beginnt unten in der Aufrichtung des Sprunggelenkes.

Durch die Hebung im mittleren Fußabschnitt bildet sich das Fußgewölbe aus. Es ist ein Quer- und Längsgewölbe. Auf ihm ruht die Last des Körpers, die sich nach vorne und hinten auf die Ferse und den Ballen verteilt. Das von oben durch den Fuß verlängerte Lot fällt auf eine Lücke, über die der Mensch beim Gehen sein Gewicht herüberträgt. – Wo der Mensch sein Gewicht am stärksten konzentriert, wirkt durch die Muskulatur, die im Gehen betätigt wird, eine Gegenkraft. Die dadurch geschaffene Fußgestalt verändert die Situation auch für den freien Stand und macht ihn stabiler. Während wir sonst nur auf zwei Punkten stehen würden, bildet sich so ein Stehen auf vier Unterstützungspunkten aus: Ferse und Ballen rechts und links. Wie das Tier sein Rückgrat zwischen vorderen und hinteren Extremitäten ausspannt, so stellt sich der Mensch durch die Fußwölbung zwischen vorderen und hinteren Fußabschnitt. Das Fußgewölbe ist gleichsam der verdichtete Tierrücken, auf dem der Mensch mit seinem Sprunggelenk steht.

Das Gleichgewicht als verdichtetes Gehen

Mit seiner aufrechten Körperhaltung verliert der Mensch einen großen Teil äußerer Bewegungsfähigkeit. Zugleich verliert er die Stabilität, die beim Tier durch die Vierfüßigkeit und den tiefen Schwerpunkt gegeben ist. Der Schwerpunkt des Menschen liegt oberhalb der Körpermitte, etwa in Höhe des ersten Kreuzbeinwirbels. Um stehen zu können, ist ein fortwährendes, vom Bewußtsein begleitetes

Gleichgewichtsuchen erforderlich. Deshalb kann ein Mensch, im Gegensatz zum Pferd, nicht im Stehen schlafen.

Das ruhige Stehen ist ein pendelndes Kreiseln zwischen rechts und links, vorne (Ballen) und hinten (Ferse). Dies kann jeder bei sich beobachten, der längere Zeit frei stehen muß. Es ist in dieser Situation eine Erleichterung, einen Fuß etwas nach vorne zu setzen und leicht auf der Stelle von einem Bein aufs andere zu wippen. Dabei wandert das Gewicht von einem Fuß zum anderen und zurück. Aber auch innerhalb des einzelnen Fußes ist bemerkbar, wie der Druck von der Ferse zum Ballen wechselt. Ist das gesamte Körpergewicht auf der Ferse eines Fußes und wird es auf den Ballen verlagert, so vollzieht sich ein Vorgang, der auf einer empfindlichen Waage folgende Druckkurve ergibt:

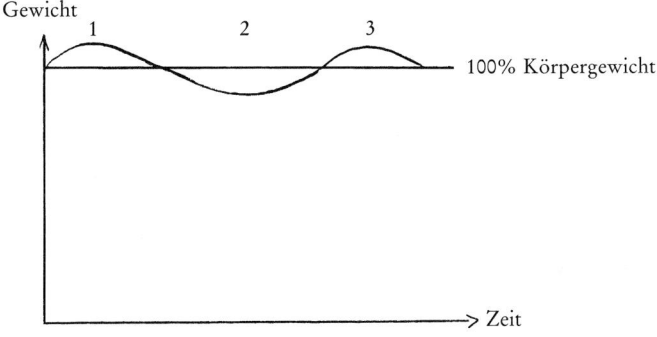

Abb. 15: Nicht quantitative Darstellung des Druckverlaufes beim Verlagern des Gewichtes von der Ferse auf den Ballen (modif. nach Kühl).[4]

Zu Anfang wird das Körpergewicht gering überschritten, dann unterschritten, dann wieder überschritten – der Betreffende hat sich aber nicht vom Boden bewegt. Dieser Verlauf ist sofort verständlich, wenn man sich gleichzeitig die Gestalt des menschlichen Fußes vergegenwärtigt.

Die anfängliche Gewichtserhöhung (bei 1) entsteht durch den vermehrten Druck der Ferse zu Anfang der Gewichtsverlagerung; das Unterschreiten des Körpergewichtes (bei 2) resultiert aus dem Wandern des Gewichtsdruckes durch die Fußwölbung, das Anstoßen am Ballen ergibt die erneute Druckerhöhung über das Körpergewicht hinaus (bei 3).

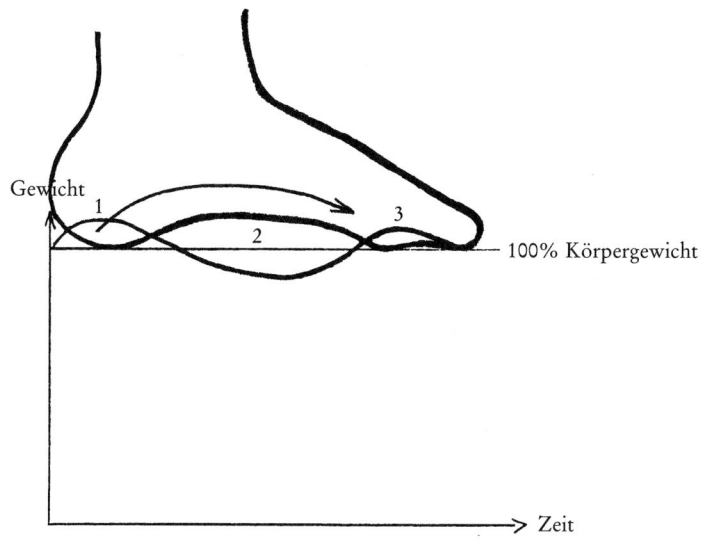

*Abb. 16: Der Fuß, der sein Gewicht von der Ferse auf den
Ballen verlagert, ist auf die Gewichtskurve projiziert.*

Was beim Sprung einer Katze in dynamischer Vollendung zu sehen
ist: vernichtendes Zusammenziehen, kraftvolles Abstoßen mit den
Hinterbeinen und Flug durch die Luft, Aufprall mit den weit nach
vorne gestreckten Vorderläufen – das wird im Fuß zur räumlichen
Gestalt verdichtet. Extensive Raumbewegung ist zum intensiven
gleichgewichtssuchenden Schwanken um die eigene Körperachse geworden, der aufrecht Stehende muß gleichsam regulierend nach innen ins eigene Gerüst greifen, um seine Haltung nicht zu verlieren.

Wenn wir einiges des bisher Dargestellten zusammenfassen, können wir sagen: Das vierfüßige, springende, jagende oder flüchtende
instinktgetriebene Tier liefert seinen Kopf und seine Glieder der
Schwere aus und befreit sich zugleich durch seine Bewegungsfähigkeit. Der aufrechte Mensch hebt die Arme und den Kopf zum Licht
und findet im Bewußtsein die Welt und sich selbst; andererseits stellt
er die Beine ganz auf die Erde und erlebt im labilen Schwanken die
Kraft seines Erdengewichtes. Auch hierin spricht sich ein inneres
Wesensgesetz des Menschen aus. Diesem wollen wir noch einen
Schritt näher kommen.

Der Fuß beim Gehen – Vergleich zum Körper

Oben wurde das Fußgewölbe mit der Wirbelsäule verglichen. Dieser Vergleich sei nun weitergeführt.

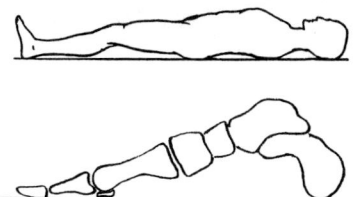

Abb. 17

Betrachten wir eine liegende Gestalt und einen Fuß, so ergeben sich zunächst folgende Entsprechungen: 1) der verdichtete, knöchern verwachsene Kopf und die kompakte, einheitliche Ferse; 2) der atmende, rhythmisch bewegte Thorax und die elastisch zwischen Druck und Entlastung schwingende Fußwölbung; 3) die strahlig nach außen sich gliedernden Arme und Beine und die entsprechend sich vervielfältigenden Zehenstrahlen. Die Metamorphose zwischen Fuß und Körper ist weit gespannt, doch findet sich ein weiterer Bezug: die atmende Mitte des Menschen gliedert sich in der Lunge in das Verhältnis von drei Lungenflügeln rechts und zwei Lungenflügeln links. Dies Teilungsgesetz wiederholt sich am Herzen zwischen dreizipfliger Tricuspidalklappe rechts und zweiteiliger Mitralklappe links. Was hier im absteigenden und aufsteigenden Blutstrom bzw. im steil nach unten gerichteten rechten Hauptbronchus und flachen linken Hauptbronchus als bildendes Gesetz wirkt, findet sich im gewölbten Mittelfuß wieder. Zur Ferse, an der die stärksten Hebekräfte ansetzen, ziehen zwei (laterale) Mittelfußknochen. Vom darauf sitzenden Sprungbein strahlen drei Metatarsalia aus. Sie werden beim Heben des Fußes nach unten gedrückt. So bildet der mittlere Fußteil im Heben des hinteren und Niederdrücken des vorderen Abschnittes wirklich etwas aus vom Heben und Senken des Brustkorbes im Atmen und vom Hinein und Heraus des Blutes beim Pulsschlag.

Betrachten wir das Gehen im einzelnen: wir setzen einen Fuß – sagen wir den linken – mit der Ferse auf den Boden und verlagern anschließend, indem die Ferse sich schon wieder zu heben beginnt,

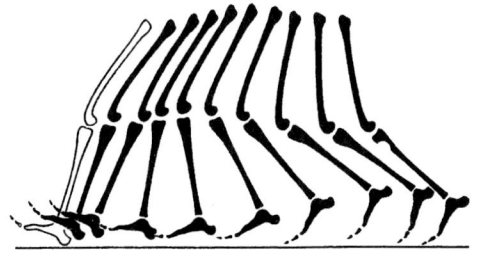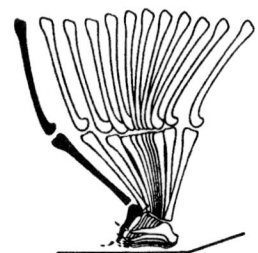

Abb. 18: Die Bewegungen des Beines bei einem Schritt (nach O. Fischer aus Benninghoff-Goerttler). Spielbein schwarz gezeichnet, Standbein weiß gezeichnet. Wie der Fuß einen verdichteten Teil und einen aufgelockerten hat, so auch der Gang. Standphase und Schwingphase «verhalten sich zeitlich wie drei zu zwei: ca. 60% der Schrittdauer Standphase, ca. 40% Schwingphase» (Hoepke).[5] Das Gewicht verläuft in der Standphase von der Ferse zum Ballen. In der Schwingphase löst sich der Fuß an den Zehen vom Boden, schwingt durch und setzt mit der Ferse wieder auf.

das Gewicht auf den Ballen. Der am Boden liegende Fuß berührt also erst mit seinem hinteren Anteil die Erde und verlagert dann das Gewicht nach vorne. Die Richtung geht von *hinten* nach *vorne*. Inzwischen schwingt das freie rechte Bein am Standbein vorbei. Das Spielbein hat zuletzt mit den Zehen den Boden berührt und kommt nun wieder mit der Ferse auf. Für diese Phase des Gehens gilt also das Umgekehrte: Abwickeln des Fußes mit dem vorderen Teil, dann aufsetzen mit dem hinteren Teil. Beim Spielbein geht die Richtung von *vorne* (Zehen) nach *hinten* (Ferse).

Beim vorübergehend erdgebundenen Standfuß verläuft die von der Ferse zum Ballen gehende Gewichtsverlagerung über den kleinen Bogen des Fußgewölbes. Wird dieser Fuß anschließend zum Spielbein, so verlagert sich das Gewicht über das Beckengewölbe auf die andere Seite und kehrt über diesen hohen Bogen zurück, wenn die Ferse wieder aufsetzt.

Am Bild des ganzen Körpers gespiegelt hat diese Bewegung des Schwerpunktes eine andere Dimension: Denken wir uns statt des wandernden, innerlich ergriffenen Schwerpunktes sein Urbild – das menschliche Ich selbst. Dann steht vor uns das Bild des menschlichen Wesens, das sich vom Kopf aus aus seiner Berührung mit der Erde löst und an den Gliedern wieder eintaucht. Es ist das Bild des einschlafenden und aufwachenden Menschen, wie Rudolf Steiner es aus geisteswissenschaftlicher Beobachtung schildert: Astralleib und Ich lösen sich am Kopf vom Körper, physischer Leib und Ätherleib bleiben zurück. Am nächsten Morgen «gehen Ich und astralischer Leib wirklich durch die Gliedmaßen, durch die Finger wieder in den physischen Leib hinein».[6]

Was im Bewußtsein sich darlebt als die Lücke der Nacht überspringendes Gedächtnis, das vom Tagesbewußtsein des Abends zum Morgen hinüberwechselt, – diese innere Bewußtseinskraft zeigt uns der Fuß in seinem Gewölbe. Geist und Körper sprechen die gleiche Sprache. Im Geist ein Ich haben heißt: durch das «Nichts» des Schlafes fortbestehen. Im Leib sein Ich verwirklichen heißt: sich auf das «Nichts» des Fußgewölbes mit Gewicht stellen und bei jedem Schritt sein Gewicht hinübertragen.

Wir haben zunächst den Gewichtsverlauf des Standbeines am ganzen Körper gespiegelt. Wenden wir nun den Blick zum Spielbein: Es löst sich vom Boden und setzt an einem neuen Ort wieder auf. Durchschwingend hat es die Bodenberührung von den Zehen zum neuen Kontakt mit der Ferse gewechselt. Legen wir die gleichen Gesichtspunkte zugrunde wie oben, so steht nun vor uns das Bild des Menschen, der ungebunden von der Erde seine Wesenskräfte aus den Gliedern zum Kopf metamorphosiert (vgl. Rudolf Steiners Schilderung der Umwandlung von Gliedmaßenkräften einer Inkarnation zum Kopf der nächsten.)[7] Das leibliche Bildegesetz, das in den Wiederverkörperungen wirkt, spricht sich im Fuß aus, wenn der Mensch geht. Das aufrechte Gehen wird zum Bild für das Schreiten durch die Reinkarnation.

Das Bein und der Fuß sind in den Riesenkörper der Erde als Teile eingefügt. Sie gehören zu ihm, wie der Kopf mit seinem Innenraum sich selbst gehört. Im Kopf wirkt Bewußtseinslicht, in den Gliedern Willensdunkel – deshalb können sie nicht bewußt erinnern. In der Willenssphäre erinnern aber heißt, als Wesen wiederkehren wie der Mensch mit jedem Schritt zur Erde zurückkehrt und auf seine Vergangenheit, als auf sein Karma zugehen.

Der Leib des Menschen ist Bild seiner Ich-Natur: Im Kopf des bewußten Selbstes, in den Gliedern des Ich-Wesens, das durch die Zeiten schreitet, und in der atmenden Brust des Menschen, der fühlend zwischen dem Licht des Kopfes und dem Dunkel der Glieder steht.

Die Anatomie der Aufrichtung

Wir wollen heute versuchen, über die Anatomie der Aufrichtung zu sprechen.* Aufrichtung ist anatomisch entweder kein Problem oder es ist ein ziemlich großes. Man kann es so formulieren, daß man sagt: Das Problem der Aufrichtung ist die Schwerkraft und das Umgehen mit der Schwerkraft. Wenn man es sich einfach machen will, kann man sagen, das ist insofern nicht schwierig, als eben die Schwerkraft nach unten wirkt, die Muskeln nach oben wirken. Wenn man es aber im Einzelnen betrachtet, dann wird es schwieriger. Fangen wir an mit der Schwerkraft selbst. Sie kennen alle das Kinderrätsel: Was ist schwerer, ein Pfund Federn oder ein Pfund Blei? Das Kind, wenn es den Begriff des Pfundes noch nicht gebildet hat, neigt dazu zu sagen, daß *Blei* schwerer ist. Und was es daran lernen soll, ist, daß natürlich ein Pfund Federn genauso schwer ist wie ein Pfund Blei und das stimmt ja auch. Wenn man nun aber darauf eingeht, unter welchen Bedingungen das nachweisbar ist, dann merkt man, daß die Sache schon etwas schwieriger wird. Man müßte nämlich z.B. eine Vakuumröhre erzeugen und Blei hereinhalten und fallen lassen, und wenn man dann ein Pfund Federn hineinfallen ließe, dann würden sie tatsächlich genauso schnell fallen, wie das Pfund Blei, dann wäre der Nachweis erbracht. Sobald man aber den Zusammenhang, der von Natur aus besteht, beläßt, tritt etwas ganz anderes ein. Wenn Sie ein Pfund Blei zum Fenster hinauswerfen, fällt es herunter, ungefähr so, wie in der Vakuumröhre. Wenn Sie ein Pfund Federn zum Fenster hinauswerfen, und es geht vielleicht noch ein gewisser Wind und der ergreift die Federn, dann zerstäuben sie erst einmal in alle Richtungen und landen vielleicht zunächst überhaupt nicht am Boden. Also, man sieht, wenn man sagt: Ein Pfund Blei und ein Pfund Federn wiegt genau gleich viel, hat man natürlich recht, aber die Bedingun-

---

* Vortrag bei dem Einführungsseminar für Medizinstudenten und junge Ärzte am 20. Februar 1984. Dieses Seminar findet jedes Frühjahr als einwöchiger Kurs zum Kennenlernen der anthroposophischen Medizin in Stuttgart statt.

gen, die man erzeugen muß, damit der Versuch dieses zeigt, die sollte man mit berücksichtigen.

Nun ist es so, daß im Altertum, in einer Zeit, wo wir heute das Gefühl haben, daß die Menschen naiv waren, das Abstraktionsvermögen nicht so groß war, wie wir das heute lernen. Man stellte sich das nicht so vor, daß erst alle möglichen Bedingungen ausgeschaltet werden müssen, sondern das spontane Gefühl war, daß man die Sachen so erlebte, wie sie sich darstellen in dem Zusammenhang, in den sie hineingehören. Und die Federn gehören eben in einen ganz anderen Zusammenhang als das Blei und äußern sich auch ganz anders in diesem Zusammenhang, sie gehören zur Luft und werden dann leicht.

Und ähnlich wurde in der Antike auch z.B. über das Verhältnis gedacht von Mineralischem, Flüssigem, Gasförmigem und Wärme. Da sagte man sich, daß das eigentlich jeweils ein völlig Verschiedenes ist. Das Mineral strebt nach unten, das Flüssige hat die Tendenz, sich in der Ebene auszubreiten und zu fließen, das Gas hebt sich ständig aus dem Flüssigen heraus, und die Wärme und das Licht sind dasjenige, was von oben dazukommt und gerade die Kraft in dieser Richtung bildet. Aristoteles spricht davon, daß eine Schichtung besteht und daß die natürliche Lage der Dinge die ist, daß jeder Stoff dorthin zu kehren versucht, wo er in dieser Schichtung der Erde hingehört. Wenn man also ein Gas aus einer Flasche befreit, dann wird es aufsteigen. Wenn man einen Stein wirft, dann wird er fallen, ein Tropfen, der auf den Boden fällt, wird rinnen usw.

Eine so qualitative Betrachtung, die befriedigt nun heute nicht so ganz, und wir versuchen, etwas genauer festzustellen, was diese Aggregatzustände denn sind. Wir suchen das Einheitliche und sagen, im Grunde ist das alles das Gleiche. Es sind alles Substanzen mit Gewicht, nur sind sie jeweils in einem anderen Aggregatzustand und daß wir zwei Dinge haben, die herunter wollen und zwei, die herauf wollen, Wärme und Luft, das scheint uns eine halbqualitative, eine halbwissenschaftliche Art, die Sache zu betrachten und mit Recht. Es wird also versucht, die sinnlichen Qualitäten zu reduzieren auf ein Einheitliches.

In genau derselben Weise kann man nun auch fragen: Was ist der Mensch in seinen Eigenschaften? Und dann stellt man fest, indem man diese Denkbewegung durchführt, man kann ihn vom Tier nicht richtig unterscheiden. Da gibt es Grenzfälle, das Tier hat Eigenschaften, die der Mensch auch hat, auch anatomisch entsprechen sie sich. Das Tier und die Pflanze kann man auch nicht sicher unterscheiden, da gibt es Zellkolonien, die wir das eine Mal in einem bestimmten Zustand mehr pflanzlich, das andere Mal mehr tierisch nennen, das ist eine Definitionssache. Und der Unterschied zwischen Pflanze und Mineral ist auch schwer zu fassen, beide haben stoffliche Eigenschaften. Das heißt, der Naturaufbau oder die Naturschichtung: Wärme, Luft, Wasser, Erde, die in der Antike selbstverständlich war oder die Schichtung der Lebewesen: Mensch, Tier, Pflanze, Mineral, die unterliegen heute der Tendenz, daß man von Stufe zu Stufe schaut und bei einem Einheitlichen endet. Was ist der Mensch? Ja, er ist ein bestimmtes Säugetier, Untergruppe der Affenart, ohne Pelz usw. Und das Tier? Es ist eine Spezialform des Lebens, genau wie die Pflanze auch, nur hat das eine bestimmte tierische, das andere pflanzliche Eigenschaften. Und die Pflanze, sie besteht genau wie das Mineral aus bestimmten Molekülen usw. Von Stufe zu Stufe versucht man zu finden: Was ist die Sache? Und immer merkt man, es ist eigentlich etwas anderes und schließlich löst sich der Mineralbegriff in Atome und Moleküle, in Bewegungphänomene der Elektrodenwolken auf. Man merkt, es wirkt eine Denkbewegung, durch die sich die Naturschichtung nicht aufrecht erhalten läßt. Es wirkt heute in der Wissenschaft eine gewisse Denkbewegung, ich will jetzt einmal sagen, eine Art Denkinstinkt, der nach abwärts wirkt, selber wie eine Schwerkraft im Denken. Das ist unser Problem heute.

Wir wollen jetzt dieses Verhältnis Mensch – Tier, welches heute einer gewissen Schwerkrafttendenz im Denken unterliegt, etwas ins Auge fassen, und zwar anhand des Vergleichs der Tiergestalt mit der Menschengestalt. Stellen Sie sich bitte den Flügel eines Vogels vor, die Grabschaufel eines Maulwurfs, die Tatze eines Tigers und vielleicht den Huf eines Pferdes. Nun können Sie bemerken, daß Sie aus der jeweiligen Gliedmaße, die Sie gerade ins Bewußtsein nehmen, Rückschlüsse ziehen können, auf das Milieu, in dem diese Gliedmaße sich auslebt. Wenn Sie den Vogelflügel haben, dann ist es eine Form, die beim Durchstreichen durch die Luft verschiedene Luftgeschwindigkeiten erzeugt: Unten geht die Luft schneller durch, oben wird sie gedehnt, es entsteht ein Sog nach oben. Der Vogel «hängt» an seinen Flügeln im Sog, der ihn hinaufzieht. Wenn er die Flügel schlägt

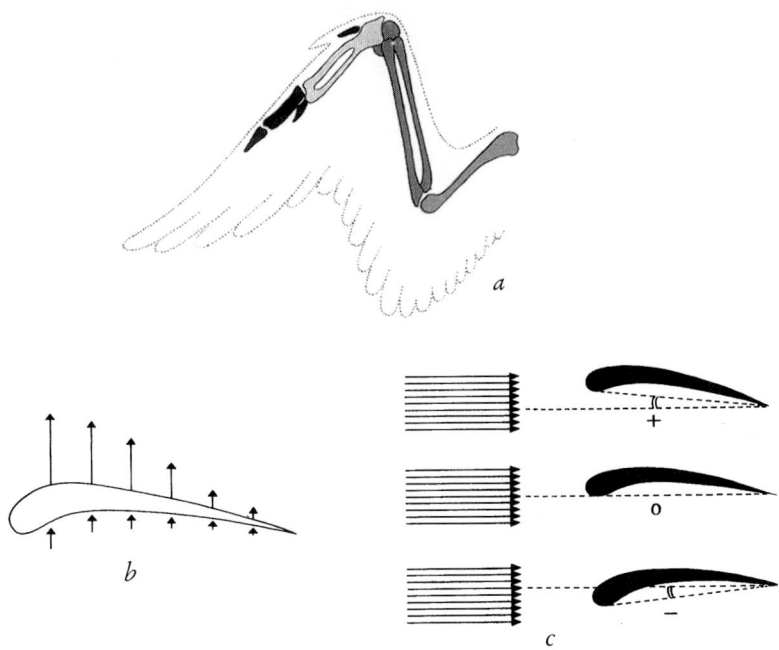

Abb. 19 a: Vogelflügel
     b: Verteilung von Sog und Druck am Vogelflügel
     c: Wirkung des von links kommenden Luftstroms bei verschiede-
     nen Ausstellwinkeln (aus: D. Starck, Vergleichende Anatomie
     der Wirbeltiere, Band 2)

bilden sich Wirbel, die ihn gleichzeitig schon weiterbewegen. Jedes Flügelheben löst eine Luftwirbelbewegung aus, die das Heben begünstigt. Jedes Schlagen mit dem Flügel nach unten staut die Luft unter dem Flügel, und es kommt zur Auswirkung, daß der Vogelflügel im vorderen und hinteren Abschnitt eine verschiedene Steifigkeit hat. Vorne ist er sehr steif, hinten hat er Flugfedern, die dem Luftdruck sofort nach oben ausweichen und dem Tier eine Tendenz nach vorne geben. So steigt der Vogel bei jedem Flügelschlag nicht nur steil empor, sondern fliegt auch gleichzeitig nach vorne. Er kann ohne alle Bewegung auf der Luft gleiten: sobald er nur die Flügel streckt, führt deren verschiedene Dichtigkeit schon zu dem Phänomen, daß er sich nach vorne bewegt, er kann gar nicht fallen, er ist vollständig in Ruhe

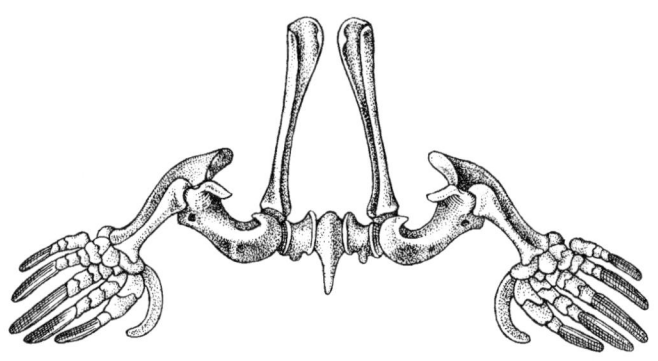

Abb. 20: Grabschaufeln des Maulwurfs (aus: D. Starck,
Vergleichende Anatomie der Wirbeltiere, Band 2.)

und doch in Bewegung. Daran sehen Sie, daß der Flügel eine Konstruktion hat, die unmittelbar aus dem Element der Luft selber gewonnen ist, nur mit ihr denkbar ist.

Entsprechend ist es bei dem Maulwurf. Wenn Sie sich hier diese großen Grabschaufeln anschauen: Fünf Strahlen immerhin, aber alle fünf verpackt in einem dichten Sehnengewebe, es kommt noch ein zusätzlicher Handwurzelknochen dazu, der eine große Spanne macht, die Handschaufel ist vergrößert, die Knochen sehr kräftig. Der große Oberarmknochen setzt fast unmittelbar am Brustbein an, nur ein kleiner Knubbel sitzt dazwischen als Schlüsselbein. Die Grabbewegung ist sehr spezialisiert, immer die Erde rechts und links wegschiebend, das Schlüsselbein scheint wie unter dem Durck der von den Gangwänden auf es einwirkt zusammengeschoben und zu einem kleinen kompakten Knötchen geworden.

Jetzt vergleichen Sie bitte damit die Krähe, die in der Luft fliegt. Da spricht man nicht mehr von der Clavicula (Schlüsselbein) sondern von der Furcula. Dieser Knochen, fantastisch geschwungen, scheint die Flugbewegung unmittelbar in der Mitte zusammenzufassen. Die Furcula und das Coracoid, das beim Vogel nicht mit dem Schulterblatt verwachsen ist zum Processus coracoideus wie beim Menschen, in ihnen faßt sich die Schwingung zusammen. Furcula und Coracoid sind die einzigen Knochen beim Vogel, die nicht belüftet sind, alle anderen Knochen sind vom Luftelement völlig ergriffen und selber hohl und lufthaltig. Diese beiden Knochen sind nicht pneumatisiert,

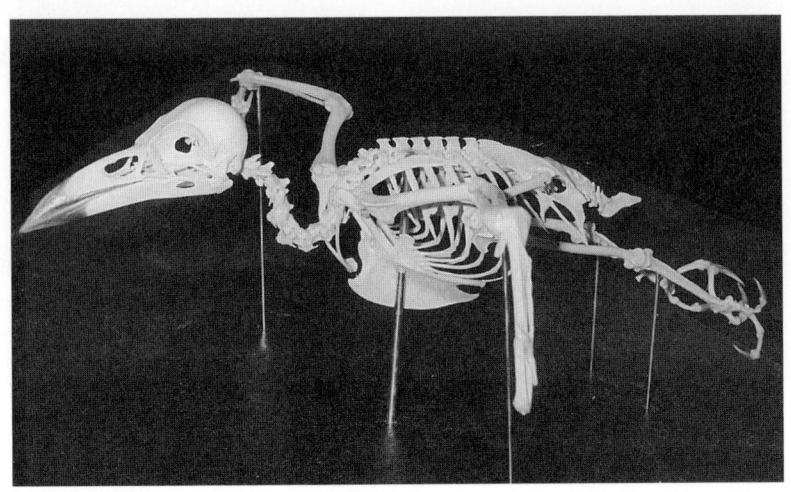

Abb. 21: Krähe im Flug

sondern verdichtet, in ihnen faßt sich die Schwingung zusammen, während außen die größte Beweglichkeit ist. Hinzu kommt beim Vogel der Kiel, das Brustbein bei uns, mit dem er gewissermaßen durch die Luft segelt, da setzen die Flugmuskeln an, kein anderes Tier hat hier so ein Gebilde und vor allem solche Muskeln! Die Flugmuskeln sind bis zu 1/4 des Körpergewichtes des Tieres, es kann tagelang fliegen, wie z.B. die Zugvögel, sie haben eine ganz spezielle Konstruktion. Aber sehen Sie den Vogel auch sonst an gegenüber dem Maulwurf. Das ganze Tier mit seinen Knochen ist so, wie wir es erleben können, wenn wir gebadet haben und uns fönen: völlig ausgetrocknet. Viele der gelenkigen Verbindungen sind verknöchert. Das gesamt Lendenbein bis vorne ist ein steifer Stab, die Rippen sind fest miteinander verwachsen. Also die Beweglichkeit außen hat als Gegentendenz eine große Festigkeit innen.

Schauen Sie sich im Vergleich dazu das Pferdebein an: Bis auf den dritten Strahl der Mittelhandknochen, der enorm vergrößert ist, sind die anderen Mittelhandknochen verkümmert und miteinander verwachsen. Was bei uns am Boden steht, die Ferse, ist hoch erhoben über dem Boden, Ansatzpunkt starker Muskeln, die das Bein wie im Fluge heben können. Die ganze Schwere ist heraufgesogen, man sieht, daß das ein phantastischer Renner ist. Ich war letzte Woche in

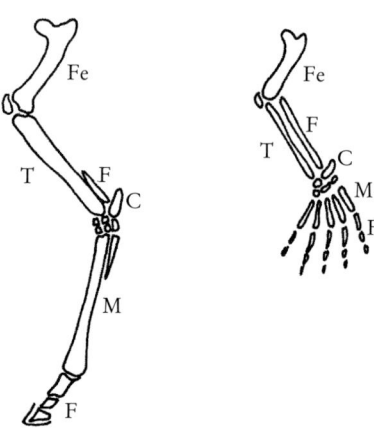

Abb. 22: Vergleich des Pferde-
beines mit der menschlichen
Hand.
Fe (Femur) = Oberschenkelbein,
T (Tibia) = Schienbein,
F (Fibula) = Wadenbein,
C (Calcaneus) = Fersenbein,
M (Metatarsale) = Mittelhand-
knochen (beim Pferd 3. Mittel-
handknochen),
F = Fingerknochen
(aus: W. Schad, Säugetiere und Mensch)

der Oper, und weil ich mich gerade mit diesen Dingen beschäftigte, war es mir interessant, die Damen zu beobachten, die in der Oper besonders hohe Stöckelschuhe tragen. Mir wurde unmittelbar be- wußt, daß sie den Zehengang der Tiere imitieren. Wenn sie auf den Stöckelschuhen gehen, wird die Ferse vom Boden gehoben, aber im Gegensatz zum Pferd, das ja eine große Beweglichkeitszunahme erfährt, müssen sich die armen Damen noch auf die Fersen stützen und es wird außerordentlich ungelenkig. Wenn sie etwas zu spät kommen, dann ist es fast schon beklagenswert mit anzusehen, wie sie versuchen, mit diesen hohen Absätzen gewissermaßen eine Bewe- gung nachzuahmen, die beim Pferd sehr elegant ist und bei ihnen ausgesprochen kümmerlich wird.

Als letztes wollen wir die Tigertatze betrachten. Sie ist eine phanta- stische Bildung, man sieht unmittelbar die Steppe, die Prärie, in die sie hineingehört. Die Ballen sind dick geschwollen, sehr weich und das Tier kann absolut lautlos gehen. Das Schlüsselbein ist ver- schwunden, starke Muskelzüge halten den Schultergürtel, der außer- ordentlich beweglich ist, sich stark zusammenziehen und dann plötzlich wie explodieren kann aus der Kauerstellung heraus. Die Tatzen haben noch eine spezielle Einrichtung. Wenn der Tiger durch Gras läuft, sind die Krallen durch eine elastische Sehne hochgezogen,

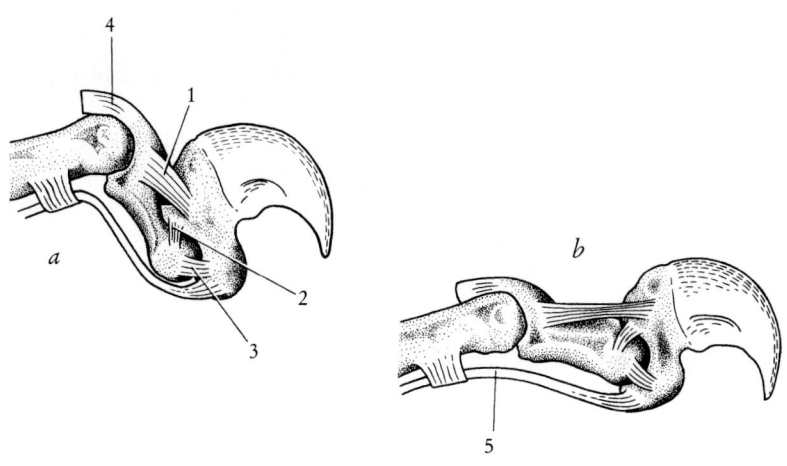

Abb. 23: Mechanismus der Tiger-Kralle
1, 2, 3 Elastische Bänder   4 Strecksehne   5 Flexorensehne
(aus: D. Starck, Vergleichende Anatomie der Wirbeltiere, Band 2)

er würde sonst mit den Krallen am Boden schlurfen. Ein sehr kräftiger Muskel sorgt dafür, daß die Kralle in dem Moment, wo der Tiger
auf ein Beutetier springt, nach vorne gezogen wird, so daß sie sich in
das betreffende Tier einbohren kann. Und man weiß ja, daß ein
Tatzenschlag einer großen Raubkatze eine außerordentlich gefährli-
che Verletzung ist.

So sind hier zwei Dinge zu beachten. Zum einen, daß die Extremität in das Milieu gehört, in der das Tier lebt, also die Luft, der
Grabgang, die Lauferde oder eben die Steppe. Sie gehört in die
Umgebung herein, ist dafür geschaffen. Es ist unglaublich, wie die
Tiere ihre Extremitäten bilden, um sie anzupassen. Der Steinbock
z.B. hat Saugrillen unter seinen Hufen, so daß, wenn er einen glitschi-
gen, steilen Felsen herunterspringt, er sich bei jedem Schritt einen
Moment ansaugt. Aber man sieht noch etwas anderes: Zu dem, daß
die Gliedmaße in die Umgebung hereingebildet wird oder mit ihr
zusammengehört, sieht man beim Tier noch ein klein wenig mehr,
man sieht die Tendenz des Tieres, die Instinkttendenz, die mit einer
bestimmten Leiblichkeit zusammenhängt. Stellen Sie sich einen Adler vor: ein scharfer Schnabel, breite Schwingen, scharfe Klauen,

121

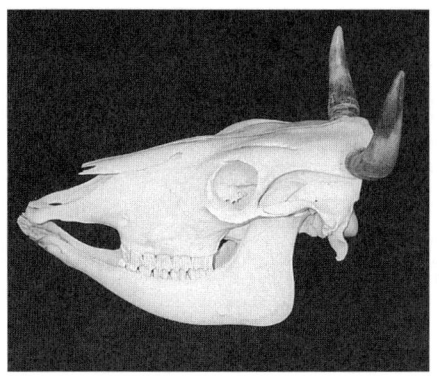
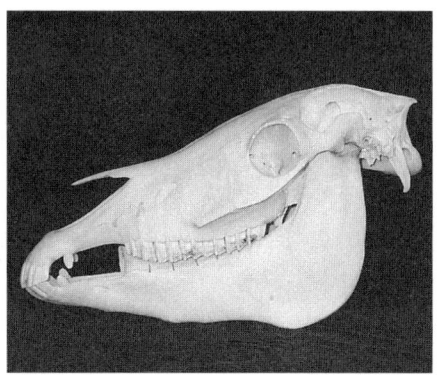

Abb. 24: Kuh   *Abb. 25: Pferd*

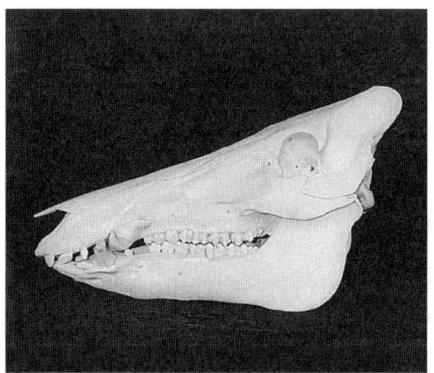
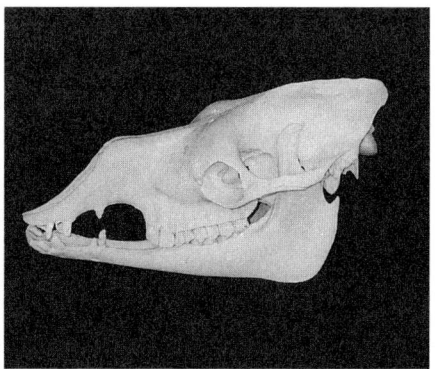

Abb. 26: Wildschwein   *Abb. 27: Kamel*

weitsichtige Augen, mit denen er aus 300 m Entfernung Zeitung lesen könnte. Die ganze Bildung des Tieres spricht aus: Ein Beutetier sehen, die Flügel einfalten, stürzen, packen, schlagen. Es ist ein einziger Ablauf, dafür ist es gebildet, das ist auch das Eigentliche, woran es Interesse hat. Die seelische Bildung des Tieres ist unmittelbar eingepaßt in seine leibliche Struktur.

Nun möchte ich Ihnen einige Sätze vorlesen von Goethe zu diesen Schädeln, die ich Ihnen mitgebracht habe: «Die Zahmheit der Last- und weidenden Tiere bezeichnet sich durch die langen ebenen, leicht gegeneinander laufenden, einwärts gebogenen Linien. Man sehe das Pferd, den Hirsch, das Schwein, das Kamel. Ruhige Würde, harmloser

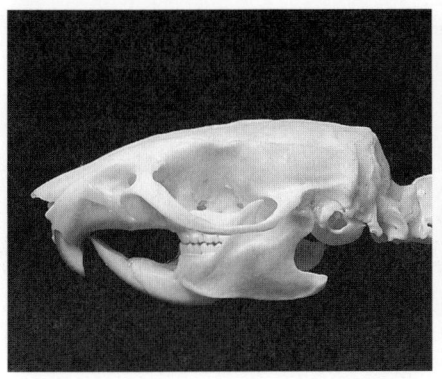
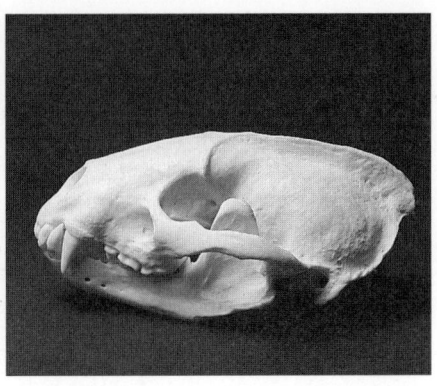

Abb. 28: Ratte

Abb. 29: Fuchs

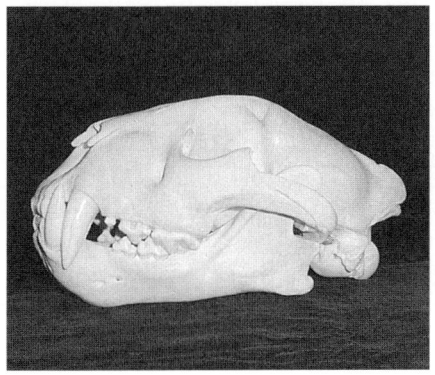
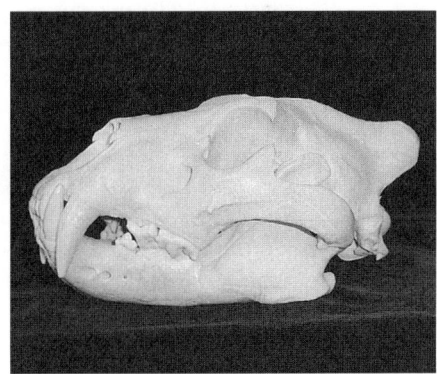

Abb. 30: Tiger

Abb. 31: Löwe

Genuß ist der ganze Zweck der Gestalt dieser Häupter. Die eingebogene Linie vom Augenknochen zur Nase beim Pferd bezeichnet Duldung, beim Schwein die leise einwärts gehende, schnell wieder gerade werdende Linie Starrsinn. An allen bemerke man den schweren und übermäßig breiten Hinterkiefer, und man empfinde, wie die Begierde des Kauens und Wiederkauens da seinen Sitz hat ...»

«Die Gestalt der gierigen Tiere ohne Grausamkeit: Das Ratzengeschlecht ... die größte Feldmaus, die leicht aufgebogene, flach gewölbte Linie, die wenigen Flächen, das Spitze Feine – bezeichnet Leichtigkeit der Bemerkung des sinnlichen Gegenstandes, schnelles Ergreifen, Begierde und Furchtsamkeit, daher List. Der oft schwache

Unterkiefer, die vorderen, spitzig gebogenen Zähne haben ihre Bestimmung zum Nagen und Kosten; sie sind fähig das angepackte Leblose sich kräftig schmecken zu lassen, aber nicht Widerstehendes, Lebendiges gewaltig zu fassen und zu verderben ...»

«Der Fuchs, er ist schwach gegenüber seinen folgenden Verwandten» (es wurden dann noch Wolf und Hyäne betrachtet). «Die so schwache Abweichung vom Schädel bis zur Nase, der mit dieser Linie fast parallel laufende Unterkiefer geben der Gestalt etwas Unkräftiges, wenigstens Gleichgültiges, wenn nicht der voraufwärts geschweifte Oberkiefer und die spitzen, abgerissenen Zähne eine gerissene Grausamkeit sehen ließen ...»

«Der Tiger: Besondere Schnelligkeit in der Spitze des Hinter- und Breite des Vorderteils. Man sehe den Gegensatz an zu den Last- und Weidetieren. Hinten zur Kraft des Nackens der aufliegende Hebel» (da setzt die große Nackenmuskulatur an) «flach rund der Schädel, Wohnsitz leichter Vorstellungen und gieriger Grausamkeit. Die Schnauze breit und voll Kraft; der Rachen gewölbter Vorhof der Höllen, erfassend, klammernd, zermalmend, verschlingend.»

«Der Löwe: Wie merkwürdig ... der länglich-stumpfe Hinterkopf! Die Wölbung wie edel; der Abgang der anstoßenden Linie, wie sanft! Des Schnauzbeins Niedersteigen, wie schnell, wie kräftig. Der Vorderkopf, wie gepackt! Stark! Ruhig und gewaltig! Wert der spezialsten Vergleichung mit dem Tiger. Wie wenig, wie viel sind beide verschieden.»[1]

Die anatomische Bildung der Tierschädel, die Goethe betrachtet, gibt ihm Aufschluß über den Trieb, der in dem Tier wirkt. Wenn Sie sich vorstellen, sie hätten einen Kohlkopf in der Hand und sie begegneten damit einer Ziege, dann können Sie voraussetzen, daß diese Ziege an diesem Kohlkopf großes Interesse hätte und sich gleich danach wenden würde. Begegneten Sie mit einem Kohlkopf in der Hand einem Tiger, dann ist die Frage, ob er den Kohlkopf überhaupt bemerkte, hätten Sie dagegen ein Stück Wurst oder Fleisch in der Hand und begegneten damit dem Tiger, dann wäre es ratsam, die Hand rasch zurückzuziehen. Die Ziege wiederum würde die Wurst wahrscheinlich gar nicht beachten. Was sieht man daran? Der Löwe, der Tiger hat eine Bildung mit Reißzähnen «gewölbter Vorhof der Höllen, fassend, zermalmend, verschlingend», der dafür gebaut ist, Beute zu greifen. Und sein Instinkt ist entsprechend, er interessiert sich nicht für Hafer. Eine Ziege hat eine Organisation, die dafür gebaut ist, Gras auszurupfen und anderes interessiert sie nicht. Die Triebbildung des Tieres ist mit seiner Organisation unmittelbar eines. Die Tatze, die Greifklaue, der Schnabel, das scharfe Sehen stimmen überein mit demjenigen, was auch die Instinktneigung des Tieres ist. Das kann man überall verfolgen.

Nun, das sind alles Eigenschaften die uns nicht fremd sind, die wir kennen und in uns haben: «Packen, ergreifen, zermalmen, Begierde mit Furchtsamkeit, daher List». Wer kennt das nicht: «Ruhiges Wiederkäuen» über eine Sache, die einem gerade sehr behaglich ist … Es sind alles Dinge, die wir aus unserem eigenen Seelenleben wiederkennen. Aber es gibt da einen wichtigen Unterschied. Stellen Sie sich vor, ein Schauspieler spielt an einem Abend Othello, am nächsten Abend vielleicht Nathan. Was geht da vor? In einem Moment erwürgt er eine Frau, im nächsten Moment ist er weise. Große Gegensätze! Und wer selber schon geschauspielert hat, der merkt, wenn man das jetzt nicht so oberflächlich mit Gesten und Technik macht, daß man sich ja wirklich in die Stimmung dessen, was ein Extrem darstellt, hineinversetzt und gewissermaßen für einen Abend diese Rolle wird, aber daß man es wieder lösen können muß. Man ist in der Lage, die verschiedenen seelischen Gesten in sich zu bewegen, zu variieren, wieder aufzulösen. Die Schwierigkeit bei dem Tiere ist, es hat eine gewisse Breite, aber innerhalb dieser Breite muß es bleiben, es kann nicht seinen Instinkt und Trieb auflösen und beseitigen. Sie können einem Hund zwar beibringen, daß er nicht nach der Wurst schnappt, Sie können einen Angstreiz dagegen setzen, dann sitzt er da und zittert am ganzen Leib und schnappt nicht nach der Wurst, die da vor ihm liegt. Den Trieb können Sie aber nicht ausschalten, Sie können nur das Verhalten blockieren. Der Mensch kann sein Interesse dagegen willentlich auf etwas richten, sogar wenn es gar nicht so angenehm ist, oder bewußt einen Wunsch zurückhalten.

Jetzt betrachten wir einmal dieses Tier (Ratte, Abb. 32). Schauen Sie bitte die Glieder an, die Beine, sie sind angewinkelt, gebeugt. Alle Tiere haben mehr oder weniger angewinkelte Glieder. Was liegt in dieser Winkelstellung? Sie stellt eine enorme Bewegungsreserve dar. Diese Winkel, im Moment, wo sie sich strecken und die Beine fest am Boden bleiben, bewirken, daß das ganze Tier nach vorne katapultiert wird. Diese Bewegungsreserve macht, daß das Tier sich in einer

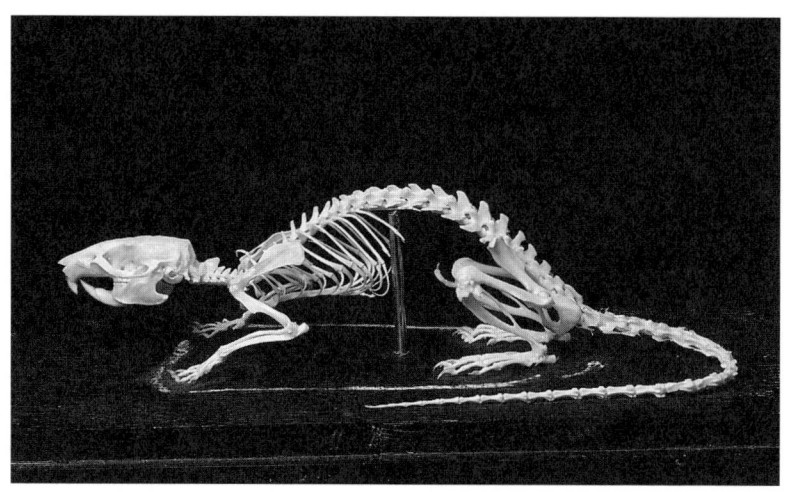

Abb. 32: Ratte

phantastischen Weise bewegen kann. Es gibt da oft noch Spezialein-
richtungen, um die Bewegung stärker zu beflügeln. Ein Gepard z.B.
kann lange Zeit 70 km pro Stunde laufen, ein Pferd 60 km pro Stunde,
Vögel fliegen etwa 90 km pro Stunde, z.B. die Schwalben; große
Geschwindigkeiten! Oder welche Eleganz, eine Antilopenherde
über die Steppe rasen zu sehen, unglaublich und unerreichbar. Diese
Bewegungsreserven in der Muskulatur ergeben die Bewegung nach
vorwärts, den Sprung.

Ebenso beginnt ja auch der Mensch auf vier Beinen. Das Kind krabbelt auf allen Vieren und stemmt sich hoch an einem Tischbein oder
ähnlichem und steht jetzt auf den Beinen, auf den Füßen. Um das zu
erreichen, braucht das Kind ein Jahr. Ein Tier ist mit der Geburt anatomisch so mit Reflexen ausgestattet, daß es sich nach kurzer Zeit artge-
mäß bewegen und verhalten kann. Eine Giraffe läuft wenige Stunden
nach der Geburt neben der Mutter her. Durch die eingeschränkten Be-
wegungsachsen kann sie nicht anders, fällt auch nicht, da die Vierbei-
nigkeit einen stabilen Schwerpunkt gibt. Beim Menschen müssen erst
einmal die angeborenen Reflexe abgebaut werden, verschwinden. Bei
der Neugeborenenuntersuchung in der Kinderheilkunde wird der
Säugling hochgehoben und die Füße werden an eine Kante angestoßen
und das Kind beginnt zu schreiten. Dieser Schreitreflex muß ver-

schwinden, würde er bleiben, würde man immer, wenn der Fuß an eine Kante stößt, schreiten müssen. Der Klammerreflex, beim Affen sehr sinnvoll, denn dadurch kann er sich fest an die Mutter als an den ersten Baum anklammern, beim Kind muß er verschwinden, sonst würde man immer, wenn einem etwas in die Hand kommt, es anpacken müssen. Der Saugreflex muß verschwinden, um Sprache möglich zu machen. Die kinderärztliche Probe für die Reifung besteht gerade darin, daß nachgesehen wird, ob die angeborenen Reflexe radikal aufgelöst werden. Das Naturmodell wird gebrochen, die Reflexe werden zurückgezogen, die Bewegungsfähigkeit wird weitgehend aufgelöst, und es wird ein außerordentlich mühsam über viele Jahre erlerntes Verhalten an die Stelle gesetzt.

Der Mensch stellt sein Gleichgewicht in einer labilen Säule fest, verdichtet die Bewegung in den Fuß und baut den Leib senkrecht darüber. Die Bewegungsreserve in den Hüft-, Knie- und Sprunggelenken wird aufgegeben, es kommt zum Stehen. Dafür wird die Gewichtslinie hereinverlagert, und man kann sagen, das Gewicht, welches beim vierbeinigen Tier von der Muskulatur getragen wird, die aber gleichzeitig eine Bewegungsreserve darstellt, das Gewicht wird aus den Muskeln in den Knochen verlegt. Der Muskel ist dadurch aus der Schwerkraft befreit, was die Vorraussetzung ist für das Spielbein beim Gehen.

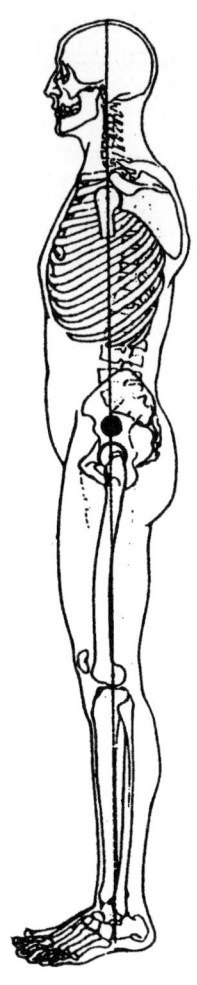

Abb. 33: Stand des Menschen
● = *Schwerpunkt*
(aus: H. Braus, Anatomie des Menschen, Bd. I)

Die Folge der Aufrichtung im Hüftgelenk ist: Die doppelt gekrümmte Wirbelsäule, die eine ganz neue Atemfunktion hervorbringt. Die Bauchatmung der Tiere wird aufgegeben, wird verwandelt in die Brustatmung. Erfolgt der Wechsel zur Brustatmung nicht, dann entsteht eine Kyphose (wie bei der Wanderratte) und im Lendenbereich eine Gegenlordose und ein Hängebauch. Die meisten Wirbelsäulenbeschwerden sind nicht Haltungsfehler, sondern Atmungsfehler, weil das Einatmen mit einer Streckinnovation in der Wirbelsäule verbunden ist, und wenn diese nicht erfolgt, wie bei der Brustatmung, kommt es zur Hängehaltung.

Das Entscheidende aber ist nun, was durch die Aufrichtung mit den Vordergliedmaßen, mit den Armen geschieht. Das Bein wird ganz in die Schwere hineingestellt, dadurch wird der Arm ganz von der Schwere entlastet. Und jetzt kommt etwas zum Tragen, was schon bei den niedrigen Amphibien, Reptilien angelegt ist: Der fünfstrahlige Fingertypus. Bei den begabten Bewegungstieren verkümmert dieser Urtypus, wird abgewandelt, spezialisiert sich. Beim Menschen tritt jetzt die Fünfstrahligkeit als ein primitives Merkmal wieder in Funktion und wird sinnvoll. Das ganz Ursprüngliche ist plötzlich am Ende wieder vorhanden, «nach mir wird kommen, was vor mir war» das spricht die Hand. In der Hand wird dieser Satz aus dem Johannes-Evangelium Anatomie. Im Reptil wird vorab ein Typus angelegt, der im Laufe der Evolution verschwindet, am Schluß aber wieder auftaucht und menschliche Hand mit dem Schultergürtel wird. Diese bekommt ihre ganz besondere Fähigkeit dadurch, daß sie völlig aus der Schwere herausgehoben ist, keine Stützfunktion mehr hat. Das Schultergelenk wird zur Seite gedreht und kann sich jetzt aufrichten, nach oben kehren. Wenn man den Arm über die Horizontale hebt, dann wird das Gelenk selbst umgewendet, auch aufgerichtet, so daß man sagen kann, das Hüftgelenk ist ganz nach unten gerichtet, nicht mehr nach vorne, ganz nach unten, gebunden in die Schwere. Das Schultergelenk ist das freieste Gelenk, nach oben gerichtet, funktionell eine Bewegungssphäre ermöglichend. Beim Tier wird die Bewegung des Unterarmes durch starke Bänder oder Verkümmerung des einen oder anderen Knochens in Pronationsstellung gefesselt, um die Gewichtslast aufzunehmen. Der menschliche Unterarm wird entfesselt, und es wird im Wechsel von Pronation und Suppination eine neue Beweglichkeitsdimension möglich. Die Hand kann nehmen und geben.

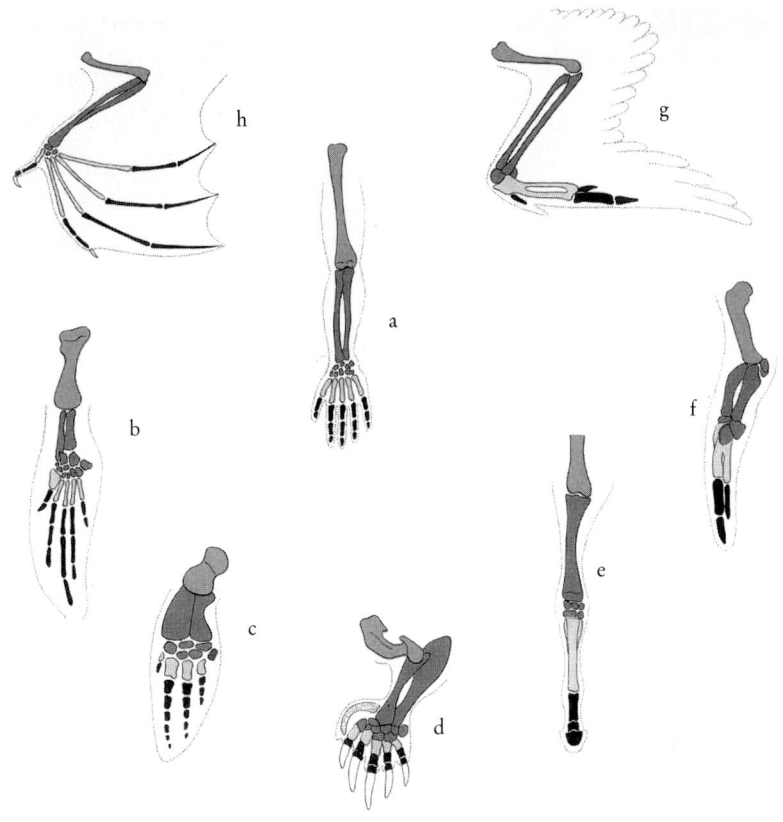

Abb. 34: Gestalt- und Funktionswandel der Vordergliedmaßen verschiede-
ner Wirbeltiere
a) Arm des Menschen als Urtypus, b) Flosse der Meeresschildkröte c) Flosse
des Delphins, d) Grabbein des Maulwurfs, e) Laufbein des Pferdes, f) Flosse
des Pinguins, g) Flügel des Vogels, h) Flügel der Fledermaus
(nach H. Linder, Biologie)

Wir wollen uns jetzt noch dem Vergleich des menschlichen Schädels mit dem des Affen zuwenden. Ich darf Ihnen mal etwas aus
meiner eigenen Biographie erzählen, weil das sehr eigentümlich ist.
Ich bin als Kind einige Jahre auf den Philippinen groß geworden,
und da hatten wir einen Pavian. Das kam so, daß wir bei einer
durchziehenden Zirkusgruppe einen Pavian sahen, den diese, wo sie

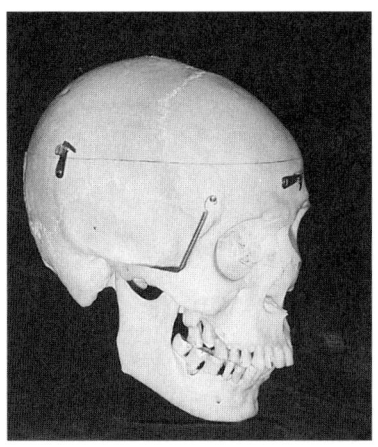 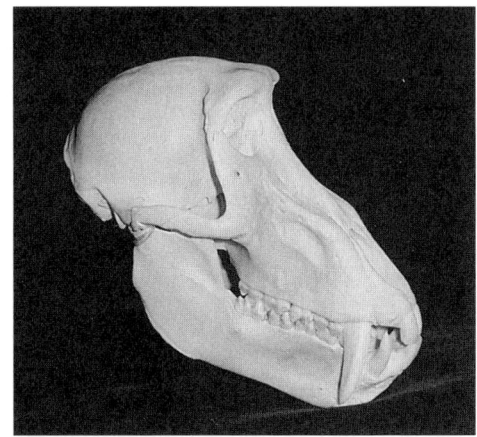

Abb. 35: Menschenschädel   *Abb. 36: Pavianschädel*

gerade hinkam, in einem Käfig ausstellte, und die Veranlagung der
Leute war damals so, daß sie dieses arme Tier mit Tomaten oder
verfaulten Sachen bewarfen. Und es war ein außerordentlich abge-
magertes, gesundheitlich schwaches Tier. Meine Mutter, mit einer
gewissen Impulsivität, hat das Tier einfach gekauft, weil sie eben
Mitleid hatte. Die Frage war, was nun? In dem Garten, den wir
damals hatten, wurde ein Affenhaus gebaut, er wurde gefüttert,
denn er konnte sich ja nicht selbst versorgen, da er mit Menschen
groß geworden war. Er war ein bißchen gefährlich, so daß ich nicht
zu ihm hinein durfte. Aber ich bin sehr oft bei ihm gewesen, und
es ist etwas sehr rätselhaftes, wenn man in ein Affenauge schaut.
Man blickt den Affen an, blickt ihm ins Auge, man schaut mit einer
gewissen Intension, und es ist das Eigentümliche, daß das Tier einen
gar nicht anschaut. Warum, das wurde mir dann später an diesem
Schädel bewußt. Schauen Sie sich den Pavianschädel an. Die
Schnauze reicht weit nach vorn, Sie können sich vorstellen, daß ich
vor dem Tier Angst hatte, es hat sehr kräftige Zähne, der Hirnschädel ist abgeflacht, überall sind Knochenwülste, die als Muskelansatz
dienen. Der ganze Kopf ist von Muskeln umschlungen, er ist völlig
von Muskelkraft umgeben, deswegen bildet sich beim Affen keine
sphärische Wölbung aus. Beim Menschen ist die Stelle, wo die
Mönche die Tonsur haben, der einzige Bereich, wo keine Muskeln

130

wirken, eine muskelfreie Zone, und dort wird die Wölbung ausgebildet. Man kann sagen, der Grad der Wölbung ist ein Maß dafür,
wie stark der Kopf aus der Schwere herausgelöst ist. Die Schädelbasis, wo der Kopf auf der Wirbelsäule aufsitzt, steht beim Affen
schräg, der Kopf wird durch kräftige Muskeln gehalten, entsprechend dem Typus des Winkels. Die menschliche Schädelbasis steht
wagrecht, der Kopf wird balanciert, wird unter seinem Schwerpunkt gehalten: Typus der Balance, der Kopf schwebt, das Gewicht
ist aufgehoben. Das Tier ist in seiner vertikalen Stellung mit seinen
Muskeln überall in der Auseinandersetzung mit der Schwerkraft.
Die Schwerkraft wirkt in den Muskeln und muß ständig überwunden werden. Bei der menschlichen Anatomie läuft die Schwerelinie
vom Ohr bis zur Ferse hin durch, weitgehend in die Knochensäule
verlagert.

Das Prinzip der Aufrichtung findet sich überall. Beim Tiergehirn
haben Sie: Myelenzephalon, Metenzephalon, Mesenzephalon,
Dienzephalon mit Epiphyse und Hypophyse, Telenzephalon, sich
fortsetzend in eine lange Nase. Die Gliederung, das ist die Richtung
des Sprunges, das ist die Richtung des Riechens, des Atmens von
vorne nach hinten mit dem Bauch, das ist die horizontale Wirbelsäule mit daranhängendem Kopf. Indem der Mensch in der Em-
bryonalentwicklung sein Gehirn ausbildet, wird die Bewegungsrichtung nach vorne umgewendet, in eine nach hinten. Wie beim
Aufbäumen eines Pferdes, wenn die Zügel angezogen werden und
es sich vorne aufbäumt, wölbt sich das Großhirn von vorne nach
hinten über die anderen Hirnabschnitte. Der Riechstrom wird gebrochen, zurückgenommen, bekommt wenig Bedeutung, das Großhirn lagert sich dem Stammhirn über und bildet das morphologische Bild für die bewußte Beherrschung der anderen Hirnbereiche
(siehe Abb. 37).

Dasselbe geschieht auch beim Gesicht. Der Gesichtsschädel wird
unter den Hirnschädel gezogen. Eine hemmende Kraft von vorne
zieht ihn herunter, und es bildet sich jetzt die Architektur: Stirn,
Nase und Mund *übereinander*. Genauso finden wir diesen Typus
auch am Fuß: Der Fuß der Amphibien ist platt, die Mittelfußknochen stehen nebeneinander, beim Menschen wird der Talus und
Calcaneus aufeinandergestellt, wodurch die Fußwölbung entsteht.
Überall finden wir denselben Typus der Aufrichtung.

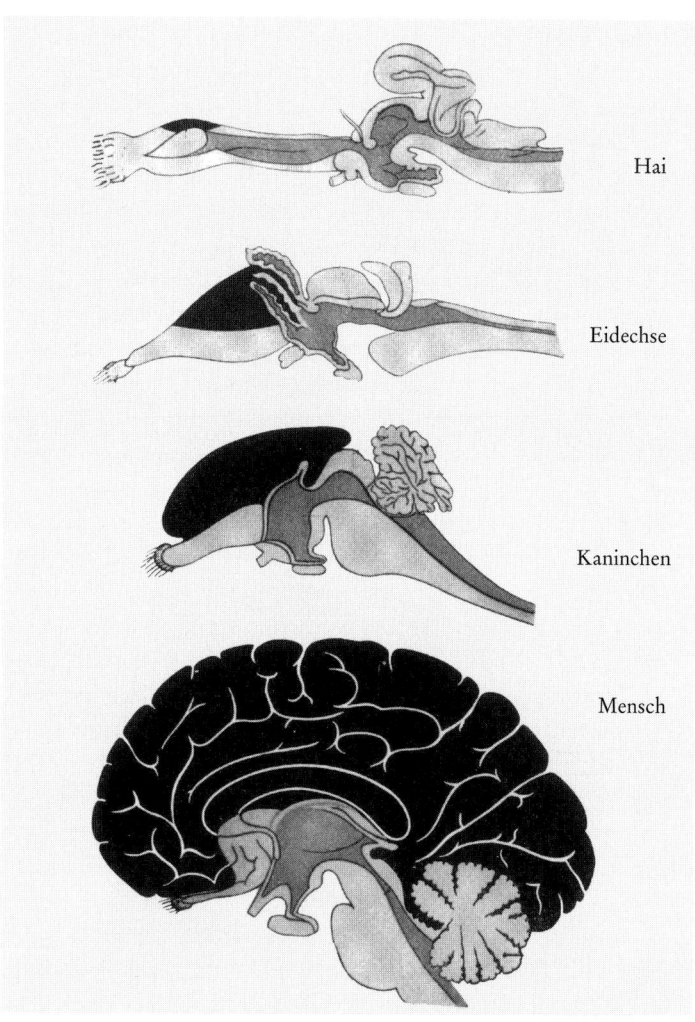

Hai

Eidechse

Kaninchen

Mensch

Abb. 37: Medianschnitte durch Gehirne von Hai, Eidechse, Kaninchen, Mensch (aus: A. Waldeyer, Anatomie des Menschen, Bd. 2)

Jetzt wollen wir uns noch etwas den mittleren Menschen anschauen. Die doppelt gebogene Wirbelsäule schwingt im Einatmen und Ausatmen zwischen Streckung und Zusammenziehung. Alle Streckmuskeln der Wirbelsäule sind gleichzeitig Atemmuskeln. Bei jedem Atemzug streckt sich die Wirbelsäule ganz leicht, besonders beim

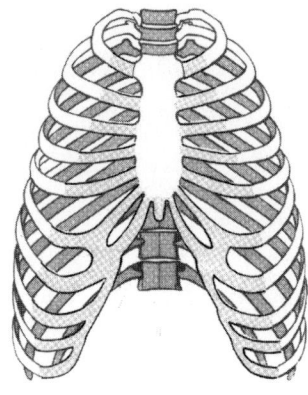
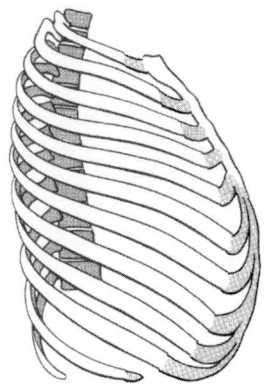

A. Expirationsstellung des Brustkorbes
von vorne

B. Expirationsstellung des Brustkorbes
von der Seite

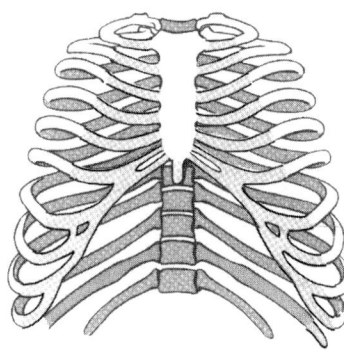
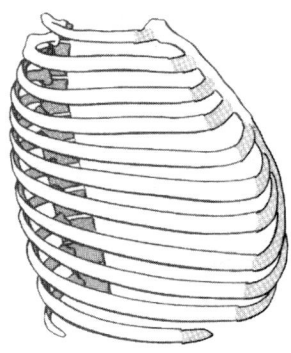

C. Inspirationsstellung des Brustkorbes
von vorne

D. Inspirationsstellung des Brustkorbes
von der Seite

Abb. 38: Veränderungen von Rippen und Wirbelsäule bei Ausatmung und Einatmung (aus: W. Platzer, Taschenatlas der Anatomie, Bd. 1)
A+B: Das Brustbein senkt sich bei der Ausatumung um ca. 2 Wirbelhöhen, die Rippen stehen steiler, die Wirbelsäule beugt sich etwas.
C+D: Das Brustbein hebt sich bei der Einatmung, die Rippen stehen waagrechter, die Wirbelsäule streckt sich.

Brustatmer. Die Frauen neigen etwas mehr zum Brustatmen, die Männer etwas mehr zum Bauchatmen. Es ist alles tiefer beim Mann, die Stimme sinkt, die Geschlechtsorgane sind nach unten gerichtet. Der Mann ist etwas mehr in der Schwere, die Knochenstruktur ist kräftiger. Bei der Frau sind die Geschlechtsorgane nach oben gerichtet, die Brustatmung betonter, die ganze Gliederung leichter, etwas mehr aufgerichtet. Zwischen der Schwere und der völligen Schwerelosigkeit in der Balance oben bildet sich die Wirbelsäule und der Brustkorb. Im oberen Menschen haben Sie das Bildprinzip der Sphäre, des Runden, des Leichten. Im Unteren das Bildprinzip der Streckung, des Gewichtes. Im mittleren Menschen haben wir zwei Teile, einen der mehr in der Streckung lebt und einen anderen, der mehr in der Hüllenbildung lebt. Noch genauer angeschaut: Die oberste Rippe ist um die Kante gekrümmt, eng, klein, rund, die unterste Rippe um die Fläche gekrümmt, strahlig, gerade. Und bei den Gelenkfortsätzen der Wirbelsäule finden wir: Oben die horizontale Drehebene von Atlas und Dreher, dann neigt sich die Gelenkebene von Wirbel zu Wirbel immer mehr bis zur Einfügung der Wirbelsäule in das Becken, wo sie vertikal stehen und außerordentlich stabil ineinander verkeilt sind. Also auch hier eine doppelt gekrümmte Fläche von Wirbelgelenkflächen. Die Schwere und die Leichte vermitteln sich in Form von doppelten Flächenkrümmungen (siehe auch Abb. 52 auf Seite 168).

Ich lese Ihnen noch einmal eine Stelle von Goethe vor aus Wilhelm Meister.[2] Wilhelm Meister ist bei Makarie, also dort, wo im ganzen Buche der Bereich ist, in dem eine gewisse Ruhe herrscht. Auch in einem Roman gibt es ja Bereiche der Dynamik und Bereiche der Ruhe. Sie hatten ein Gespräch, es ist Nacht geworden, Wilhelm Meister ist mit einem Astronom verabredet und «nach einigen Stunden ließ der Astronom seinen Gast die Treppe zur Sternwarte sich hinaufwinden und zuletzt allein auf die völlig freie, runde Fläche eines runden Turmes heraustreten.» Wir sind im schwerelosen Raum von Dichtung und Wahrheit, man kann anatomische Assoziationen durchaus haben. «Die heiterste Nacht, von allen Sternen leuchtend und funkelnd umgab den Schauenden, welcher zum ersten Mal das hohe Himmelsgewölbe in seiner ganzen Herrlichkeit zu erblicken glaubte … ergriffen und erstaunt hielt er sich beide Augen zu. Das Ungeheure hört auf, erhaben zu sein, es überreicht unsere Fassungskraft, es droht, uns zu vernichten. ‹Was bin ich denn gegen das All?› sprach er zu seinem Geiste: ‹Wie kann ich ihm gegenüber, wie kann ich in seiner Mitte stehen?› Nach einem kurzen Überdenken jedoch fuhr er fort: ‹Das Resultat unseres heutigen Abends löst ja auch das

Rätsel des gegenwärtigen Augenblickes.›» (Er erinnert sich an das Gespräch.) «‹Wie kann sich der Mensch gegen das Unendliche stellen, als wenn er alle geistigen Kräfte, die nach vielen Seiten hingezogen werden, in seinem Innersten, Tiefsten versammelt, wenn er sich fragt: ‹Darfst du dich in der Mitte dieser ewig lebendigen Ordnung auch nur denken, sobald sich nicht gleichfalls in dir ein beharrlich Bewegtes um einen reinen Mittelpunkt kreisend, hervortut? Und selbst wenn es dir schwer würde, diesen Mittelpunkt in deinem Busen aufzufinden, so würdest du ihn daran erkennen, daß eine wohlwollende, wohltätige Wirkung von ihm ausgeht und von ihm Zeugnis gibt … Wie oft hast du diese Gestirne leuchten gesehen und haben sie dich nicht jederzeit anders gefunden? Sie aber sind immer die Selbigen und sagen immer das Selbige: ‹Wir bezeichnen›, wiederholen sie ‹durch unseren gesetzmäßigen Gang Tag und Stunde; frage dich auch, wie verhälst du dich zu Tag und Stunde?›»

In Wilhelm Meister wird im Anblick des Sternengewölbes die Frage nach seinem eigenen *Ich* lebendig. Es gibt diese wunderbare Formulierung von Kant, daß zwei Dinge ihn immer wieder mit neuer Ehrfurcht erfüllen: der gestirnte Himmel über ihm und das moralische Gesetz in ihm.

Der Mensch ist zweifach durch seine Organisation geworden. Durch seine Glieder stellt er sich in die Schwere der Erde, er macht sich zum Teil. Mit dem Kopf, der aus der Schwere herausgehoben ist, stellt er sich nicht in diese Kraftlinie hinein, sondern macht sich zu einem Ganzen, das den Mittelpunkt in sich hat und spiegelt darin für den reflektierenden Wilhelm Meister die Weltgesetze wieder. Es entsteht in ihm die Frage, hier gehörst du dem gestirnten Himmel, der Welt ja, wo bist du selber? Und er spricht: Wie könnte es sein, wenn nicht in mir selbst ein beharrlich Bewegtes wäre, wo ich mir selbst gehöre.

Ich habe versucht, Ihnen heute anschaulich zu machen, daß der Mensch einen Teil in sich hat, der sphärisch ist und einen anderen Teil, der gerade ist. Und dazwischen ist er weder ganz sphärisch noch ganz in der Geraden stehend, sondern da ist ein Bereich der Wölbung und Streckung, des Überganges, des Rhythmus, wo der Mensch funktionell mit den Armen seine Sphäre ergreift und mit der Hand erfaßt. Es gibt das Wort «Ich». Und dieses «Ich» hat in der Grammatik eine besondere Stellung dadurch, daß es sich aus allen anderen denkbaren Worten heraushebt. Wenn wir Dinge benennen, den Tisch, den Stuhl, usw. weisen wir auf Dinge außerhalb von uns. Das Wort «Ich» hat nur dann einen Sinn, wenn es aus dem Strom, der nach außen geht, umgewendet wird, herausgelöst wird, wie ein Tropfen aus dem Weltmeer, und auf das Innere zurückgewendet wird. Man spricht ein Wort, welches nicht anders an das Ohr tönen kann, als daß man sich selber meint. Wenn es von außen an mich herantönt – das ist immer der andere. Man greift ein Wort, löst es heraus und wendet es nach innen. Die Vordergliedmaße löst sich von der Erde, wir wenden die Hand nach innen, blicken in die Handfläche – oder wir wenden den Daumen in die Hand. Von Stufe zu Stufe wiederholt sich der Vorgang: Umwenden, zurückwenden, Bewegung verdichten.

Man kann dieses Prinzip wirklich bis in die minuziösesten Einzelheiten verfolgen. Das Foramen mentale z.B.: wenn Sie es beim Pferd anschauen, so tritt der Nerv am Unterkiefer gerade nach vorne aus. Nehmen Sie ein Affengebiß, so steht die Öffnung des Foramen mentale schon etwas steiler. Schauen Sie es sich dann beim Menschen an, da ist es nach hinten geöffnet.

Der Bewegungsstrom nach vorne wird beim Menschen gebrochen, wird umgewendet und wird Aufrichtung.

Und wenn Sie nun einem Menschen in die Augen sehen und erleben, daß dieser Ihnen in die Augen blickt, so merken Sie: Da greift etwas, da ist eine Persönlichkeit. Dieses Erlebnis kann auch in Beziehung gesetzt werden zur ganzen Gestalt, dann finden wir wieder auf der Stufe des Lichtes das Gleiche wie bei der Hand. Der Augapfel rotiert in seinem Schwerpunkt, hier wirken überhaupt keine Schwerekräfte mehr, es sind gewissermaßen nur noch Lichtschächte, die diesen Gelenkkopf in der Gelenkhöhle drehen. Da, wo das Physische und seine Schweregesetze ganz zurücktreten wie im Auge, wie in der Pupille, kann das Wesen, das «Ich» unmittelbar erlebt werden. Und das gibt ein anderes Empfinden für die Therapie, wenn man einem Menschen gegenübersteht, ihn ansieht und ihn ernst nimmt, weil man erkennt: Das ist eine Person.

Die ganze Aufrichtung, von der Ferse bis zum Gesicht und den Augen: es ist ein Typus. Ein Typus, der uns erkennen läßt, daß im Menschen eine neue, eigene Kraft wirksam ist. Den Menschen in dieser Weise ernst nehmen heißt aber auch, die Kraft sehen, die die

Gliederung des Weltgebäudes, der Elemente und Naturreiche wirkt. Dann richtet sich eine Welt- und Naturordnung auf, und wir stellen fest, es zerfällt nicht in sich, und alles ist das Gleiche, sondern es wird gerade aufgerichtet, und man fängt an, unten und oben zu erkennen. Der Stein, in dem er sich anlagernd wächst, wird berührt von etwas, was in der Pflanze zur vollen Entfaltung kommt. Wenn diese, indem sie wächst, eine Formverwandlung durchmacht, im Blühen Insekten anzieht, Duftstoffe bildet, berührt sie etwas, was beim Tier zur vollen Entfaltung kommt. Es gibt ja auch Blüten, die eine gewisse Bewegungsfähigkeit durch osmotische Druckveränderungen haben, ein ganz anderer Mechanismus, aber Organe, die etwas ankündigen, was auf der nächsten Stufe zur Entfaltung kommt. Die Tiere, besonders die hohen Tiere – ich will vor allem einmal vier nennen, die da unglaublich sind: Kolkrabe, Elefant, Delphin und Schimpanse – sie vollbringen Vorgänge, die unmittelbar gemahnen an etwas menschliches. Vom Elefanten z.B. ist zwar bekannt, daß er das ganze Leben wächst, er ist aber auch das einzige Tier, das sein ganzes Leben über lernfähig ist, wie der Mensch.

Und nun entsteht die Frage: gibt es etwas, wo der Mensch angrenzt? Die Verantwortung, die der Mensch hat, wirft diese Frage auf. Er ist das einzige Wesen, welches durch seine freie obere Gliedmaße und dadurch, daß er nicht in einen bestimmten Instinktzusammenhang eingefügt ist, enthemmt ist. Man kann von dem Menschen berechtigt als von dem nackten Affen sprechen, wenn man auf seine Möglichkeiten des enthemmten, triebhaften Verhaltens blickt. Allerdings tut man dem Tier dabei unrecht, denn so kann sich kein Tier verhalten. Wir können aber auch auf die andere Seite blicken, an was grenzt der Mensch dort an? Seine Arme sind nicht mehr eingebunden in den Naturzusammenhang wie die Tigertatze in den Prärieboden oder der Vogelflügel in die Luft. Sie drücken aus, daß der Mensch frei ist, d.h. verantwortlich ist für das, was er tut. Es ist die Frage, die durch das Ich aufgeworfen wird, das der Mensch in sich aufnimmt als einen Keim, den er verwirklichen muß und der ihn wiederum angrenzen läßt an ein über ihm stehendes Geistiges.

Zur anatomischen Sonderstellung des Menschen in der Natur

In der Gegenwart vergleichende Anatomie zu betreiben, drückt ja zweifellos ein intensives, akademisches Interesse aus.[*] Denn die dringenden Fragen, die die Zeit uns stellt, sind nicht gerade anatomische. Wir erleben vieles, was uns viel mehr zu Herzen geht. Wir erleben einen Technologieschub, wir haben elektronische, «bildgebende» Verfahren. So stellen wir in der Medizin die Diagnose durch Sonographie, Computertomographie, Kernspintomographie, usw. Durch Elektronik vermittelt wird der Mensch «durchleuchtet», wird für die Sinne transparent gemacht. Was vor 4-500 Jahren im Denken Einzelner begann, ist heute allgemeine Kultur geworden.

Im Jahre 1629 machte der Anatom William Harvey, der Leibarzt von Francis Bacon, eine berühmte Rechnung. Wenn pro Herzschlag 2 Unzen Blut aus dem Herzen ausgeworfen werden – das war seine Schätzung (d.h. 56g) – und wenn die Stunde 60 Minuten hat, und man pro min. 72 Herzschläge berechnet, dann werden in der Stunde 2x72x60 Unzen aus dem Herzen ausgeworfen (= 241,92 kg). Mit dieser nüchternen Rechnung waren mit einem Schlage die anatomischen Vorstellungen des Altertums beseitigt, die 2000 Jahre lang Gültigkeit gehabt hatten. Denn Aristoteles und Galen hatten gelehrt, daß das Blut in der Leber gebildet wird, von dort nach oben in die rechte Herzkammer fließt, durch feine Porositäten der Scheidewand in die linke Herzkammer gelangt, dort gereinigt wird und in den Kopf hinauf fließt und von dort wiederum durch die Nerven in den ganzen Körper hinausfließt.

---

[*] Ein öffentlicher Vortrag, der am 14. September 1985 in der Augenklinik Dr. Schad in Stuttgart gehalten wurde. ‹Die Gesellschaft zur Förderung einer erweiterten Augenheilkunde› veranstaltete in den 80er Jahren regelmäßig öffentliche Vorträge, Konzerte und Tagungen.

Jetzt denkt Harvey: Wenn diese Vorstellung stimmt, dann werden in der Stunde 8 640 Unzen Blut in der Leber gebildet und verschwinden irgendwohin. Das ist das Gewicht von drei dicken Männern! Blut, das einfach wegfließt und aus der Leber kommt, das schien ihm unwahrscheinlich, und er machte nun ein Experiment, eine ganz einfache Sache. Er nahm sich einen Hund, band ihn an den vier Gliedmaßen auf dem Rücken fest, schlug ihm den Brustkorb auf und hatte das Herz schlagend vor sich und nun fühlte er, wie es schlug, und verfolgte das Blut in seiner Verzweigung und sah: es kommt gar kein Blut aus dem rechten Vorhof in die linke Kammer, das geht in die Lunge ab; und aus der Lunge kommt es wieder zum Herzen zurück und geht dann in den Körper ab, und wenn man die Venen abbindet, dann stauen sie sich von außen; was hinausgegangen ist, muß irgendwie zurückkommen, denn es füllt sich von unten! Und er bildete den Begriff des Blutkreislaufs.

Sie sehen also bei Galen und Aristoteles das Bild eines offenen Kreislaufs, wo das Blut aus der Natur irgendwo herkommt, in die Leber geht, ins Herz und in den Kopf geht und über die Nerven wieder entschwindet. Der Mensch ist eingebunden in den Zusammenhang der Natur. Und wenn er die Handflächen hob, konnte er dort Empfindung haben, weil diesem Blut im Kopf eine empfindende Qualität beigegeben worden war: der Spiritus animalis, die Empfindungskraft. Im Herzen wurde dem Blut der Spiritus vitalis, die Lebenskraft, in der Leber der Spiritus naturalis, die Naturkraft des Seins, verliehen. Dieses alles empfand der Mensch, und erlebte so das in ihm zirkulierende Blut als etwas, das von Ferne kommt und wieder herausgeht und ihn so mit dem Werden und Vergehen der ganzen Natur *verbindet*.

Und nun kommt Harvey und rechnet – und entdeckt den Kreislauf. Eine epochemachende Entdeckung, die für die Medizin etwas ähnliches bedeutete, wie die Leistung von Kopernikus für die Astronomie. Die Kreislaufverhältnisse schlagen nach innen um: ein neues Zentrum wird gefunden. Wie man im Weltraum entdeckt, daß die Erde um die Sonne kreist – kreist jetzt das Blut um das Herz; und der Mensch fühlt sein Zentrum *in sich*.

Hiermit tritt zugleich eine bestimmte Art des Denkens ein. Vorher hieß es: Woher kommt es, wohin geht es – man weiß es nicht. Dem Menschen des Altertums wurden solche offenen Vorstellungen, die uns heute als logisches Defizit, als Lücken des Gedankenganges erscheinen, offenbar nicht zum Problem: Er erlebte sich unmittelbar einverwoben in die Natur, in den großen Kreislauf des Werdens und des Vergehens. Jetzt aber greifen die Gedanken mathematisch ineinander wie Zahnräder. Wenn irgenwo etwas entsteht, dann muß man auch berechnen können, wo es hingeht und wieviel es ist.

Ein großer Umschwung des Denkens und Empfindens wird hier offenbar, der dazu führt, daß wir uns heute mit dem Kosmos nicht mehr verbunden fühlen, sondern uns allein im Kosmos, *in uns* erleben. Die Erde – ein Staubfleck im riesengroßen Universum, der Mensch darin ein einsamer Bürger, der Sehnsucht hat – eine Sehnsucht, die sich manchmal sehr merkwürdig ausdrückt.

In der astronomischen Fachzeitschrift «Die Sterne», Band 60, findet man unter dem Titel «Außerirdische Intelligenz – eine internationale Petition» – folgendes Communiquée: «Die menschliche Art ist jetzt in der Lage, mit anderen Zivilisationen im Weltraum in Verbindung zu treten, falls solche existieren. Unter Benutzung der vorhandenen radioastronomischen Technik ist es für uns möglich, von Zivilisationen, die nicht fortgeschrittener sind als wir, Signale über eine Entfernung von wenigstens einigen Tausend Lichtjahren zu empfangen.»

Es wird davon gesprochen, daß durch die Radiosender und den Funkverkehr auf der Erde es in Zukunft schwieriger werden wird, mit solchen Intelligenzen in Verbindung zu treten, da ausgesandte Nachrichten gestört werden könnten. Und deshalb heißt es: «Es ist an der Zeit, zu beginnen ... wir sind einmütig in unserer Überzeugung, daß die einzig bedeutungsvolle Überprüfung der Existenz außerirdischer Intelligenz experimentieller Natur ist. Wir dringen auf die Organisation einer koordinierten und weltweiten systematischen Suche nach außerirdischer Intelligenz.» Dieser Aufruf ist unterschrieben von Wissenschaftlern aus den USA, Großbritannien, Frankreich, Italien, Schweden, UdSSR, Kanada, Japan, Niederlande und der Bundesrepublik, unter anderem auch von Manfred Eigen. Der moderne Mensch fühlt sich einsam, er sucht Anschluß. Und was wird jetzt gemacht?

Im diesjährigen Jahrgang der naturwissenschaftlichen Rundschau[1] wird von dem größten Programm berichtet, das in dieser Richtung bisher unternommen worden ist; man hat eine Nachricht an das

Sternbild des Herkules abgeschickt, das ist 25 000 Lichtjahre ent-
fernt. Wenn also im Bereich des Herkules Intelligenzen leben, die sie
aufnehmen können, erreicht sie diese Nachricht in 25 000 Jahren.
Falls sie heute nicht so entwickelt sind, diese Nachricht zu empfangen, können wir guter Hoffnung sein, denn in 25 000 Jahren sind sie es
vielleicht! Es ist ihnen eine Nachricht geschickt worden, und diese
Nachricht ist sehr interressant, weil sie gewissermaßen eine Zusam-
menfassung dessen ist, was der Mensch über sich selber denkt. Es ist
also gewissermaßen ein «Grüß Gott, wir sind hier»! Da muß man
sich natürlich vorstellen und sagen, wer nun hier ist. Und dieses
Telegramm, dieser Steckbrief des Menschen, ist ein mittelschweres
Kreuzworträtsel, weil die Nachricht binär verschlüsselt ist. Die einzige Sendemöglichkeit besteht darin, einen Impuls oder keinen Impuls zu senden und die Reihenfolge, in der nun etwas stattfindet oder
nicht stattfindet, daß ist dasjenige, was diese Wesen lösen müssen.
Wenn sie die entsprechende Technik haben, diese Nachricht zu empfangen, ist zunächst einmal das wichtigste, daß sie aus 1679 Bits
(Informationseinheiten) besteht. Und nun müssen die Herkulesbewohner zunächst einmal überlegen, warum gerade 1679 Bits? Und
wenn sie halbwegs vernünftig sind, dann werden sie gleich herausbe-
kommen, daß das eine Multiplikation aus 23x73 ist! Das müssen sie
als erstes herauskriegen, sonst ist es schon vorbei. Die ganze Radio-
wellenbotschaft dauert sowieso nur einen kurzen Moment, wird sie
aufgefangen, ist es gut, wenn nicht, haben wir sowieso Pech. Aber
wenn sie aufgefangen wird, dann ist diese Multiplikation das wichtige. Es kann nur diese Multiplikation sein, denn es handelt sich um
Primzahlen, die kein anderes Verhältnis geben. Dann müßten sie als
zweites erkennen, daß diese Bits in ein Quadrat aufzuteilen sind,
wovon der eine Teil 23 Biteinheiten und der andere 73 hat. Dadurch
bekommt man eine Rasteranordnung und dann folgen die Inhalte,
die sich daraus ergeben: Zunächst die Zahlen von 1 – 10 in binärer
Schreibweise. Damit wissen sie also schon einmal, daß wir zählen
können. Dann folgen die Zahlen 1, 6, 7, 8, und 15. Daraus sollen die
Herkulesbewohner schließen, daß für uns die Elemente 1, 6, 7, 8, und
15 im periodischen System ganz besonders wichtig sind, also mit
anderen Worten Wasserstoff, Kohlenstoff, Stickstoff, Sauerstoff und
Phosphor. Damit wissen sie jetzt, woraus wir bestehen, die Substanz,
und nun können wir anfangen, Chemie mitzuteilen. Als nächstes

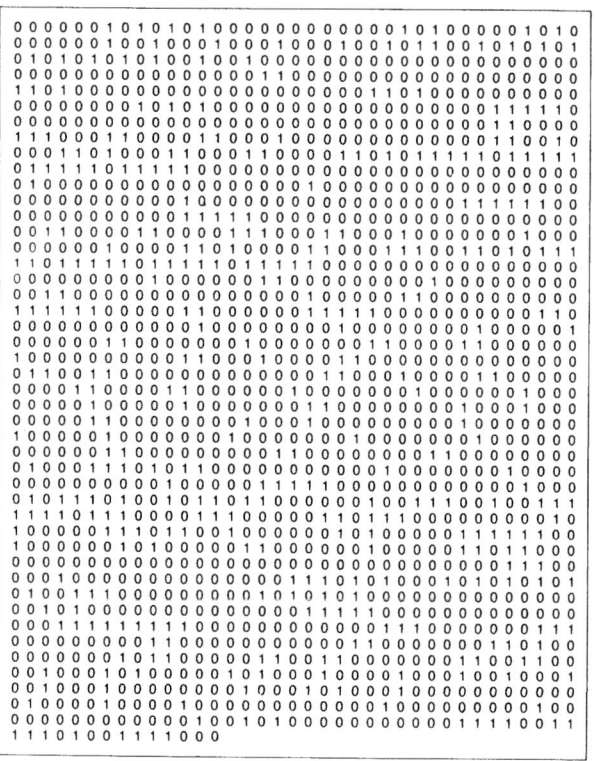

Abb. 39a: Die vom Observatorium in Arecibo in den Raum gesandte Botschaft besteht aus 1679 bits Information, also «ein»- und «aus»-Schaltungen.

wird ihnen ausgedrückt, daß die wichtigsten aus diesen Elementen gebildeten Substanzen sind: Thymin, Guanin, Alanin und Cytosin, als Kombination von 1, 6, 7, 8 und 15, so daß nun aus dieser Folge die chemische Formel der DNS-Basen gewonnen werden kann. Worauf ihnen mitgeteilt wird, daß davon 4 Milliarden vorhanden sind. Dann folgt eine verschlüsselte Zeichnung vom Menschen und über ihm die DNS-Doppelhelix und eine einfache Symbolisierung unseres Planetensystems mit der Sonne. Die Erde ist exzentrisch gezeichnet, weil sie besonders wichtig ist. Dann kommen zum Schluß noch die Abmessungen des Radioteleskops, mit dem das Ganze ausgeschickt worden ist. Also, diese unsere Kommunikation mit außerirdischen

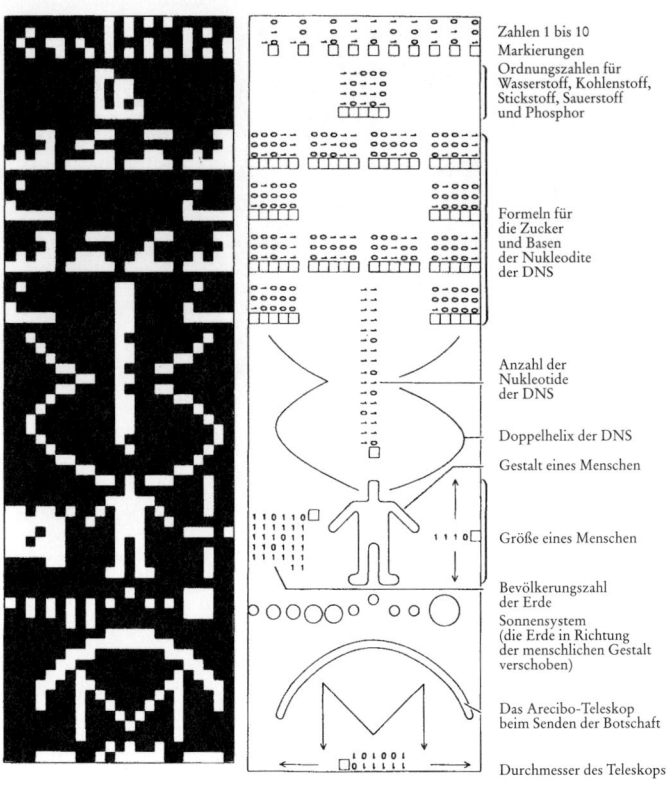

Zahlen 1 bis 10
Markierungen
Ordnungszahlen für
Wasserstoff, Kohlenstoff,
Stickstoff, Sauerstoff
und Phosphor

Formeln für
die Zucker
und Basen
der Nukleodite
der DNS

Anzahl der
Nukleotide
der DNS

Doppelhelix der DNS

Gestalt eines Menschen

Größe eines Menschen

Bevölkerungszahl
der Erde
Sonnensystem
(die Erde in Richtung
der menschlichen Gestalt
verschoben)

Das Arecibo-Teleskop
beim Senden der Botschaft

Durchmesser des Teleskops

*Abb. 39b: Die Anordnung der 1679 bits in 23 Spalten von je 73 bits ergibt
bei verschiedener Färbung für «ein» und «aus» das obige Muster.
(aus: Naturwissenschaftliche Rundschau, 38. Jg., Heft 3, 1985)*

Intelligenzen, durch die wir ausdrücken wollen, was wir sind und
wer wir sind, sagt aus, was der Mensch heute, über sich selber denkt:
Er ist die Summe von komplexen chemischen Strukturen. Und hiermit entsteht ein moralisches Problem.

Werner Heisenberg wurde von theologischer Seite vorgeworfen,
die Wissenschaft in ihrem Fortschritt hätte sich in die Situation
gebracht, daß sie heute Moral nicht mehr begründen könne. Heisenberg antwortete: «Das stimmt, aber die Theologie muß sich von uns
die Frage stellen lassen, ob sie das moderne Bewußtsein mitvollzogen
hat!» Also, es entsteht tatsächlich ein Problem. Die Art, wie der
Mensch heute über sich denkt, bringt die moralischen Maßstäbe, die

unserer Kultur zugrunde liegen, ins Wanken. So wird in dem sehr interessanten Buch «Philosophie in der veränderten Welt», von Prof. Walter Schulz[2] aus Tübingen darauf hingewiesen, daß z.B. die Rechtswissenschaft hoffnungslos veraltet sei. Sie geht doch davon aus, daß Menschen bestraft werden können, weil sie verantwortlich sind. Aber ein chemischer Apparat ist doch nicht verantwortlich zu machen! – Man sieht also, die wissenschaftlichen Gedanken über uns selbst lösen das, was wir denken, auf.

Wenn wir auf das antike Weltbild zurückschauen, das den Menschen an eine zentrale Stelle in der Welt stellte, verantwortlich für Tier, Pflanze und Mineral, und dann heute fragen: «Was ist der Mensch?» – «Ja, ein bestimmtes Säugetier.» – «Was ist aber ein Tier?» «Ein Lebewesen wie die Pflanzen.» – «Was ist eine Pflanze?» – «Das ist eben eine chemische Reaktionsweise, es gibt auch andere.» – Man sieht, von Stufe zu Stufe sucht man Halt, die Erkenntnis bricht zusammen. Schließlich: «Was ist ein Mineral?» – «Es besteht aus Atomen, Atome aus Subteilchen.» Das wissenschaftliche Denken findet keinen Halt! Es bricht zusammen, es ist kein *Grund* da. Es ist ein Abgrund, in dem die Vorstellung darüber, was der Mensch ist, hineinstürzt. So entsteht die Frage: Gibt es Möglichkeiten, diesen Absturz aufzuhalten? Kann man wissenschaftlich so über den Menschen denken, daß schon der erste Schritt lehrt, was ihn vom Tier unterscheidet, und kann man dann auch das Tier von der Pflanze, die Pflanze vom Mineral in einer Weise unterscheiden lernen, daß man es anschaulich begreifen kann?

Wenn Sie das in gewisser Weise hervorragende, zusammenfassende Buch von Desmond Morris «Der nackte Affe»[3] lesen, dann ist der erste Satz darin: «Es gibt 193 Arten heute bekannter Affen. 192 davon haben ein Fell, einer ist nackt – das ist der Homo sapiens, so nennt er sich; der ist stolz darauf, das größte Gehirn zu haben und verschweigt gerne die Tatsache, daß er auch den größten Penis hat. Ich bin Zoologe, Tierforscher und der nackte Affe ist ein Tier. Er folgt seinen Trieben und wird von ihnen beherrscht.» Der Mensch als Tier, das wird zu Kardinalfrage für uns, weil sich dabei eben die Frage der Verantwortung stellt. Der Mensch ist tatsächlich das Tier mit dem größten Penis. Er ist das triebhafteste Wesen, das es gibt. Der Mensch kann nämlich Bedürfnisse entfalten, die nicht aus seiner Natur kommen. Es kommt nicht aus seinem Magen, wenn er im

Januar Erdbeereis will. Das ist seine Erinnerung, eine ganz andere Quelle. Es kommt nicht aus den Organen des Menschen, das er unentwegt fortpflanzungsbereit ist. Das ist auch längst nicht in allen Kulturen so. Bei den Tieren ist das überall nicht so. Sie sind eingebunden in zeitliche Rhythmen, in Organrhythmen und sind nur zu ganz bestimmten Phasen fortpflanzungsbereit. Der Mensch aber koppelt sich ab und ist es immer. Und so gibt es kein Wesen, daß im sexuellen Bereich so triebhaft ist wie der Mensch. Und die Tatsache, daß er durch seine Gedanken, durch die hormonelle Verhütung jetzt noch eine Art gefunden hat, die Organgesetzmäßigkeiten völlig auszuschalten, ermöglicht es ihm, diesen Trieb nun ungehemmt zu leben, unabhängig von der biologischen Grundlage, in die er ursprünglich hineingestellt war. Er befreit sich von der Natur, so wie er sich – nach Harveys Entdeckung – in seinem Kreislauf in sich selbst begründet findet. Diesem typisch menschlichen Zug wollen wir nun in der Anatomie etwas nachgehen, immer mit der Frage nach der Verantwortung im Hintergrund.

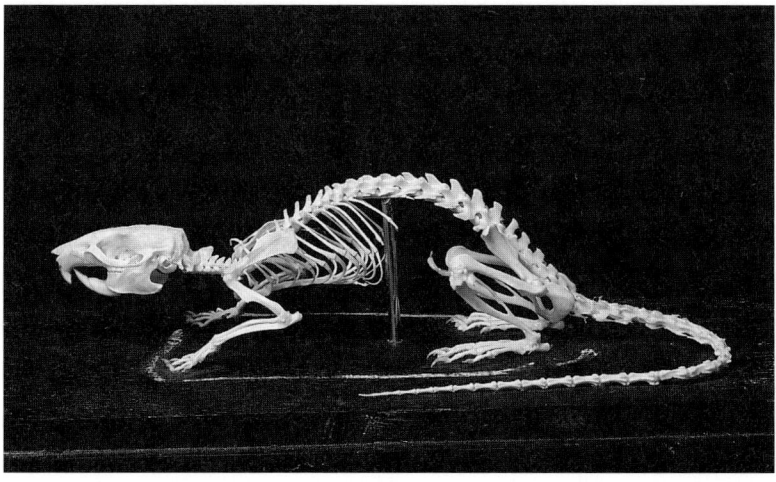

Abb. 40: Wanderratte

Schauen Sie sich bitte dieses kleine Tier an; es ist das Skelett einer Wanderratte. An ihm fällt zunächst auf, daß der Rücken der höchste Punkt ist. Ein schöner Bogen, der höchste Punkt ist der Rücken, und vorne daran angehängt ist der Kopf. Die Zehen sind nach unten gerichtet, denn sie ist ein Zehengänger, sie läuft auf den Zehenspitzen. Ihre vier Gliedmaßen sind in Winkeln gelegt, und diese Winkel werden von Muskeln umgriffen. Sie läuft, indem sie ruckartig die Glieder streckt – zum Sprung – und wieder zusammenklappt.

Die Bewegungsreserve, die sich in den mit gespannter Muskulatur angewinkelten Gliedern verbirgt, wird beim Känguruh noch gesteigert. Das Känguruh hat elastische Sehnen. Es springt einmal, und wenn es landet, werden die Sehnen durch den Aufprall wie Federn gespannt. Jetzt wollen die Federn sich zusammenziehen, verkürzen sich, das ist der nächste Sprung. Es muß also nur die Federkraft seiner Sehnen in Gang halten, und springt so ermüdungslos tagelang über die australische Steppe, bis zu 40 km/h schnell. Das ist Vierfüßigkeit – Bewegungsreserve in den Gliedern. Schauen wir nun, was passiert, wenn der Mensch versucht, dies nachzuahmen: Bei der Olympiade 1916, alle Läufer stehen aufrecht, wie bis dahin üblich, am Start zum 100 m-Lauf. Nur einer von ihnen kauert in Hockstellung, die Hände am Boden. Man lacht, welch ein komischer Kerl, kauert sich dahin, doch am Schluß hatte er gewonnen! Er hatte einfach die Winkelstellung der tierischen Gliedmaßen nachgeahmt. Dadurch wurde der erste Schritt nicht fallend, wie gewöhnlich, sondern ein Sprung! Der entscheidende Vorteil, der ihn zum Sieger machte.

Wenn Sie nochmals das Tier vergleichen: Was müßte es tun, um aufrecht zu werden? Es müßte sich als erstes in dieser horizontalen Achse durch die Hüftgelenke nach hinten kippen. Beim Pferd z.B. sehen Sie dies, wenn es sich aufbäumt, dann wendet es sich in der Hüfte hoch. Das macht es, wenn es vor einem Hindernis scheut oder wenn man den Zügel stark anzieht. Dann richtet es sich auf und bremst damit. Die Aufrichtung ist nicht eine Fortsetzung der Bewegung, sondern eine Umkehr des Bewegens nach vorne, ist in der Bewegungsfunktion eine *Bremse*. Und was erfolgt nun dadurch? Der erste Schritt aus der erworbenen Aufrichte ist ein Fallen, ein Verlust des Gleichgewichtes. Dies ist eine neue Situation, die schwer zu erlernen ist. Die Knie werden durchgestreckt, die Bewegungsreserve wird aufgegeben. Und diese aufrechte Haltung ist nun gar nicht so einfach zu stabilisieren, das Stehenbleiben. Am Kind können Sie es beobachten, es läuft zunächst auf allen Vieren, dann zieht es sich an irgendetwas hoch. Dann fängt es wohl auch an zu laufen. Und dann ist immer das Problem, jetzt soll es stehenbleiben. Da schwankt es, und es stürzt – denn Laufen ist einfacher als Stehen! Die gewisse Stabilisierung durch eine gleichförmige Bewegung in einer Richtung hält den Menschen leichter aufrecht als das ruhig pendelnde Stehen an einer Stelle!

Ein vierjähriges Kind beobachtet sein Brüderchen, das Gehen lernt; es beobachtet, wie er sich aufrichtet, hochzieht, mit den Armen, die sonst am Boden bleiben, sich jetzt einen Moment horizontal am Tisch festhält, und dann losläßt – und das vierjährige Geschwisterchen sagt: «Er hält sich an sich selber fest». Eine phantastische Beobachtung! Er hält sich an sich selber fest, er hat keinen äußeren Halt mehr. Dies ist die Anatomie der Aufrechte: Man sucht ein Zentrum *in sich*, der Schwerpunkt wird über die Mitte hinausgehoben und kommt in das Skelett selbst, in die untere Lendenwirbelsäule zu liegen.

Und damit diese Aufrechte nun dauerhaft erworben werden kann, erfolgt eine eigentümlich Umbildung der menschlichen Gestalt, die sie nicht von Geburt an hat. Es gibt ja manche Dinge, die dem Menschen von Geburt an gegeben sind, und andere Dinge, die er nicht von Geburt an hat, die er sich erst einrichten muß; er bildet seine Anatomie fort, es entsteht das Fußgewölbe. Wenn Sie sich z.B. bei einer Stehfeier beobachten – eine anstrengende Sache, man muß längere Zeit an einem Fleck aufrecht stehen bleiben. Die Not macht erfinderisch, und läßt einen entdecken, wenn man einen Fuß vor den anderen setzt, kann man an einem Ort etwas wippen – man verlagert das Gewicht von der Ferse etwas auf den Ballen und zurück. Man macht im Kleinen dasselbe, wie beim Gehen, verlagert das Körpergewicht von der Ferse auf den Ballen, vom Ballen auf die Ferse. Man geht auf der Stelle, im Stehen, man wippt. Und dieses Wippen auf der Stelle wird nun dadurch ermöglicht, daß der Mensch seinen Zweibeinstand in eine Art Vierbeinstand umwandelt – durch das Fußgewölbe. Durch den Muskelzug wird das Fußgewölbe aufgerichtet. Durch das so aufgerichtete Fußgewölbe kann er nun auf der Stelle, wo er steht, durchpendeln, hin und her, im Gehen stehen, im Stehen gehen – eine Verdichtung äußerer Bewegung auf einen Punkt!

Es ist sehr merkwürdig, wenn man mit Hilfe einer Gewichtsplatte eine Gewichtskurve während des Wippens aufzeichnet, dann wird jeweils für einen Moment das Gewicht kurz überschritten und dann unterschritten.[4] Der Mensch hat die Füße nicht vom Boden gehoben, er bleibt stehen im Wippen, und sein Gewicht fällt für einen Moment unter das Körpergewicht. Bei der Verlagerung des Gewichtes von der Ferse auf den Ballen und zurück wird das Körpergewicht jeweils kurz unterschritten, so als ob wir einen kleinen Sprung machen; wir gehen im Stehen! Der Fuß wird somit zu einem verdichteten kleinen Rückgrat. Was das Tier in seiner Wirbelsäule hat, mit der es die hinteren und die vorderen Beine verbindet, wird nun im kleinen wiederholt. Was beim Tier der Vierfußstand ist, indem die Wirbelsäule mit dem Becken die vier Gliedmaßen verbindet, wird hier nun am Menschen winzig klein in die Füße hinein verdichtet. Das Fußgewölbe wird beim Gehenlernen des Kindes zur Wirbelsäule zwischen Ferse und Ballen umgebildet. Das ist vielleicht noch nicht sehr sprechend, aber dadurch wird etwas sehr Bedeutsames möglich, daß der Mensch eben *Stehen* kann. Er erringt sich durch das Strecken seiner Glieder und das Stehen auf dem Fußgewölbe etwas außerordentlich wichtiges, nämlich die *Labilität*. Er ist nicht stabil – ein Nachteil in gewisser Weise – sondern er ist labil und muß eine schwankende Säule, wo Teil auf Teil getürmt ist, übereinander aufbauen. Und was hier unten so rätselhaft beginnt, offenbart sich in seiner ganzen Bedeutung erst am entgegengesetzten Pol, nämlich am Kopf.

Wir wollen hier nur einige wenige Merkmale betrachten (Abb. 41). An der Wanderratte sehen wir, wie hier hinten der Kopf von einer Einbuchtung im Hinterhauptbereich begrenzt wird. Vom Rücken her ziehen kräftige Muskelstränge zu dieser Einbuchtung des Hinterhauptes und halten ihn, daß er nicht herunterfällt. Der Kopf insgesamt wird von kräftigen Rückenmuskeln ergriffen, die sich von der Hals- und Brustwirbelsäule im Bogen zum Schädel herüberspannen und nach vorne bis in die Kiefermuskulatur hineinstrahlen.

Schauen Sie sich dieses Tier an, das ist eine Tigerdame. Der Unterkiefer wird gar nicht mehr von Muskulatur gehalten, die am Kopfe ist. Die Muskeln, die hier durch Anziehen den Schluß des Unterkiefers bewirken, greifen vom Rumpf bis auf den Unterkiefer über. Und Sie können es beobachten, wenn Sie einmal in den Zoo gehen und einer Raubtierfütterung beiwohnen, wie das Tier, indem es kaut, den ganzen Körper mitbewegt. Denn die Muskulatur hängt zusammen, greift vom Körper auf den Kopf über; der Kopf ist eingefaßt in

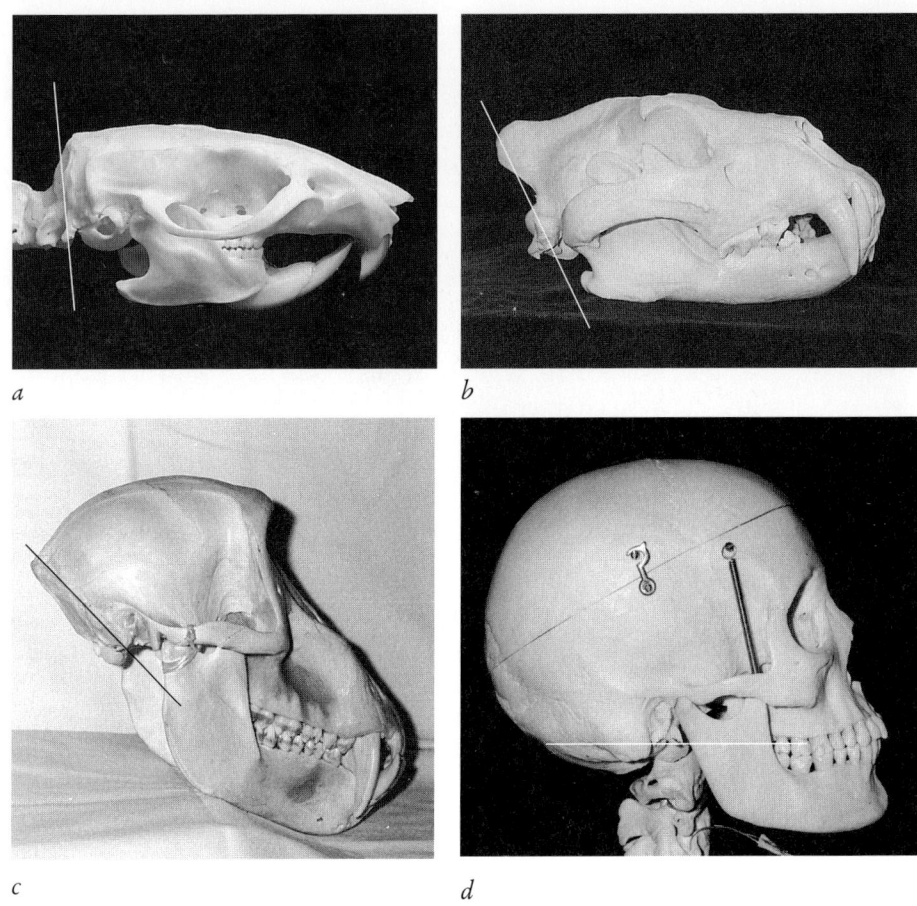

a *b*

c *d*

Abb. 41: Die Stellung der Schädelbasis bei
a) Ratte   b) Tiger   c) Affe   d) Mensch

Muskelschlingen, die ihn halten und die Kiefer bewegen. Die Lage
der Schädelbasis ist bei der Wanderratte fast ganz vertikal, hier beim
Tiger ist sie schräg, nach unten abfallend. Gehen wir zu einem sinnes-
wacheren Tier über, das den Kopf höher trägt. Die Schädelbasis ist
nicht mehr so vertikal, sondern neigt sich bereits: es ist ein erwachse-
nes Pavianmännchen. Die Schnauze ist weit vorgeschoben, große
Reißzähne, aber die Schädelbasis ist schon sehr viel flacher geneigt als
beim Tiger, und es ist schon eine gewisse Rundung des Schädels da,
die anzeigt, daß nicht mehr so viel von der Wirbelsäule gehalten

werden muß. Aber auch hier finden wir noch große Bögen, in denen die Rumpfmuskulatur hineingreift in den Kopfbereich. Beim Menschenkopf jedoch liegt die Schädelbasis horizontal, die Wirbelsäule strahlt von unten senkrecht hinein. Der Kopf wird nicht mehr vom Muskel getragen, sondern balanciert. Und dadurch entsteht etwas, was in der Evolution neu ist: ein nackter Knochen, der nicht von Muskel umgriffen ist, ragt kahl aus der Muskelmasse heraus. Dort, wo die Mönche sich rasieren, darunter ist blanker Schädel ohne Muskeln – eine eigentümliche Sache. Die Muskulatur kommt an eine Grenze und greift nur noch von unten zum Bewegen herein, bis an die Hinterhauptslinie, dann ist Schluß. Und oben wird der Kopf frei getragen, balanciert; er ist nicht mehr von Muskeln umgriffen, d.h. nicht mehr Gliedmaße. Er hat sich herausgelöst aus dem Bereich der Gliedmaßen, er wird oben an der Kalotte unbeweglich, die Knochennähte verschweißen und die Schädelform wird nicht mehr von außen durch die angreifende Muskulatur plastiziert, sondern ist Ausdruck der Wachstumskraft eines Innenorgans, wo der Mensch sein Zentrum in sich hat. Die äußere Gestalt des Schädels ist der Abdruck des Wachstumsdruckes des Gehirns, das von Hirnwasser umflossen ist und allseitig wirkt; es greifen keine äußeren Kräfte an. Damit entsteht also ein neuer Bezugspunkt im Inneren. Sie merken, das ist ein empfindlicher Übergang von der Vertikalen zur Horizontalen. Es geht natürlich diese Aufrichtung gradweise, alles geht gradweise, aber in dem Moment, wo die Horizontale erreicht ist, ist eben etwas Neues entstanden, weil der Kopf zum ersten Mal balanciert werden kann. Alles andere muß gehalten werden.

Wir haben also unten die Glieder, die sich beim Tier nicht aus der Schwere herausheben und in Winkeln liegen und getragen werden müssen. Sie haben enorme Bewegungsreserven, aber durch ihre Stellung müssen die getragen werden. Das Senkrecht-, das Vertikal-Stellen der Knochen beim aufrechten Menschen, bringt die Muskulatur auch unten in eine neue Funktion. Die menschlichen Knochen nehmen einen Großteil der Schwerkraft in sich auf, die beim Tier weitestgehend durch die Muskulatur überwunden werden muß. Aber unten im menschlichen Skelett haben wir bei der Aufrichtung den Vorgang, daß der Knochen, das Bein sich ganz in die Richtung der Schwerkraft hereinstellt. Wenn Sie sich die Erde vorstellen und den Menschen, der auf ihr steht, dann geht die Schwerelinie in seinen

Beinen durch ihn durch, er stellt seine Glieder ganz in die Schwere. Das Tier wendet sich aus der Schwere, doch hat es die Tendenz, in sich zusammenzusinken. Das Tier ist mit seinen Gliedern in der Schwere gebunden. Der Mensch verwandelt die Knochen zu erwas, was wiegt, zu etwas, das stützt, indem er die Beine unten ganz in die Schwere *hinein*stellt, indem er einen Knochen vertikal auf den anderen türmt. Dafür kann er oben den Kopf ganz aus der Schwere *heraus*heben. Aber so, wie er unten sich nicht nur ganz hineinstellt, sondern in dem Fußgewölbe sich wieder ein bißchen herauszieht, ebenso hat er im Kopfbereich einen Vorgang, wo er sich durch das Balancieren des Schädels auf der Halswirbelsäule nicht ganz aus der Schwere herauszieht, sondern ein Organ wiederum in die Schwere hineinsenkt. Das Fußgewölbe wird nachträglich geschaffen, durch Muskelzug aus der Schwere herausgehoben. Hier im Kopfbereich wird ein Organ in die Schwere hineingesenkt, das durch Muskelzug nach unten heruntergezogen wird, und auch nicht von der Natur gegeben ist, das ist der *Kehlkopf*.

Der Kehlkopf entsteht in der Tierreihe als der Verschluß der Luftröhre; er schließt ab, damit beim Schlucken die Speise nicht in die falsche Röhre kommt. Diese Funktion hat er auch beim kleinen Kind noch. Er steht ganz oben am Rachen und macht zu. Und dann beginnt das Kind zu schreien: durch das Schreien wird die Muskulatur hier gestärkt, und der Kehlkopf wird schrittweise heruntergezogen und kommt in eine neue, vom Racheneingang nach unten gesenkte Lage. Das ist eine sehr wichtige Tatsache. Wenn Sie einen Tierlaut anhören, das Meckern einer Ziege, oder das Muhen einer Kuh, und Sie hören genau hin, dann werden Sie merken, daß die Kuh nicht etwa MUH sagt und der Hund nicht WUFF, sondern das ist etwas ganz anderes. Es ist nicht WUFF, es ist ein Mischlaut. Es ist ganz schwer, genau zu sagen, was der eigentliche Vokal ist, und was der Konsonant, denn beides dringt ineinander. Das hängt mit der Stellung des Kehlkopfes oben am Rachenende zusammen.

Durch das Schreien des Kindes wird nun der Kehlkopf heruntergezogen und kommt in eine neue Stellung. Es entstehen zwei Orte der Lautbildung: Der Kehlkopf, in dem das Tönende der Stimme entsteht, wird nach unten gezogen, während Mundhöhle, Nase und Nasennebenhöhlen, die den Atemstrom formen, sich nach oben hin weiter entwickeln. Von der Nase aus dringen die Lufthöhlen von unten nach oben in den festen Schädelknochen vor: Zunächst die Kieferhöhle, die sich während des ersten Jahrsiebtes zwischen Oberkieferzähnen und Augen ausbildet, dann die Siebbeinzellen und die Keilbeinhöhle, zwischen Augen- und Stirnpartie gelegen; als Drittes folgt die Stirnhöhle, am weitesten nach oben hinauf sich erstreckend, deren Wachstum einen Abschluß findet, wenn der Mensch erwachsen ist. Die absteigende Entwicklung des Kehlkopfes findet so ihre spiegelbildliche Entsprechung in der aufsteigenden Entwicklung der Nasennebenhöhlen. Unten im Kehlkopfbereich entsteht das Tönende der Stimme, das bei den Vokalen dominierend ist, oben im Mund- und Rachenbereich und den Nasennebenhöhlen das formende Element der Artikulation, das beim Konsonantieren betont ist. Auch hier dieselbe Geste: Was beim Tier sich ineinander schiebt, wird beim Menschen getrennt und dazwischen entsteht die Steigerung: Was zwischen oben und unten atmet, wird im Wort, im Sprechen und Singen Ausdruck eines höheren Bewußtseins, eines Geistigen.

Schauen Sie den mittleren Menschen, den Rumpfbereich am Skelett an: Hier am Kopf ganz herausgehoben, da in den Beinen ganz hereingestellt, und in der Mitte ein Organ, das sich ziemlich in die Schwere hereinstellt – nicht ganz gerade wie das Bein, sondern schlängelnd aus der Schwere heraus und wieder in sie hinein, und wieder heraus und herein: die Wirbelsäule. Das andere Element der Mitte sind die Rippen, sich ziemlich heraushebend aus der Schwere, bei jedem Atemzug sich hebend und dann wieder zurücksinkend. Und während die Rippen sich heben und aus der Schwere herausgehoben werden, streckt sich die Wirbelsäule und wird gliedmaßenähnlich, indem sie sich etwas mehr in die Schwere hineinstellt. Und während der Mensch ausatmet und die Rippen sich in die Schwere hineinsenken, beugt sich die Wirbelsäule etwas mehr und geht aus der Schwerelinie heraus, immer hin und her, *unentschieden*. Und schauen Sie die Rippen an, die erste Rippe oben, sie ist so gezogen, daß die Krümmung über die Kante geht. Stellen Sie sich ein Lineal vor. Das kann leicht über die Fläche gebogen werden. Man könnte es auch so biegen, über die Kante, nicht wahr? Das ist jedoch sehr schwierig, denn gegenüber der Kantenkrümmung erweist sich eine flache Bildung wie ein Lineal oder eine Rippe als sehr hart, sie leistet Widerstand. Die oberste Rippe hat wenig Bewegungsspielraum und Kantenkrümmung: die Härte, das Festigkeitsprinzip des Kopfes wieder-

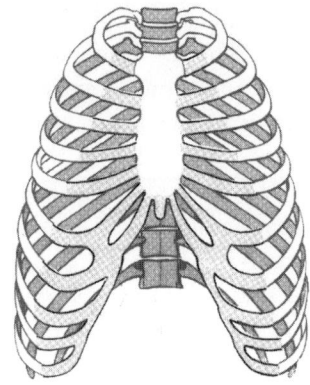 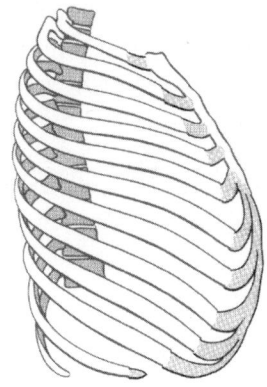

A. Expirationsstellung des Brustkorbes
von vorne

B. Expirationsstellung des Brustkorbes
von der Seite

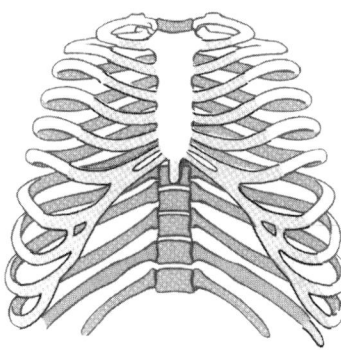 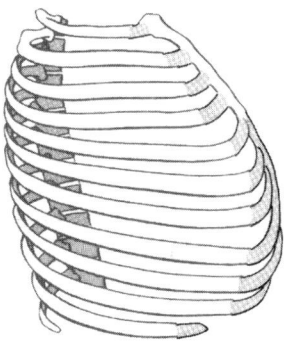

C. Inspirationsstellung des Brustkorbes
von vorne

D. Inspirationsstellung des Brustkorbes
von der Seite

Abb. 44: Stellung der Rippen und der Wirbelsäule beim Ausatmen und Einatmen. (aus: W. Platzer, Taschenatlas der Anatomie, Bd. 1)

holt sich. Die zwölfte Rippe ist frei beweglich, nicht mehr am Brustbein fixiert und hat Flächenkrümmung. Und alle Rippen dazwischen weisen *doppelt gekrümmte* Flächen auf, halb und halb, unentschieden! So wie der ganze Mensch sich leiblich im Atmen und Herzschlag schwankend darlebt, so erlebt er sich auch innerlich-seelisch

153

zerissen zwischen Sympathie, Antipathie, Freude und Trauer, Vereh-
rung und Verachtung, ein unstetes, unsicheres Wesen, in der Mitte
stehend, unsicher sich bewegend, suchend. Tollkühnheit, Feigheit,
Pflicht und Neigung, alles gemischt, unentschieden: «zwei Seelen
wohnen, ach, in meiner Brust; die eine will sich von der anderen
trennen – ...» (die eine neigt zum Kopf, die andere zur Erde) – die
eine will sich hinwegheben «zu den Gefilden hoher Ahnen, die
andere hält sich an der Welt mit klammernden Organen!»[5] (Goethe).
Das ist der mittlere Mensch: zerissen und frei, er kann sich entscheiden. Hier ist der Mensch anders als das Tier.

Goethe hat sich in diesem Zusammenhang sehr für den Zwischenkieferknochen interessiert. In seiner ersten Veröffentlichung,[6] in der
er darüber schreibt, daß auch der Mensch einen Zwischenkiefer hat,
wird es noch gar nicht so deutlich. Es war ja so, daß in der damaligen
Zeit ein großer Streit ausgebrochen war, ist der Mensch nun ein Tier
oder nicht? Und es war nun gerade festgestellt: alles ist ähnlich, der
Unterschied zusammengeschrumpft bis auf ein Merkmal – nämlich
man hielt sich daran fest, Gott-sei-Dank, der Mensch hat keinen
Zwischenkieferknochen. Alle Tiere haben einen Zwischenkieferknochen, der Mensch hat keinen, also ist er kein Tier! Der Zwischenkieferknochen wurde zum Aufhänger, um den Unterschied von Mensch
und Tier zu beweisen. Das war Goethe ganz zuwider, schien ihm
viel zu äußerlich. Intuitiv war er der festen Überzeugung, daß selbstverständlich auch der Mensch einen Zwischenkiefer haben müsse.
«Höchst merkwürdig scheint es zu sein, daß durch eine geheimnisvolle Übereinstimmung, bei vollkommener Tätigkeit der Hand auch
zugleich die Vorderzähne eine höhere Kultur bekommen».[7] Er beob-
achtete es genau bei allen Tieren, auch beim Eichhörnchen, welches
ihm besonders gut gefiel. Das Eichhörnchen hat einen besonders
feinen menschenähnlichen Zwischenkiefer – weil es die Hände frei
benützt!

Die Tiervorderpfote, die in die Schwere eingebunden ist, wird ganz
verbraucht für die Fortbewegung. Dadurch wird das Maul, der Mund
mit den Zähnen zum Greiforgan. In dem Moment, wo der Mensch den
Kopf hebt und die Hand zum Greifen benutzt, wird der Kopf vom
Greifen entlastet, und bildet sich fort zur Sprache; und die Hand wird
das befreite Organ des Handelns. Es kann der Mensch im Mittleren,
wo er sich vom Tiere abhebt, nun seine Taten einrichten, wie er will.

Abb. 45: Chinesische Göttin mit acht Armen.
(aus: H. Demisch, Erhobene Hände)

Man könnte noch manches zeigen, z.B. wie sich das Sonderproblem der Aufrichtung funktionell im Schultergürtel auswirkt. Ein großes Problem – wie macht man es von unten, daß etwas nach oben kommt? Das Schultergelenk, das sich auch aufrichtet, nach vorne gebildet ist, und sich im Zusammenspiel mit dem Schulterblatt nach oben stellen kann; der Umgang mit der Hand – ein großes Rätsel, ein großes Problem, ein Bewußtseinsproblem.

Sie können sich ja vorstellen, Sie haben die Hände nun frei, Sie können verschiedenes tun. Die Schwierigkeit des Handelns ist, wie man es bewußtseinsmäßig ergreift. Die Schwierigkeit z.B. beim Geigespielen oder beim Klavierspielen ist ja diese, daß die beiden Hände etwas unterschiedliches tun. Die eine Hand spielt Akkorde und die andere einen Lauf. Nicht so einfach. Es übersteigt fast das Bewußtsein. Deswegen muß man die Hände auch einzeln üben. Und es ist erstaunenswert, daß es dann zusammenkommt. Die Bewußtseinskräfte reichen nicht ganz aus. Nun können Sie verstehen, warum in der Mythologie Wesen, welche ein übergroßes Bewußtsein haben, das über den Menschen hinausreicht, als eine Gestalt mit vielen Armen dargestellt werden, z.B. in Indien, in China. Eine Gottheit mit acht Armen. Der Arm wird gesteigert, er ist frei, nach oben und unten greifend. Und was im Osten mit vielen Armen dargestellt wurde, das hat in der christlichen und jüdischen Mythologie ein anderes Bild – dort erscheint es als Flügel. Das ist der Engel, der über dem Menschen steht. Die Steigerung der oberen Gliedmaßen zu einer höheren Handlungsfähigkeit durch ein umfassenderes Bewußtsein, das acht Arme beherrscht, oder eben Flügel. Und so sehen wir den Menschen gleichsam aus der Mitte hervorgehen, aus der Mitte zwischen dem umfassenden Bewußtsein der Götter und der Erdengebundenheit der Tiere. Er löst sich heraus, indem er einerseits die unteren Gliedmaßen in die Schwere hineinstellt, andererseits den Kopf in die Leichte hinaufhebt; dazwischen gewinnt er einen freien Bereich, wo er sich nach oben und nach unten entscheiden kann. Verantwortung im Handeln aus Freiheit. Das ist das Problem des Menschen, wie er sich orientiert.

Das Suchen nach Kontakt mit außerirdischen Intelligenzen, zu dem wir heute Naturwissenschaft und Technik benützen, gab es auch schon früher, wenngleich es ganz anders verstanden wurde. Jakob sah den Himmel offen, und die Engel des Herrn stiegen auf der Leiter auf und nieder. «Und er rang mit einem Geist, mit einem Engel bis zum Morgengrauen und ließ ihn nicht los und sagte: ‹Ich lasse dich nicht, du segnest mich denn.›» Er ringt mit dem, was über ihm steht. Es ist ein ganz besonderer Engel: Michael. Derselbe, den wir in der Herbsteszeit feiern in dem Bilde, in dem er aufrecht steht mit dem Tier unter den Füßen. Und er hat den Namen: *MICHAEL*, – EL heißt Gott, Wer-ist-wie-Gott? – und stellt sich uns dar in diesem unglaublichen Bild, stehend auf dem Tier. Diese Stellung, das Stehen, das aufrechte Stehen auf der Horizontalen, auf der Wirbelsäule, wiederholt der Mensch im Sprunggelenk, wenn er mit dem Bein vertikal, aufrecht, auf dem Fußgewölbe steht! Er macht das in seiner

Abb. 46: Michael auf dem Tier stehend
(Meister von Llucá, Katalonien um 1200)

Anatomie, was dieses Wesen als Überwindungsgeste mythologisch-bildhaft ausdrückt: Das Aufrechtstehen auf dem Tier! Der Mensch auf dem Tier, geistig – bildhaft, funktionell wie auch anatomisch, indem er auf dem Fußgewölbe steht.

Was hier anatomisch in der ganzen Gestalt sichtbares Bild ist, das ist dasselbe in anderen Bereichen. Im Kiefer, den er zurückzieht, wiederholt er die Aufrichtung. Im Unterschied zu den Primaten wird beim Menschen der Kiefer unter die Stirn zurückgezogen, so daß die Augen *über* den Kiefer kommen, und die Stirn noch darüber zu liegen kommt. Das Prinzip des Hintereinander beim Tier – Gehirn, Augen, Kiefer, wird verwandelt in ein Übereinander von Kiefer, Augen und Kopf. Der Teil wiederholt das Ganze! Das ist der Begriff des Typus. Der Mensch ist *durch und durch menschlich* geprägt, aufgerichtet, der Teil wie das Ganze. Und wie er sich im Hüftgelenk nach hinten wendet, wenn er sich aufrichtet, so wird der Kiefer zurückgezogen. Man kann es auch am Gehirn sehen, es wächst das Großhirn nach rückwärts über das Mittelhirn und Stammhirn, nicht nach vorwärts. Man kann es bis ins einzelne verfolgen, wenn Sie hier schauen, der Austritt des Nervus mentalis, des Kinnerven, aus dem Unterkiefer verläuft nach rückwärts, beim Affen ist es umgekehrt. Die Richtung der Begierde beim Tiere, das sich nach vorn bewegt, um etwas zu schnappen, wird beim Menschen angehalten, umgewandelt, der Kiefer eingezogen. So wird die Überwindung des Tieres am Gesichtsschädel wiederholt, Aufrichtung am Teil. Und in der Hand zieht er die Klauen zurück und bildet ein Organ aus, welches *unbestimmt* ist, zu vielfältigem Gebrauch geeignet.

Beim Tier ist alles ineinandergeschoben, die Knochen der Glieder zur Fortbewegung zusammengeklappt, der Kopf Gliedmaße, die Wirbelsäule der leichteste Punkt. Das Gemischte der horizontalen Organisation des Tieres trennt sich beim Menschen und wird in drei Teile verwandelt, ein Unteres wird in die Schwere gestellt, ein oberes in die Leichte, und dazwischen atmet ein Unentschiedenes. Es entstehen durch eine Entmischung drei Glieder. Das ist die leibliche Aufrichtung. Was sich im Kindesalter leiblich vollzieht, kann der erwachsene Mensch aus der errungenen Freiheit der Mitte auch im Seelischen fortführen. Was sich in seinem Seelenleben natürlicherweise mischt, wird in Denken, Fühlen und Wollen getrennt, entwickelt sich auseinander. Nun geht es in der Konzentration darum, den Willen zu stärken, damit auf der anderen Seite das Denken frei und beweglich wird und sich von der gegenständlich gegebenen Erdenumgebung zu lösen vermag.

Diesen Vorgang übend verfolgen, heißt, über sich hinausgreifen: Das, was Rudolf Steiner mit dem Buch *Wie erlangt man Erkenntnisse der höheren Welten?*[8] anspricht, ist die Gesetzmäßigkeit einer seelischen Trennung und Befreiung – daß man nicht das denkt, was man gerade will oder was man sympathisch findet, sondern daß man *rein* wird im Denken, *rein* im Wollen, und in sich *frei* im Fühlen. Das ist das Bestreben der Anthroposophie, daß sie dadurch den Menschen über sich hinausführt zu einer wirklichen Verbindung mit geistigen Wesen, die ihn real umgeben, und denen gegenüber er in einem Verantwortungsverhältnis ist.

Was in der Antike gefühlt wurde und in so einem Bild wie bei dem von Jakobs Kampf mit dem Engel Ausdruck fand, kann auf neue Art heute jedem Menschen geistige Erfahrung werden, so daß er nicht 25 000 Jahre warten muß, bis er eine Verbindung zu Wesen im Kosmos gefunden hat.

Die gegliederte menschliche Gestalt
als Ausdruck leiblich-seelischer Gesetze

Die Frage, die wir angehen wollen, ist, wie man den Menschen ansehen kann, wie man methodisch, wissenschaftlich, erkenntnismäßig auf ihn zugehen kann, damit man ihn begreift.* Es ist nicht so einfach, den Menschen zu verstehen oder einen Weg zu finden, ihn zum Gegenstand der Erkenntnis zu machen, ohne daß dabei nicht ganz vieles ausgeschlossen wird. Es ist ja selbstverständlich, daß für einen Arzt, für einen Lehrer, eigentlich in jedem Beruf, ganz viel davon abhängt, wie man den Menschen verstehen kann. Besonders, wenn man in einem Beruf tätig ist, der mit Menschen umgeht, dann genügt ja nicht einfach guter Wille.

Ich kenne z.B. ein Familie, die erzieht ihr Kind sehr streng, damit es gerüstet sein soll für das Leben, was eben nicht so erfreulich ist in vielen Dingen. Und es soll gewissermaßen Kräfte entwickeln durch diese Strenge, um sich durchsetzen zu können. Ich kenne eine andere Familie, da sind die Eltern selber sehr streng erzogen worden und haben sehr gelitten darunter – und sind ganz erfüllt von dem Gefühl, mein Kind soll es besser haben. Sie haben das Gefühl, es ist übermäßig, was ihnen abverlangt wurde, sie sind behindert worden. Und diese verwöhnen ihr Kind. Bei beiden Elternpaaren herrscht ganz zweifellos guter Wille in Bezug auf dasjenige, was sie wollen für ihr Kind. Und in beiden Fällen hat man das Gefühl, der Ausgangspunkt müßte eigentlich der sein: Was braucht ein Kind in einem bestimmten Lebensalter – und nicht der, was hat man selber entbehrt.

* Öffentlicher Vortrag am 15. Mai 1990 an der Universität Freiburg im Rahmen einer Vortragsreihe zum Thema: «Goetheanistische Naturwissenschaft – Einblicke in ein ganzheitliches Konzept der Biologie und Medizin». Veranstalter war die anthroposophische Studentengruppe in Freiburg, die Einladung ging an alle Fakultäten und die Öffentlichkeit.

Also, es geht um die Frage der Erkenntnisbildung demjenigen gegenüber, womit man es zu tun hat. Und so ist die Erkenntnisbildung dem Menschen gegenüber ein Problem. Ich möchte darauf hinweisen und betonen, daß ich, obwohl ich jetzt anders vorgehen werde, als es gewöhnlich an einer Universität unterrichtet wird, im Fach Biologie, Anthropologie oder Medizin, ich damit nicht primär eine Kritik verbinden möchte – jedenfalls nicht an der inneren Gesinnung. Es ist ganz viel moralische, aufrichtige Gesinnung darin, den Menschen anzusehen als ein komplexes, biochemisches Gebilde. Es liegt darin eine gewisse Überwindung, denn angenehm ist das für keinen Menschen mit dieser Haltung zu leben. Es muß schon ein bestimmtes Ideal der Aufrichtigkeit in einem leben, wenn man dennoch sich entschließt, ein solches Bild vom Menschen innerlich vor sich hinzustellen, daß sich dann auch auflöst nach dem Tode. Die Tatsache allein, daß das mit einer Überwindung verbunden ist, macht aber auch die Sache noch nicht geeignet, eine richtige Verständnisgrundlage zu bilden, um den Menschen zu verstehen.

Wir betrachten die Organe. Die Organe als solche sind unverständlich. Wir betrachten die Gewebe, die Gewebe sind unverständlich. Wir wissen nicht, wie sie zustande kommen. Wir betrachten die Zellen – die Zellen sind, so wie sie da sind, unverständlich. Wir betrachten Plasma und Kern – Plasma und Kern sind so, wie sie auftreten, unverständlich. Wir betrachten den Kerninhalt und kommen zu den Genen und Chromosomen, diese sind unverständlich. Wir betrachten sie in Bezug auf ihre biochemische Struktur – diese ist unverständlich, und wir betrachten sie als das Ergebnis einer langen Zufallsauslese in der Evolution, als irgendwie vorhandene Substanzen. Man bemerkt eine Tendenz, die Frage immer weiter, immer weiter zu verschieben, bis man schließlich auf dem Niveau der Biochemie ist, einer Ebene, auf der man das eingeübte, schulisch ab der ersten Klasse eingeübte Denken, ohne weiteres anwenden kann, und denkt sich dann, der Mensch sei irgendwie wieder die Zusammensetzung aus der Summe dieser biochemischen Vorgänge. Es ist aber die Frage, ob damit nicht etwas ausgeklammert ist, indem man die Sache so verschoben hat auf dieses Niveau, auf diese Dimension, um die bekannte, entwickelte Erkenntnismethodik beibehalten zu können.

Nun, die Frage, die wir jetzt angehen wollen, ist die Frage nach der geeigneten Art, den Menschen anzusehen, ihn in der Form anzusehen, wie die Anthroposophie glaubt, ein Angebot machen zu können. Ich möchte dabei betonen, daß die Anthroposophie zwar methodisch glaubt, ein Angebot machen zu können – was allerdings die Ergebnisse anbelangt, sich außerordentlich am Anfang fühlt. Also, die Frage ist zunächst die der Dimension des Erkennens, und ein Grundgedanke ist nun der, daß, wenn man ein lebendiges irgendwie ganzheitlich zusammenwirkendes Lebewesen, wie den Menschen, wie ein Tier, auch eine Pflanze verstehen möchte, daß dann die Dimension, in der man dieses betrachtet, nicht gleichgültig ist, weil so ein Wesen nicht auf jeder Dimension bestehen kann. Der Mensch hat eine ganz bestimmte Dimension, das ist er selber, als Ganzer. Denken Sie sich, es blickt Sie jemand an und Sie schauen ihm in die Augen und es wird Ihnen zum Rätsel, was eigentlich in dieser Blickbegegnung lebt und Sie fragen sich, was dieses ganz ungewöhnliche ist, was Ihnen da aus der Pupille entgegen kommt. Und Sie würden sich einen Augenspiegel kaufen und jetzt hereinleuchten in die Pupille; dann würden Sie auf die Netzhaut blicken und schließlich auf Stäbchen und Zapfen, und Sie hätten damit die Wahrnehmung, die Dimension, aus der das Erlebnis kommt, verlassen zugunsten einer anderen Wahrnehmungsdimension, in der das nicht mehr auftreten kann. Die Dimension ist somit nicht gleichgültig, und für eine ganzheitliche Betrachtung wird es nun wesentlich, vom Ganzen auszugehen.

Es ist ein methodischer Rat Rudolf Steiners: «Gehen Sie vom Umfänglichen aus in der Erkenntnisbildung, nicht vom Teil».[1] Das Teil ergibt sich als untergeordnet, eingeordnet in das Ganze. Sie haben dann das Phänomen, um das es Ihnen geht, im Auge. Anders, wenn Sie von den Teilen ausgehen, dann haben Sie das Phänomen, um das es Ihnen geht, verlassen und können auch, indem Sie es immer weiter aufbauen, das Ganze erkenntnismäßig nicht finden, weil Sie dann eine Aggregation haben, die das Formelement nicht eigentlich als Phänomen enthält. Also: «Gehen Sie vom Umfänglichen aus».

Ich habe einmal eine Fotoserie gesehen, die war so aufgebaut, daß man zuerst ein Auge sah, dann trat man sozusagen etwas zurück, sah auf einem nächsten Bild ein wenig mehr, einen Teil des Gesichtes. Nun stellen Sie sich vor, Sie bemerken, daß neben dem Auge Lachfältchen sind. Sie treten noch einen Schritt zurück und bemerken dann ein Gesicht, Lachfältchen, und der Mund ist etwas zum Lächeln verändert. Sie treten noch weiter zurück – Sie sehen einen alten Mann, der mit

161

ausgebreiteten Armen dasteht. Sie gehen noch einen Schritt zurück, und Sie sehen ein Kind, daß auf den alten Mann zuläuft, der es mit dem Lächeln und den ausgebreiteten Armen erwartet. Jetzt bemerken Sie: Das Phänomen des Blickes ist eingebunden in einen ganzen Zusammenhang. Das Gesetz, das es zu erkennen gilt, ist der ganze Zusammenhang: die Erwartung des Kindes, das auf den Mann zuläuft, der es in die Arme nehmen will – und das Auge mit seinen Lidern macht das mit. Die Ursache für die Bewegung, könnte man nun physiologisch sagen, sind die Aktionspotentiale der Nerven. Das ist nicht falsch – aber man versteht daraus nichts. Die Ursache für das Ganze ist der Zusammenhang, mit dem der Mann in der Erwartung des Kindes steht, und dieser Zusammenhang erklärt das Verhalten. Also, je nach dem, in welcher Dimension man schaut, sind die Phänomene, die man kennenlernt, andere. Und wenn es um ein ganzheitliches Wesen wie den Menschen geht und man ihn sachgemäß begreifen möchte, muß man sich des ganzen Zusammenhanges bewußt sein und in der Lage sein, diesen immer in allen Einzelheiten festzuhalten und dann zu prüfen, wie sich der Teil ins Ganze einordnet.

Ich möchte noch eine zweite methodische Vorbemerkung machen, um mich nachher kürzer fassen zu können. Ich werde jetzt versuchen, zweimal das gleiche geometrische Gesetz unterschiedlich zu beweisen – einmal so, daß ich in der Dimension bleibe, das andere Mal, daß ich die Dimension verlasse. Damit Sie sehen, wie zwei unterschiedliche Denkbewegungen mit dem Vorgang, den ich dann nachher an der menschlichen Gestalt ausführen werde, verbunden sind.

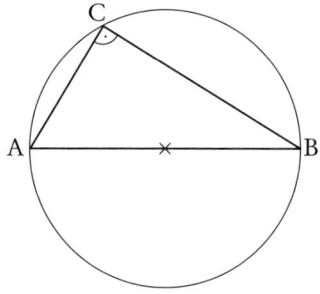

Abb. 47

Dies ist ein Dreieck, dessen Grundlinie durch den Mittelpunkt eines Kreises geht und dessen Eckpunkte sich auf der Kreislinie befinden. Das ist eine Demonstration des Winkels im Halbkreis, der nach dem Satz des Thales ein rechter Winkel ist. Nun ist dieses natürlich unsicher, solange man diesen Satz nicht vollständig verstanden und bewiesen hat, denn es könnte sein, daß irgendwo ein ganz besonders raffinierter Winkel dabei ist, so ganz schräg, der vielleicht kein rechter ist. Also, solange man dies nicht wirklich durchschaut hat, würde man seinen Kopf nicht darauf verwetten. Nun gibt es einen praktischen Beweis, den ursprünglichen aus dem Griechentum, der ist so, daß man sich sagt: Diese Sehne als Grundlinie des Dreiecks ist ein Spezialfall, es kann auch eine solche Sehne geben, die ist klein oder noch kleiner. Und wenn ich eine so schmale Sehne habe, dann ist der Winkel spitz, und wenn sie noch schmaler ist, ist er noch spitzer, und wenn es nur noch ein Punkt ist, dann sind beide Schenkel zusammengefallen und die Sache ist ein Strich.

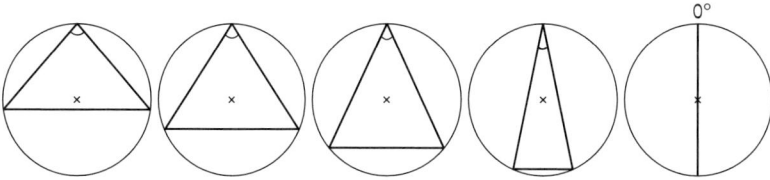

Abb. 48

Also, man läßt die Sehne sozusagen hier herunterwandern und bemerkt, wie spitze Winkel entstehen. Ich kann das andere machen, kann die Sehne höher wandern lassen, und merke dann, wie stumpfe Winkel entstehen. Schließlich haben wir eine Tangente und es fällt der ganz stumpf gewordene Winkel zusammen, und wir haben den gestreckten Winkel, also 180°.

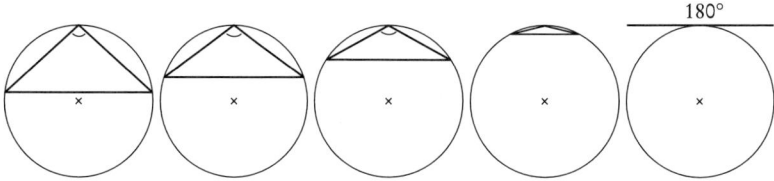

Abb. 49

Wir haben hier 0° und dieser Strich ist genau in der Mitte, also die Mitte zwischen 180° und 0° – der Winkel im Halbkreis ist ein rechter. Diesen Beweis finden Sie in keinem heutigen Geometriebuch, dort wird die Sache rechnerisch hergeleitet.

Jetzt die andere Art des Beweises: Hier ist wieder der Halbkreis mit dem Winkel. Jetzt bitte ich Sie gut darauf zu achten, wie anders der Vorgang ist im jetzigen Beweis, der zu dem genau gleichen Ergebnis führt: Hier ist die Mitte des Kreises und der Grundlinie. Von dort zeichne ich eine Hilfslinie zur Spitze des Dreiecks, es ergibt sich vom Mittelpunkt aus dreimal der Radius r. Wir bekommen also zwei gleichschenklige Dreiecke – ACD und BCD.

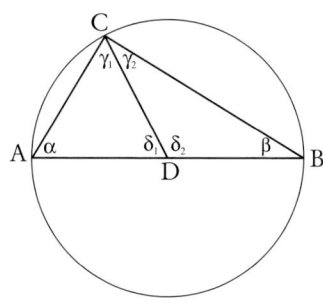

Abb. 50

Beim gleichschenkligen Dreieck, so weiß man, sind die Grund- oder Basiswinkel einander gleich (a). Außerdem ist bekannt, daß jeder Außenwinkel gleich der Summe der beiden ihm nicht anliegenden Innenwinkel ist (b). So läßt sich nun ausrechnen:

$\delta_1 = \beta + \gamma_2$ (siehe: b)
$\beta = \gamma_2$ (siehe: a)
$\delta_1 = 2\gamma_2$
$\delta_2 = \alpha + \gamma_1$ (siehe: b)
$\alpha = \gamma_1$ (siehe: a)
$\delta_2 = 2\gamma_1$

$\delta_1 + \delta_2 = 180° = 2\gamma_2 + 2\gamma_1$
$\gamma_1 + \gamma_2 = 180° : 2 = 90°$

Also, der Winkel im Halbkreis ist ein rechter. Diesen Beweis finden Sie in den heutigen Geometriebüchern.[2] Allerdings ein sehr algebraischer Beweis, und der andere Beweis, der sehr anschaulich ist, ist verschwunden. Die Denkgewohnheiten haben sich geändert. Das Wesentliche ist dabei: der erste Beweis wurde geführt, indem man Winkel mit Winkeln verglich, man blieb immer in der gleichen Dimension und hat sich innerlich abverlangt, beweglich verschiedene Formen ineinander überzuführen, und das, worum es ging, als Spezialfall zu erkennen. Hier zerlegen Sie das Phänomen in viele Einzelteile, die Sie dann algebraisch wieder zusammenbauen. Beides ist in der Geometrie möglich und legitim. Wenn es aber um Menschenerkenntnis geht, ist es unter Umständen nicht gleichgültig, ob man etwas vergleichend erkennt, indem man Gleiches mit Gleichem vergleicht und das Gesetz findet, oder ob man die Sache in die Einzelteile zerlegt.

Wir wollen also jetzt versuchen, der Gesetzmäßigkeit des Menschen nachzuspüren, indem wir ganzheitlich bei ihm bleiben, das heißt, die Dimension beibehalten und aus dem Ganzen in die Teile fortschreiten. Zweitens wollen wir versuchen, im Sinne unseres geometrischen Vorgehens das Entsprechende mit dem Entsprechenden zu vergleichen, das Besondere aus dem Allgemeinen zu entwickeln. Vergleichende Methode, vergleichende Betrachtung.

Gehen wir nun auf den Menschen ein, so bemerken wir zunächst, daß seine Gestalt – so, wie sie als ganze vor uns steht – gegliedert ist. Sie ist gegliedert in Teile, die verschiedene Gesetzmäßigkeiten ausdrücken. So geht man im anthroposophisch-goetheanistischen Sinne vor: man betrachtet zunächst das Ganze und bemerkt, daß es an verschiedenen Orten verschiedene Gestaltgesetzmäßigkeiten enthält.

Wenden wir uns zuerst dem Skelett zu. Vergleichen wir den einen Pol – den Schädel – mit dem anderen Pol – den Gliedmaßen.

Nun, es ist sehr deutlich, hier haben wir den Schädel als ein knöchernes Gebilde, welches in seiner ganzen Art einheitlich ist. Es ist ein Außenskelett, und es hat bis auf ein Gelenk – hier das Kiefergelenk – alle gelenklichen Verbindungen aufgegeben. Die Knochen sind hier nach dem Gesetz der Vernähung, Verzapfung, Verwachsung gestaltet. Dadurch wird das Ganze in sich so einheitlich, daß man diesen Knochen auf alten Friedhöfen sehr oft als einheitliches Stück findet, obwohl er 28 Einzelteile enthält. Diese Einzelteile werden verbunden zum Einheitlichen; eine Art synthetisches Prinzip wirkt

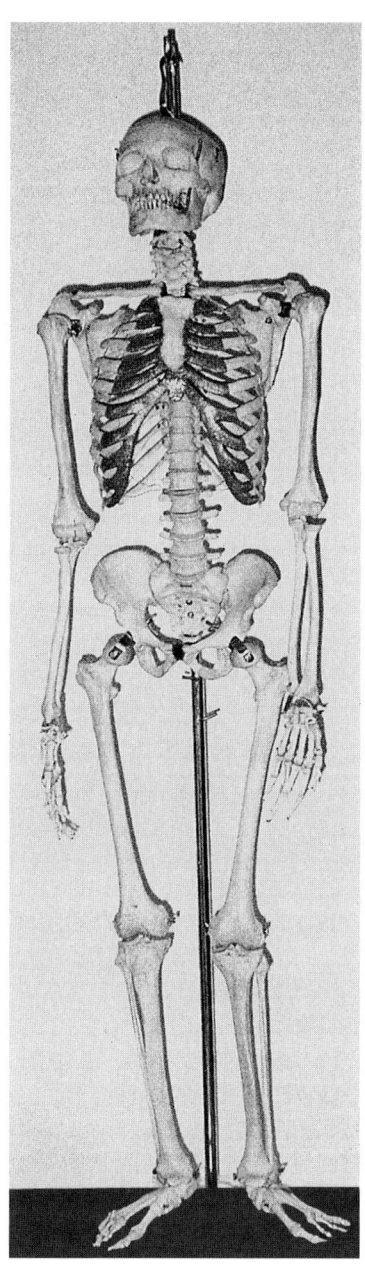

Abb. 51: Menschliches Skelett

hier, während bei der Gliedmaße, die wir dagegen setzen, wir
sofort sehen, daß sie in viele
Einzelteile zerfällt. Das Bein besteht aus ungefähr 30 Knochen –
also etwa die gleiche Zahl – und
überall sind die Knochen gelen-
kig verbunden, d.h. wir haben
hier eine gegliederte Gestalt.
Das Wachstumsprinzip ist hier
analytisch, das Wachstumsprinzip am Schädel ist synthetisch.
An der Gliedmaße haben wir ein
Innenskelett, welches die Stütze
abgibt für die Muskulatur, die
sich drumherum befindet. Am
Schädel haben wir ein Außenskelett, welches als Schale um
die Innenorgane herumgewach-
sen ist.

In dieser Tatsache drückt sich
jetzt Funktion aus, die Funktion
des Gegliederten ist die Bewegung. Die Muskulatur, die angreift an den Teilen, braucht die
Gelenke als Winkelflächen, die
sich gegeneinander abknicken
können. Das ist die Funktion.
Sie braucht feste Stäbe, an denen
sie ansetzen kann, und die
Funktion des Ganzen ist äußere
Raumbewegung. Bewegung im
Raum als Funktion der Gliedmaße. Beim Schädel dagegen hat
Bewegung im Raum keine Bedeutung. Der Kopf wird das
ganze Leben über als «Passa-
gier» an höchster Stelle mitge-

tragen. Er sitzt vornehm oben auf – balanciert, von unten gehalten – und hat alle Bewegungsfähigkeit räumlicher Art aufgegeben. Sein Prinzip ist das Gegenteil, ist totale Ruhe. Ruhe als morphologisches Prinzip wird durch die knöcherne Gestalt bestimmt, und dadurch wird er zu einem Ort, wenn man so möchte, ganz anderer Bewegungsqualität. Die äußere Raumbewegung wird verinnerlicht.

Jetzt kommt ein schwieriger Punkt, ein sehr schwieriger Punkt. An dieser Stelle, im Kopf, vollzieht sich nämlich auch eine Bewegung – aber es ist eine Bewegung in Bewußtseinsinhalten, d.h. wir denken oder Sie denken mit, und wir gehen von einem Inhalt zum anderen. Wir vollziehen eine vollständig innerliche Bewegung. An der anderen Stelle, den Gliedern, haben wir eine vollständig äußerliche Bewegung und Kraftentfaltung gegen die Schwerkraft. Am Kopf finden wir keine Kraftentfaltung gegen die Schwerkraft, aber Willensentfaltung im Bewußtsein, Konzentration. Die Sache hat eine Umwandlung nach innen durchgemacht. Und während wir in den Beinen Muskelkater empfinden können, empfinden wir die Anstrengung ganz anderer Art beim Nachdenken, die auch Wille erfordert. Also, Ruhepol – Bewegungspol. Bewußtseinspol mit einer enormen Konzentration großer Sinnesorgane wie Zunge, Augen, Ohren, Nase. Auf der anderen Seite ein weitgehender Verzicht auf Wahrnehmungsorgane – es sind auch Wahrnehmungsorgane da, aber nicht viele. Wir haben dort Tastorgane, die sind aber nicht sehr bewußt. Wenn Sie abends im Bett liegen und zurückblicken auf den Tag, wird Ihnen manches einfallen, was Sie gesehen haben. Wenn Sie sich aber darauf besinnen, was ihre Füße getastet haben, wird Ihnen nicht viel einfallen. Also, ein Bereich relativer Unbewußtheit, der aber ständig mitfunktioniert.

Und dazwischen eine Art Doppelheit zwischen beiden Prinzipien. Wir haben nach unten und oben ein gliedmaßenartiges Gestrecktes in der Wirbelsäule, was aber gegliedert ist, und wir haben ein Rundgeformtes, überwiegend Außenskelettartiges im Brustkorb. Die Doppelheit von Rippen und Wirbeln drückt die Polarität, in der sie drinnen stehen, ganz genau aus. Sie sehen nun anfänglich, wie sich der Gedanke der Polarität als herrschende Gesetzmäßigkeit bewahrheitet! Wir haben oben den Kopf als Verdichtungsorgan, wir haben die Füße oder Gliedmaßen als «zerlegtes» Organ; Verdichtungszone – Auflösungszone.

Abb. 52: 1., 7. und 12. Rippe, 1. Halswirbel, 7. Brustwirbel und 4. Lendenwirbel.

Schauen Sie die Rippen an. Die erste Rippe macht einen vollständigen Kreis, schließt sich dicht oben ab, hat eine Kantenkrümmung. Die untere Rippe ist schon fast gestreckt, gliedmaßenartig, hat eine Flächenkrümmung; und die Rippen dazwischen sind so gebaut, daß sie zwischen Kantenkrümmung und Flächenkrümmung liegen, sie haben doppelt gekrümmte Flächen. Die beiden Kraftzonen begegnen sich, es wird doppelt gekrümmt, wie überhaupt alles im Brustkorb schraubenförmig wird, sei es die Bewegung der Lunge beim Atmen, der Bronchien mit ihren Torsionseinheiten – wie die Bronchiochirurgen das nennen – oder das Herz mit seiner Spiraldrehbewegung in der Kontraktion: ein mittleres Dazwischen.

Sie können hier nochmals das Gleiche an den Wirbeln sehen. Der erste Wirbel ist fast hohl, ist eigentlich Außenform, ein tiefer Lendenwirbel ist fast ganz Masse geworden, ist ganz aufs Stützen angelegt. Dazwischen haben Sie einen Brustwirbel, der ungefähr eine Gleichgewichtssituation enthält.

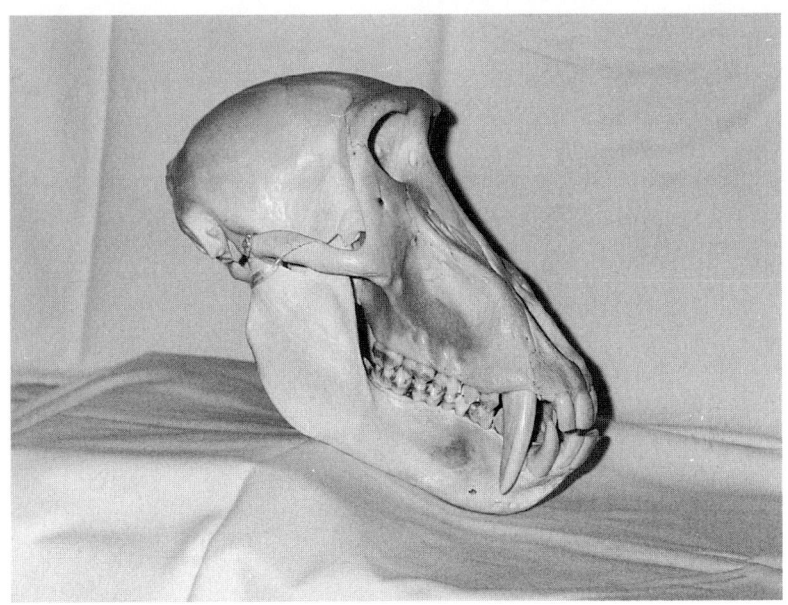

Abb. 53: Affenschädel seitlich

Wir haben also den Thorax, den Brustkorb, als ein Mittelding zwischen Kopf und Gliedmaßen. Seine Bewegungsform ist eine rhythmische Bewegung in der Atmung zwischen äußerer Bewegung im Raum und Ruhe im Kopf, bzw. Denkbewegung.

Wir versuchen, die Gestalt des Menschen in sich zu gliedern und zu betrachten, ich bemerke nur am Rande dabei, daß diese Gliederung, diese Dreiheit beim tierischen Organismus nicht auftritt. Ich habe aus diesem Grunde einen Affenschädel mitgebracht, bei dem Sie sehen können, wie der Kopf anhängt an der Wirbelsäule und wie das Gliedmaßenprinzip betont ist.

Das gestreckte Prinzip gegenüber der Rundung überwiegt deutlich, weil der Schädel noch weitgehend als Greiforgan benützt werden muß, er hat diese Funktion noch nicht vollständig an die Hand abgegeben, wie das beim Menschen der Fall ist. Darüber könnten wir viel reden. Aber das ist jetzt nicht die Hauptsache.

Es geht nun darum zu sehen, wie sich das Bisherige zum inneren Wesen des Menschen verhält, ob da eine Gesetzmäßigkeit vorliegt. Bei den Füßen und den Gliedmaßen als zerlegte Organe ist das ja

169

relativ einfach. An diesen Stellen ist der Stoffgebundene, in der Materie wirkende, gegen die physische Kraft, die Schwerkraft, angehende Wille wirksam. Daß an dieser Stelle leiblich auch ein Gedankenartiges wirkt, ist klar, aber in der Funktion – wir betrachten jetzt die Funktionen – wirkt der Wille in der Betätigung, die den Menschen durch den Raum trägt. Wenn wir einen Heizkörper schleppen, dann spüren wir an den Schmerzen und an der Kraft, die wir aufbringen müssen, buchstäblich, wie das nicht eine Sache ist, die einfach von selbst geht, sondern wie wir wirklich innere Überwindung einsetzen müssen, um dieses zu leisten. Der Ort selber ist total unbewußt, d.h. ich kann zwar den Vorsatz haben, ich möchte etwas sagen, ich möchte etwas bewegen, aber ich muß gestehen, ich habe keine Ahnung, wie ich das mache. Ja, ich werde auf meinen Willen erst aufmerksam, wenn ich etwas getan habe. Dann bemerke ich erst, daß ich etwas gewollt habe, während ich vorher nur gedacht und mir vorgestellt habe, etwas zu tun. Also, für den Willen sind wir ganz unbewußt, schlafen wir gewissermaßen; und dieser Wille ist besonders in den Gliedmaßen wirksam.

Wie steht es nun mit dem Kopf? Es ist klar, daß dieser im besonderen mit dem bewußten Denken zusammenhängt. Welche Qualität beinhaltet aber das Denken? Ich zitiere dazu Goethe: «Die Idee ist ewig und einzig, daß wir auch den Plural brauchen, ist nicht wohlgetan.»[3]

Das ist interessant. Was meint er? Nun ist es deutlich und ja in der Philosophie auch bekannt, daß alle Ideenbildung und das Denken überhaupt nur dadurch möglich ist, daß jeder Gedanke mit einem anderen in Beziehung steht. Wenn ich groß sage, muß ich auch wissen, was klein ist; wenn ich zwei sage, muß ich wissen, was drei und eins sind. Ich muß wissen, was Zahlen sind, ich muß wissen, die Zahlen sind eine bestimmte Art des Betätigens, es gibt auch andere. Man kann einen Gedanken überhaupt nicht isolieren, das wäre ein Ungedanke. Und die Tatsache, daß einer sagen kann, ich behaupte das, und der andere sagt, ich meine aber, daß das nicht stimmt, das ist falsch, und dann das begründet, das liegt daran, daß die Gedanken in Bezug auf ihre Einheitlichkeit geprüft werden können; und ein Gedanke, der sich nicht in diese Einheitlichkeit einordnet, von dem sagen Sie getrost, der ist falsch. Es kann nicht dies und das gleichzeitig sein – es ist nur eine Wahrheit vorhanden, und die ist prüfbar.

«Die Idee ist ewig und einzig, daß wir auch den Plural brauchen, ist nicht wohlgetan.»

Es können viele Menschen einen Gedanken haben, eine Idee, dieselbe Idee, es kann Einigkeit bestehen – aber es ist ja uns allen bekannt, im Leben jederzeit bemerklich, daß dasjenige, was die einzelnen Menschen wollen, längst noch nicht mit der einheitlichen Idee übereinstimmen muß. Alle können das gleiche für wahr empfinden und trotzdem können die allerverschiedensten Willensimpulse bestehen. Der Wille ist zunächst persönlich, einer möchte dies, der andere möchte das. Wenn jemand zu stark vom Gefühl und Willen oder Mitfühlen eines fremden Wollens bestimmt ist und zuwenig von der Idee her, dann kann es einem gehen wie dem alten Rabbi, zu dem ein Mann kam, der sich sehr ausführlich über seinen Nachbarn beschwerte. Ihm war etwas passiert, was gegen seine Intention war. Der Rabbi hörte seine Klage an und sagte: «Ja, Jossele, du hast recht.» Dann kam der Nachbar und klagte. Er hatte wieder andere Intentionen, er fand das sehr ungerecht, was ihm geschehen war. Der alte Rabbi hörte ihn lange an und sagte: «Ja, mein Freund, du hast recht.» Nun hatte die Frau beides angehört und war empört und kam zu ihm und sagte: «Du kannst doch nicht dem einen recht geben und eine halbe Stunde später dem anderen auch recht geben.» Nun hörte er sie an, wie sie da auf ihn eindrängte und sagte: «Ja, Frau, du hast auch recht.» Also, man merkt, der Wille, das was man möchte, ist etwas ganz anderes, und die Erkenntnis geht da ein wenig unter gegenüber den verschiedenen Willensimpulsen. Im Erkenntnisbereich hat eben einer recht, vielleicht kann man es nicht gleich finden, man muß dieses Gemeinsame, Übergreifende, Einheitliche, das Vielheitliche suchen. Dazwischen ist ein schwieriger, gefühlsmäßiger Übergang, mit dem wir alle tagtäglich zu tun haben. Das ist unser Gefühl, unser Gewissen, unser Auf und Ab, wo wir einerseits ganz gut wissen, was wir wollen, andererseits wissen wir, was wir sollen, und dazwischen ist irgendwie eine Art von Konflikt. Ein Auf und Ab, ein Hin und Her, zwei Kräfte, die an uns reißen. Der Brustkrob drückt die Unentschiedenheit des Gefühls aus im ständigen Wechsel der Atmung – des Ein und Aus – oder des Pulsschlages, der zwischen Erschlaffung und Kontraktion hin und her wirkt.

Diese Gliederung ist zunächst einmal grob dargestellt. Nun möchte ich das Ganze weiter bis in die Einzelheiten führen. Die große Gliederung in Kopf, Gliedmaßen und Brustkorb ist, wenn man sie einmal begriffen hat, sozusagen das allerlangweiligste, weil es nicht schwer ist, den Kopf sozusagen am Kopfpol zu entdecken oder das Willens- und Gliedmaßenprinzip am entgegengesetzten Ende. Interessant wird es jetzt, wenn wir diese Qualitäten nun zu verfolgen suchen, wie das Ganze in den Teilen fortwirkt.

Ich möchte Ihnen jetzt etwas vorlesen, was in diesem Sinne vielleicht verwunderlich für Sie ist. Ich kann es nicht in seinen damit zusammenhängenden Fragen hier behandeln, ich greife es nur auf in Bezug auf diesen Gegensatz, und dann werden wir das weiter verfolgen. Was sonst hier noch an Fragen entsteht, lassen wir einfach aus. Ich lese vor aus dem Buch: «Aus der Akasha-Chronik» von Rudolf Steiner.[4] Es sind einige sehr merkwürdige, erkärungsbedürftige Sätze: «Solange die Stoffe noch nicht verfestigt waren» (es geht um die Erdentwicklung und die Frühformen des Menschen), «konnte die Seele diese Stoffe unter ihre eigenen Gesetze zwingen ... Als aber der Stoff dicht geworden war, mußte sich die Seele den Gesetzen fügen, welche diesen Stoffen von der äußeren Erdennatur aufgeprägt wurden. Solange die Seele noch über den Stoff herrschen konnte, gestaltete sie ihren Leib weder männlich noch weiblich, sondern gab ihm Eigenschaften, die beides zugleich waren.»

Also, wenn Sie das erste Buch Mose übersetzen, da heißt es auch: Gott schuf den Menschen hermaphrodit, also männlich/weiblich. Luther hat das übersetzt, ein Männlein und ein Weiblein – das ist eine mögliche Übersetzung, die ursprüngliche wäre männlich/weiblich. «Denn die Seele ist männlich und weiblich zugleich. Sie trägt in sich diese beiden Naturen. Ihr männliches Element ist dem verwandt, was man *Willen* nennt, ihr weibliches dem, was als *Vorstellung* bezeichnet wird.» Das ist ja klar, jeder Mensch hat in sich Wille und Vorstellung. Jetzt heißt es hier, daß in Bezug auf die Geschlechtlichkeit das Weibliche vorstellungsartig ist, das männliche willensartig ist. «Die äußere Erdenbildung hat dazu geführt, daß der Leib eine einseitige Bildung angenommen hat. Der männliche Leib hat eine Gestalt angenommen, die aus dem Element des Willens bestimmt ist, der Weibliche hingegen trägt mehr das Gepräge der Vorstellung. So kommt es denn, daß die zweigeschlechtliche, männlich-weibliche Seele in einem eingeschlechtlichen, männlichen *oder* weiblichen Leib wohnt.»

Das sind schwierige Sätze. Wir müssen jetzt schauen, ob wir in der männlichen und weiblichen Bildung etwas finden, das dieses Gesetz oder diese Tatsache erklärt: daß wir am weiblichen Organismus gewissermaßen eine kopfartige Organisation überwiegend haben, am männlichen Leib eine Organisation die das Gliedmaßenprinzip überwiegend hat.

Es ist nun die Frage, wo wir dabei hinblicken. Wir könnten die ganze Gestalt ins Auge fassen – ich will das aber als Letztes tun und jetzt ein ganz kleines Detail betrachten. Wir gehen an den Ort der menschlichen Bildung, der nicht durch die Gesamtgesetze sozusagen unter ein höheres Prinzip gestellt wird, sondern wir gehen an einen Ort – es ist ein Spezialort – an dem die Gesetze des Ganzen den Teil relativ für sich lassen. Das sind die Geschlechtsdrüsen. Die Geschlechtsdrüsen haben keine Bedeutung – grob gesprochen – für das Leben der Einzelindividualität, sondern haben ihre Bedeutung für das Leben der Gattung, der Art. Man kann ohne weiteres ohne die Geschlechtsdrüsen selbst leben. Wir gehen also an eine Stelle, die sich relativ verselbständigen kann und betrachten nun, wie sich männliche und weibliche Bildung zeigt an dieser Stelle.

Gehen wir zunächst auf die Bildung der Samenzellen ein (s. Abb. 54). Im männlichen Geschlechtsorgan, in den Hoden, ist es so, daß die Samenzellen von außen nach innen reifen. (Denken wir an die Knochen!) Sie reifen von außen nach innen im Samentubulus, von den Rändern aus konzentrieren sie sich und sind dann in der Mitte reif. Dabei vollzieht sich folgende Umformung.

Es ist zunächst eine rundliche Zelle, die sich zu einem länglichen Gebilde differenziert, dabei wandert der Zellkern an ein Ende. In diesem Zustand wird die Stoffwechselsituation prekär, es muß eine andere Zelle sie umhüllen, die Sertoli-Zelle, die diese werdende Samenzelle ernährt. Diese reift dabei weiter, teilt sich und wird völlig umgewandelt. Alles Plasma wird abgestoßen bis auf eine lange Geißel, die ein Bewegungsorgan ist, womit sich die Samenzelle schlagend fortbewegen kann durch den Samenstrang. Sie gelangt so aus dem Körper nach außen und folgt damit bei der Ausstoßung dem Weg, den auch die männlichen Geschlechtsdrüsen selber machen, die ja in der Embryonalzeit und danach, aus der Leibeshöhle absteigen und durch den Leistenkanal ausgestoßen werden, nach unten verlagert werden wie die männliche Stimme nach unten verlagert wird. Sie kommen dadurch nach außen zwischen die Gliedmaßen zu liegen, also an einen Ort äußerer Bewegungsfähigkeit. Sie wissen vielleicht,

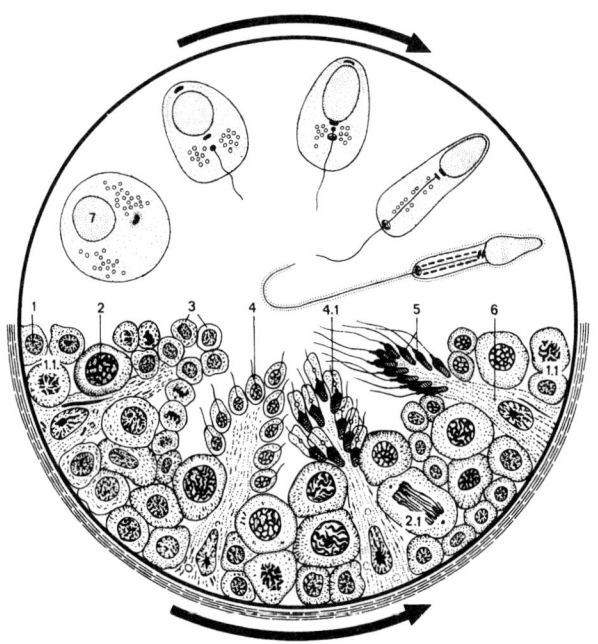

*Abb. 54: Reifung der Samenzellen. Unten: Querschnitt durch ein Ho-
denkanälchen, oben: Reifung eines Spermiums.*
*1 Spermatogonie, 2 primärer Spermatozyt, 3 sekundärer Spermatozyt,
4 Spermatide, 5 Spermien, 6 Sertoli-Zelle*
(aus: G. H. Schumacher, Embryonale Entwicklung des Menschen)

daß die äußere Lage des Hodens lebensnotwendig ist für die Samen-
reifung. Höhere Temperatur, wie im Leibesinnern, schädigt ihn und
führt zu Infertilität – oder noch weit schlimmer, gefährdet den Menschen in Bezug auf entartendes Wachstum. Er muß hinaus zwischen
die Beine verlagert werden. Es bildet sich nun die Samenzelle in
einem gestreckten gliedmaßenartigen Typus und mit einer ungeheu-
ren Zahl von 300 Millionen pro Tag. Eine unglaubliche reproduktive,
zerstäubende, analysierende Wachstumsgeste! Männlicher Typus,
willensartig.
   Weiblicher Typus: die Eizellen wandern genauso wie die Samenzellen in der frühen Embryonalzeit in den Eierstock ein und lagern sich
in der Rinde des Eierstocks an. Dort kommt jetzt eine merkwürdige

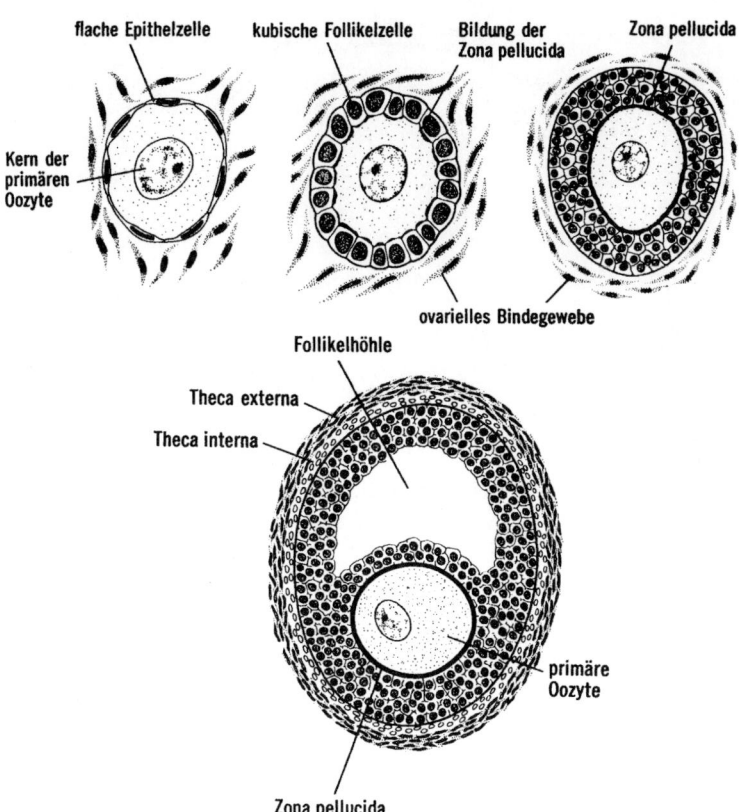

Abb. 55: Reifung der Eizelle
(aus: J. Langmann, Medizinische Embryologie)

Entwicklung zustande: das Zellwachstum ist bis zum Zeitpunkt der Geburt vorhanden, dann wird es abgestoppt, und ab der Zeit der Geburt bildet sich keine einzige neue Eizelle. Also mit ca. 400 000 Eizellen wird man als Frau geboren, danach gibt es keine Zellteilungen mehr. Diese werden angehalten in der ersten Reifeteilung, im Diktyotän-Stadium, im Stadium völliger Winterruhe und Verfestigung, und danach gibt es wie bei den Nervenzellen nur noch Zellverlust. In der Pubertät sind noch ungefähr 40 000 Eizellen übriggeblieben. Von 400 000 sind noch 40 000 übrig, und von diesen reift jetzt eine alle 28 Tage.

Also, man sieht, es ist eine enorme Reduktion von einer Vielfalt auf eine Einheit. Eine pro Zyklus. Aber jetzt wie? (s. Abb. 55) Eine Eizelle beginnt zu reifen, es bildet sich eine feste Membran drumherum, die Zona pellucida; es sammeln sich Zellen außen herum, die Corona radiata; es bildet sich das Theka-Epithel, kreisend drumherumgestaltet, es strömt Flüssigkeit hinein in die Zwischenräume der Follikelzellen – es bildet sich eine Art Höhle (Antrum follikuli). Die Zelle löst sich aus dieser Höhle heraus und schwimmt in Richtung des Eileiters. Wir sehen also die Eizellenbildung mit vielen Hüllen und Zellschichten, das Ganze im Ovar und in die Leibeshöhle hinaufverlegt aber reifend in den Ovarien von innen nach außen.

Wenn Sie das bisherige noch einmal anschauen, sehen Sie: der Hoden geht nach unten außen, die Ovarien gehen nach oben; eine Veräußerlichungstendenz – eine Verinnerlichungstendenz. Eine Vervielfältigungstendenz mit radiärer Struktur – eine Vereinheitlichungstendenz mit sphärischer Struktur, mit vielen Hüllen drumherum. Diesen Typus kann man nun in der Gestalt vielfältig wiederfinden: Das stärkere Gliedmaßenwachstum beim Mann, das stärkere Überbleiben der kindlichen Proportionen mit der großen Kopfgestalt beim weiblichen Organismus mit der kürzeren Unterlänge der Gestalt als den im Verhältnis kürzeren Beinen; die leichteren Gewebetypen, die bei der Frau betont werden, beim Mann der Muskel, der in der Pubertät auswächst. Im weiblichen Organismus mehr das Fett, es ist das leichteste Gewebe, schwimmt auf dem Wasser, ist also sehr leicht. Des weiteren die Stimmbildung, die beim Mann absinkt, die bei der Frau mehr oben bleibt. Man könnte vieles anführen, die Grobmotorik, die Feinmotorik usw. Sie sehen, das Ganze wirkt anders in die Teile herein, für sich genommen spricht es nichts. In den Zusammenhang des Ganzen gestellt, bemerkt man, daß wir hier wiederholt im Kleinsten den Typus von Gliedmaße und Kopf wiedergefunden haben – und man versteht plötzlich, was vielleicht gemeint sein könnte bei Rudolf Steiner: Der männliche Organismus hat eine Gestalt, die willensartiger Natur ist – Gliedmaßenprinzip –, der weibliche Organismus hat ein Prinzip, was vorstellungsartiger, gedankenartiger Natur ist, der Vereinheitlichungstendenz des Kopfes entspricht. Es ist ja klar, diese beiden müssen sich befruchten und zusammenkommen, was in den unentwegten Schritten des Zellwachstums – weiblich werden – Zellteilung – männlich werden – unentwegt hin- und hergeschieht. Am Ende dieses Prozesses steht die

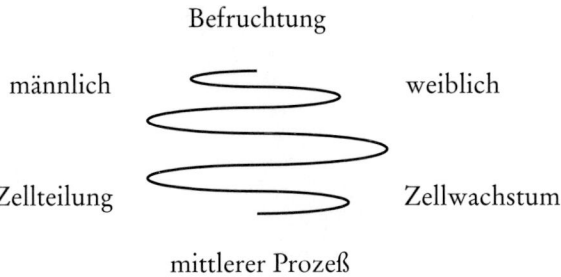

menschliche Gestalt, die ausgegangen ist von diesen Extremen. Wenn diese Extreme zum Ausgleich kommen nach der Befruchtung, ist eine menschliche Gestalt daraus geworden, die beide Polaritäten und den mittleren Prozeß als Ausgleich dazwischen enthält.

Der Anspruch und das Bemühen einer goetheanistisch-anthroposophischen Erkenntnisweise ist, bis in die Teile, bis ins Kleinste vorzudringen mit dem Verständnis und das Prinzip des Ganzen dabei nicht zu verlieren. Wenn wir diese Polarität einmal begriffen haben, daß der Mensch gewissermaßen eingespannt ist als Wesen zwischen ein Ideenhaftes, sich Befreiendes und ein leiblich Gebundenes und daß dazwischen unentwegt eine problematische ausgleichende Zone besteht, kann das vielfältig in allen Einzelheiten verfolgt werden. Diese Polarität spricht das Wesen des Menschen in gewisser Weise aus. Für die Mediziner z.B. lohnt es sich, das in die Polarität von Entzündung und Geschwulst oder Entzündung und Sklerose hereinzudenken. Der Entwicklungspädagoge oder auch Anthropologe wird vielleicht bemerken, wie die Kindheit insgesamt kopfartig ist, es sozusagen anfängt beim Gedankenartigen, Leichten – wie ein alter Mensch in seiner ganzen Gestalt immer gliedmaßenartiger wird, die Schwere immer mehr ansetzt, und wie das mittlere Leben die Auseinandersetzung zwischen diesen beiden Prinzipien enthält.

Nun möchte ich dieses Prinzip noch an einem weiteren Beispiel zeigen (s. Abb. 57).

Wir gehen in einen anderen Bereich des menschlichen Organismus und suchen jetzt die Gesetzmäßigkeit im Bereich des Darmes. Wir gehen in einen unbewußten, tiefstofflich wirkenden Bereich. Hier

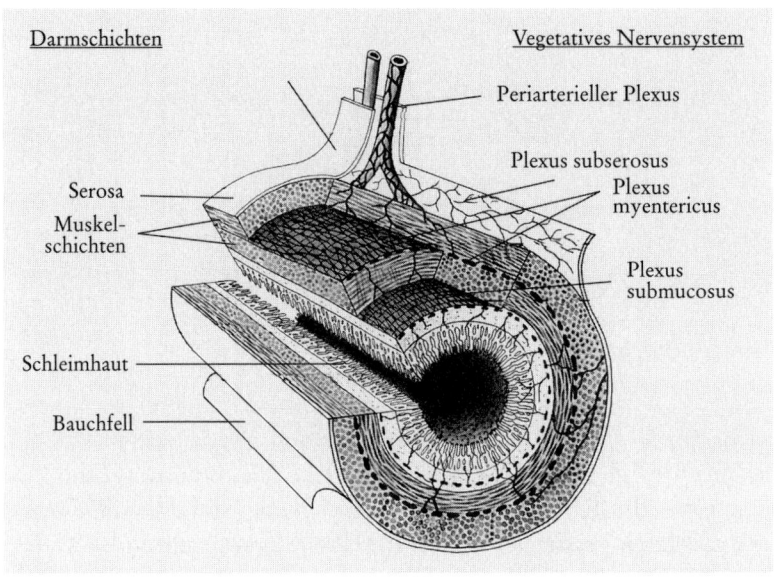

Abb. 57: Schema vom Aufbau der peripheren vegetativen Geflechte in der Darmwand (aus: J. Rohen, Funktionelle Anatomie des Menschen, 1973)

sehen sie ein Stück Darmschleimhaut, und hier haben Sie verschiedene Schichten der Umhüllung der Darmschleimhaut. Sie ist durch einen dichten Strumpf umgeben, das ist das Nervensystem, es ist das sogenannte autonome Nervensystem – Geflechtnervensystem. Die erste Schicht, die zweite Schicht, dritte Schicht, drei unglaubliche Nervenschichten, die den ganzen Organismus durchziehen – jedes Blutgefäß, jede kleine Bronchie, jedes Stück Darm ist durch und durch mit empfindender Substanz nervenähnlich durchsetzt und funktioniert hier unbewußt und vollständig regelhaft. Tief unbewußt – vegetatives Nervensystem. Und wir sehen, wie hier ein Teil des Menschen ist, wo das Nervensystem kein Zentrum hat, sondern ein riesiges ausgebreitetes Geflecht ist. Was ist nun die Funktion dieses Nervensystems? Denken Sie sich, die Darmschleimhaut wird am Tage abgebaut, man verdaut und es wird abgebaut. Überwiegend nachts, aber ständig auch dazwischen findet Regeneration statt. Wie stark findet sie statt? Nun, gerade soweit, daß bis zu der Grenze der normalen Gestalt die Strukturen wieder aufgebaut werden. Wie ge-

schieht das? Das vegetative Nervensystem öffnet die Blutgefäße –
würde alles Blut immer alles durchbluten, hätten wir viel zuwenig
Blut; die sieben Liter, die wir haben, passen gerade in unseren Unterschenkel. Also, das Blut muß sehr fein verteilt werden, ständig reguliert werden, ja, es wird ständig so verteilt, daß genügend Nährstoffe
im richtigen Zeitpunkt, im richtigen Maß, am richtigen Ort sind. Ist
aufgebaut, wird das Blutgefäß wieder geschlossen, fertig. Und so ist
dieses vegetative Nervensystem ständig wirksam, die menschliche
Gestalt immer wieder aufzubauen. Unentwegt ist unsere Gestalt eine
sich regenerierende. Wenn man jemanden eine Zeit lang nicht gesehen hat und man begegnet ihm wieder nach irgendeiner Zeit, vielleicht nach einem Jahr und sagt: Grüß Gott, Lars, – die Substanzen
sind fast alle andere geworden, aber die Gestalt hat sich erhalten. Man
erkennt den Menschen noch – unglaublich! Ein Durchfluß von Substanzen – die Form bleibt die gleiche. Ja, das geschieht durch das
vegetative Nervensystem. Das vegetative Nervensystem baut unseren Leib unentwegt auf. Ein Nervensystem ohne Zentrum, wie die
Gliedmaßen zentrumlos, aber wirksam. Es wirkt physiologisch ein
bestimmtes Bild darin. Es wirkt ein Bild, das immer wieder neu
hergestellt wird, und zwar das Bild der Gestalt selbst. Es wird unentwegt durch die Art, wie die stofflichen Vorgänge reguliert und geführt werden, neu hergestellt.

Also, wir haben hier einen Teil des Nervensystems, der ist wirksam
– das Ergebnis ist unsere Gestalt als ganze Gestaltbildung. Es ist auch
das vegetative Nervensystem, was das Gehirn immer wieder erhält.
Die Sache hat zwar im Bauch ihren Schwerpunkt, aber sie wirkt
überall hin. Das wird die Aufgabe einer dynamische Dreigliederung,
daß man die Dinge an ihre verschiedenen Orte und in ihren verschiedenen Größen weiterverfolgt.

Auf Abb. 58 sehen Sie jetzt nur einen Teil vom vegetativen Nervensystem. Das sind die größten Geflechte, so bündelt es sich. Es ist
außerordentlich häßlich, das anzusehen. Es hat überhaupt nichts
Schönes – es ist ein wirres gestaltloses Netz. Man würde ihm, wenn
man es so anschaut, nicht zutrauen, daß in dieser unglaublichen
Weise ein harmonisches Produkt – mehr oder weniger harmonisch –
herauskommt.

Abb. 59 zeigt Ihnen einerseits das Sonnengeflecht. Aber Sie bemerken auch schon etwas anderes, eine rhythmische Gliederung.

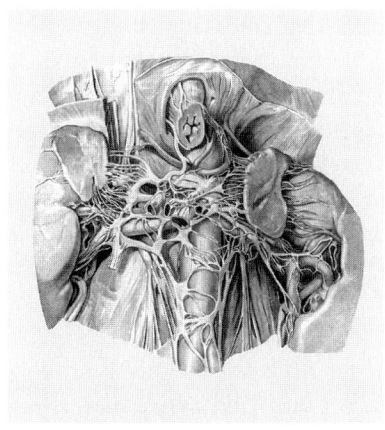

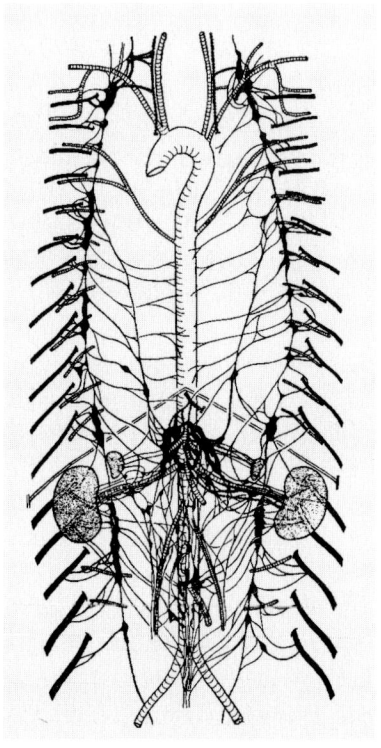

Abb. 58: Plexus des
vegetativen Nervensystems
(aus: Benninghoff-Goerttler,
Anatomie des Menschen, Bd. 3)

Abb. 59: Sonnengeflecht und andere
Geflechte des Parasympathikus,
Grenzstrang des Sympathikus
(aus: Braus-Elze, Anatomie des
Menschen, Bd. 3)

Dasjenige, was die Atmung in der Zeit macht, was die Wirbelsäule im Raum macht, das macht selbstverständlich auch das Nervensystem im Verlauf. Hier sehen Sie den Grenzstrang des Sympatikus, der läuft rechts und links neben der Wirbelsäule her.

Jetzt kommen wir zum Rückenmark (Abb. 60), zu einem Teil des Nervensystems, der im mittleren Organismus sich verdichtet. Das Nervensystem bekommt im mittleren Organismus eine andere Gestalt. Das ganz ausgebreitete, tief unbewußte der Baucheingeweide wird jetzt verlassen. Wir kommen zu einer Gliederung in Segmente und Konzentrationen.

Jetzt möchte ich Ihnen etwas zeigen, worüber ich tatsächlich ein wenig erschrocken bin, als ich das zum ersten Mal gesehen habe.

180

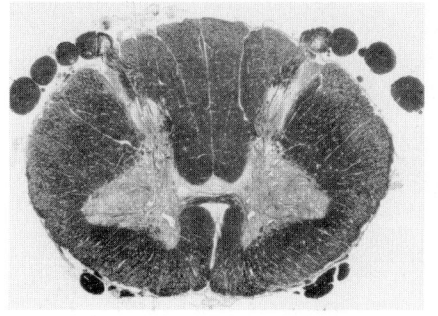 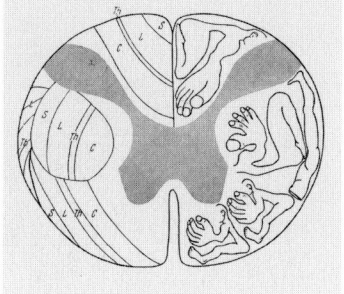

Abb. 60: Rückenmarksquerschnitt, hell die Nervenzellen, dunkel die Nervenfasern (aus: Braus-Elze, Anantomie des Menschen, Bd. 3)

Abb 61: Rückenmarksquerschnitt mit Anordnung der Fasern im Hinblick auf ihre Funktion (aus: Braus-Elze, Anatomie des Menschen, Bd. 3)

Hier auf der Abb. 61 sehen Sie einen Querschnitt durch das Rückenmark, und hier sind jetzt die Anordnungen der Rückemarksfasern im Hinblick auf ihre Funktion aufgezeichnet. Jetzt schauen Sie bitte, was man hier findet: lauter Männchen, ja – alle ohne Kopf und ohne Gesicht. Je weiter wir an der Wirbelsäule herunter kommen, desto unvollständiger werden diese Männchen. In Lendenhöhe haben wir nur die Beine. Je weiter wir hochkommen, desto mehr vervollständigt sich die Gestalt, aber es fehlt das Gesicht und es sind *Viele*. Das sind die verschiedenen Empfindungsqualitäten, Wärme, Tastempfindung, Schmerz, Berührung. Qualitäten, die sich jetzt anfangen, gestaltlich zu gliedern; und wir sehen, es entsteht ein anderes Bildmoment.

Wir haben hier das vegetative Nervensystem (s. Schema S. 181), wir haben das Rückenmarksnervensystem, wo die Reflexe, die Rückenmarksreflexe, d. h. die Eigenreflexe und Fremdreflexe der Skelettmuskulatur wirken, wo ein ständiges Verhältnis entsteht zwischen innen und außen im Reflex. Das vegetative Nervensystem ist selber ein Geflecht, es ist bildlos. Hier, beim Rückenmark, beginnt jetzt eine Anordnung, die die leibliche Gestalt nicht mehr wirksam herstellt, aber in sich selber abbildet – die Fasern sind jetzt abbildend, teilweise abbildend. Es wirkt nicht mehr im Organismus, sondern es wirkt im Verhalten.

181

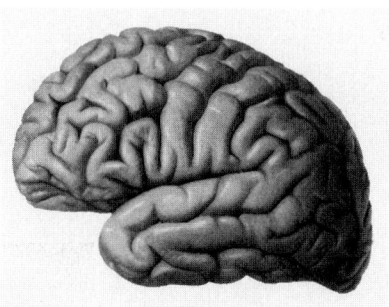

Abb. 62: Großhirn

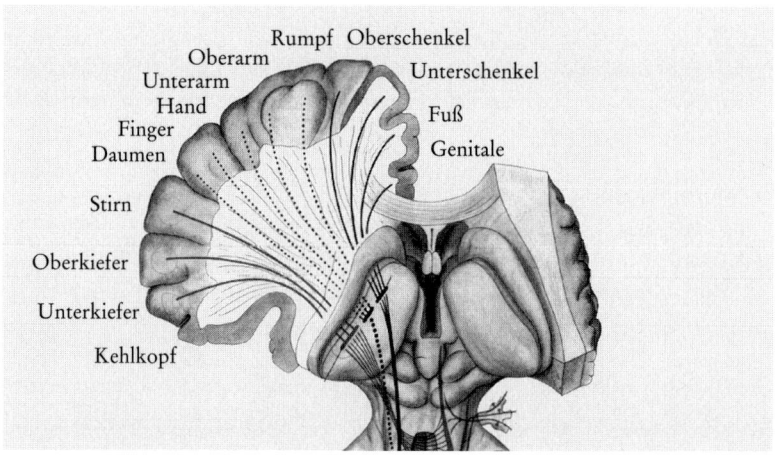

Abb. 63: Großhirn im Frontalschnitt. Projektionsfelder der sensiblen Hin-
terstrangbahnen (Oberflächen- und Tiefensensibilität). Der ganze Mensch
ist kreisförmig abgebildet (aus: J. Rohen, Funktionelle Anatomie des Men-
schen, Band 3, 1973)

Auf der nächste Stufe (Abb. 62) haben wir das Großhirn, wie es im Schädel ist, mit seinen vielen Einfurchungen.

Auf Abb. 63 ist jetzt der ganze Mensch kreisförmig abgebildet. Sehr interessant ist, daß hier an einer Stelle die räumliche Folge durchbrochen wird. Es geht vom Kopf bis zum Fuß und unter dem Fuß sind die Geschlechtsorgane – als ob es da noch tiefer ginge als bis zum Fuß. Eine merkwürdige Sache, die das Nervensystem hier ausspricht, daß wir die Genitalien nicht an ihrem Ort gelegen haben. Aber Sie sehen: Jetzt ist der ganze Mensch hier abgebildet.

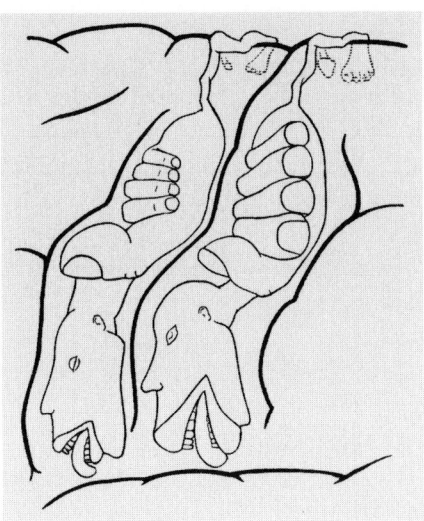

Abb. 64: ‹Homunkulus›. Schema für das Abbild des Körpers in der vorderen motorischen und hinteren sensiblen Zentralwindung des Menschen (aus: Braus-Elze, Anatomie des Menschen, Bd. 3, Vgl. auch Abb. 72a und b auf S. 199)

So sieht der Mensch aus, wie er sich im Inneren des Schädels spiegelt, sein Bild ist vollständig geworden. Und jetzt sehen Sie eine erschreckende Tatsache (Abb. 64). Das leibliche Bild, welches vom vegetativen Nervensystem erzeugt wird, ist die tatsächliche Gestalt des Menschen. Dasjenige Bild, das das zentrale Nervensystem vom Menschen entwirft, ist eine unglaubliche Verzerrung der Gestalt. Das kommt daher, weil dieses Bild ein Bewußtseinsabbild ist. Wir sind mit unserer Bewußtseinsqualität an jeder Stelle unseres Körpers unglaublich unterschiedlich eingefügt – wir haben ein großes Bewußtsein von unseren Händen, wenig Bewußtsein von den Armen, viel Bewußtsein in der Zunge, wenig Bewußtsein am Rücken. Diese verzerrte Qualität, die äußert sich nun in der Anordnung der Geflechte im Nervensystem, und wir haben jetzt im Zentral-Nervensystem ein getreuliches Abbild dafür, wie wir aussehen würden, wenn unser Leib so gestaltet wäre, wie unser Bewußtsein von den einzelnen Leibesteilen ist und deren Größe bestimmen würde: ein Bewußtseinsabbild. Es ist ein großes Glück, daß dieses Bild nicht leibbildend wirkt! Hier (s. Schema S. 184) haben wir ein wirksames

Bild in einem Teil des Nervensystems, welches sozusagen ganz ohne Zentrum, ganz unbewußt ist. Hier haben wir einen Teil des Nervensystems, der dazu dient, uns vollständig bewußt sein zu lassen – und dieser Teil läßt uns aussehen wie einen häßlichen Wurm. Wenn es so wäre, daß dieser Teil unsere Leibbildung bestimmen würde und nicht nur unsere Bewußtseinssituation, dann würden wir so aussehen.

Nun gibt es einen «Trost» in dieser Situation. Diese Bilder des zentralen Nervensystems sind beweglich, d.h. je nachdem, wie unser Bewußtsein in *innerer* Bewegung in uns wirkt, verändert sich dieses Bild. Also, wenn jemand Klavier spielt, werden die Hände noch größer, noch mehr Hirnbezirke werden in die Handfunktion einbezogen. Wenn jemand etwas schmeckt, wird die Zunge noch größer; wenn jemand spazierengeht, werden die Beine länger. Also, wir haben bewegliche Bilder, und es ist so, daß diese Abbildung im zentralen Nervensystem tatsächlich das in bestimmten Grenzen dann abbildet, was der Mensch im Bewußtsein leistet. Er kann dieses Bild sozusagen immer mehr selbst gestalten und bestimmen.

Vegetatives Nervensystem	Vollständiges leibliches wirksames Bild	Wille
Rückenmarksnervensystem	teilweise abbildend	Gefühl
Zentralnervensystem	Bewußtseinsabbild	Gedanke

So haben wir hier diese Dreiteilung noch einmal anders gefaßt: ein wirksames Bild; ein Bewußtseinsabbild; zum Glück nicht leiblich wirksam – und dazwischen eine Zahl von nicht vollständigen Bildern, zergliedert in die einzelnen Sinneswahrnehmungen eine Art Mittelding. Sie sehen, der Mensch ist im Nervensystem sogar buchstäblich ein Abbild seiner inneren Wesenheit, die eine Dreiteilung hat: Willen, Gefühl, Gedanke.

Nun möchte ich zum Abschluß ein letztes Bild zeigen, in dem Sie jetzt die innere Wesenheit des Menschen nochmal anders gefaßt sehen.

Es ist ein Bild von Rembrandt nach der Jakobslegende aus dem alten Testament. Sie sehen hier zwei Figuren, die miteinander ringen – eine untere, die gewissermaßen erdfarbig ist, aus der Erde aufsteigt,

Tizian
Der Zinsgroschen

Wo	Mo	Di	Mi	Do	Fr	Sa	So
31			1	2	3	4	5
32	6	7	8	9	10	11	12
33	13	14	15	16	17	18	19
34	20	21	22	23	24	25	26
35	27	28	29	30	31		

27.8.2001 35. Woche 06.27 ☀ 20.19

Jungfrau ♍ 23.8. bis 22.9. 16.43 ☽ 00.07
Gebhard, Mona, Monika

Tizian
Der Zinsgroschen
um 1516

Öl auf Holz
75 x 56 cm
Staatliche Kunstsamm-
lungen, Galerie Alte Meister,
Dresden

Gebt dem Kaiser, was des Kaisers ist, und Gott, was Gottes ist«, antwortete laut Matthäus-Evangelium Christus den strenggläubigen Pharisäern. Diese hatten ihn mit der Frage in die Enge treiben wollen, ob der Kaiser Roms rechtmäßig von der unter römischer Besatzung leidenden Bevölkerung Palästinas Zins fordere. Christus wies dabei auf das kaiserliche Porträt auf dem Zins-groschen, den die Pharisäer ihm vorhielten. Er machte deutlich, dass Politik die eine Sache sei, seine Aufgabe aber eine andere.

Tizian (eigentl. Tiziano Vecelli, * um 1477, † 27.8.1576), der bedeutendste venezianische Maler, hat die Szene sehr eindringlich dargestellt, indem er die beiden Protagonis-ten in einem engen Bildausschnitt zeigt, sozusagen in Großaufnahme. Betont werden dadurch das Mienenspiel und die Sprache der Hände, die Gegensätzlichkeit beider Figuren und deren Beziehung in diesem Augenblick.

Der Künstler, dessen Geburtsdatum umstritten ist, war ein Schüler des berühmten venezianischen Malers Giovanni Bellini (siehe 29.11.), dessen naturnahe Auffassung zu seiner Zeit revolutionär war. Darüber hinaus wurde er von der weichen, warmtonigen Malerei Giorgiones, ebenfalls Venezianer, beeinflusst. Tizian starb vor 425 Jahren in Venedig.

*Abb. 65: Jakob ringt mit
mit dem Engel
(Rembrandt, Gemälde-
galerie Berlin-Dahlem)*

sozusagen die leibliche Figur des Menschen und eine obere Gestalt,
die ihn umfaßt und zu ihm herunterblickt und weiß ist. Sie sehen, daß
diese beiden Figuren sich vollständig umklammern und umfassen
und zusammengefügt sind in einer Art Umarmung, die sich dazwischen auslebt. Dieser Augenblick ist im alten Testament sehr betont,
als ein Vorgang, der mit der Aufrichtung zu tun hat, denn es wird
Jakob dabei der Hüftknochen ausgerenkt – also der Knochen, mit
dem sich unsere Aufrichtung abspielt, an dem wir uns aus der Tier-
haltung aufrichten. Das wird betont durch die Ausrenkung, und er
bekommt einen neuen Namen: Israel. Jakob wird in diesem Moment
getauft, und er wird dadurch zum Stammvater eines Volkes, was nun
– so der hebräische Mythos – in der fortwirkenden Auseinandersetzung mit der Frage lebt, wie zwischen diesen beiden Kräften der
Mensch, der wirkliche Mensch geboren werden kann als ein Drittes.
Dieser neue Mensch soll sich dadurch einmal später entwickeln, daß
das Leibliche so veredelt wird, daß bei der Taufe am Jordan sich das
Geistige ganz in dieses Leibliche einfügen kann, daß dann der wirkliche Mensch – es heißt des Menschen Sohn –, man könnte auch sagen

eine Zukunftsgestalt des Menschen, dabei entstehen kann. Dieses Ringen ist, glaube ich, ein Bild unserer Situation heute. Das kann jeder von uns erleben, daß er diesen Kampf durchstehen muß, daß er gewissermaßen zwei Teile in sich hat, die im Gefühlsleben ständig miteinander ringen. Das ist sozusagen unser Los als Mensch, diese Mittelsituation. Jakob rang mit dem Engel eine Nacht lang. Und der Engel hieß Michael, das heißt übersetzt: Wer ist wie Gott? Das ist die Frage an den Menschen, von dem es ja ursprünglich heißt, daß er nach dem Bilde Gottes geschaffen wurde. Mit Michael, der diese Frage sozusagen stellt, ringt Jakob und wird schließlich von ihm gesegnet und dadurch zum Stammvater des Volkes Israel, in dem einmal der Messias geboren werden kann. In diesem Sinne ist es die Aufgabe des Menschen in dieser Auseinandersetzung, in diesem Ringen so zu werden im Inneren, daß er wirklich diese Frage beantworten kann: Wer ist wie Gott? Daß gewissermaßen dieses göttliche Wesen in ihm wohnen kann als Ergebnis seiner inneren Lebensauseinandersetzung.

Das wollte ich als ausblickhaften Schluß jetzt Ihnen zeigen und damit den Abend beenden, bei dem es darum ging, die gegliederte menschliche Gestalt aufzufassen als Ausdruck ihrer inneren Kräfte: Nervensystem – Bewußtsein, Muskel-Gliedmaßensystem – Wille und dazwischen die unruhige Mitte von Herz und Lunge, in der diese beiden fühlend ineinander wirken. Eine ganzheitliche Gesetzmäßigkeit, die, einmal begriffen, sich bis ins Kleinste fortsetzt und bis in die Einzelheiten gefunden werden kann.

Medizinisch-menschenkundliche Grundlagen zur Metamorphose der Sinnestätigkeit

Wir haben die Sinne ja zunächst als ein Gebiet, für das wir, aus unserer Embryonalzeit von der Natur gegeben, Organe angeboten bekommen.* Und wir erleben, daß wir nur unsere Augen zu öffnen brauchen, unsere Ohren zu öffnen brauchen, unsere Nasen zu öffnen brauchen, und es ist eine Welt fertig da für uns. Also, die Sinne sind ein Teil der Naturkräfte, für die wir ausgestattet sind, und man kann es auch so sagen, die Sinneswelt in der wir leben, ist ganz einfach die Welt, für die wir Sinne haben. Demgegenüber gibt es andere Welten, für die wir keine Sinne haben. Wir haben kein Sinnesorgan z.B. für den Magnetismus, für die elektrischen Kräfte. Wir können aber diese Welt uns zum Bewußtsein bringen, indem wir die Sinne instrumentell verstärken. Diese Welt, die absolut vorhanden ist, die wir erfahren können durch eine apparative Unterstützung der Sinne, die an den Stoff gebunden ist, diese Welt nennt Rudolf Steiner untersinnlich. Wir haben also eine Welt der Sinne, dann einen Bereich, für den wir keine Sinne haben: die untersinnliche Welt. Ebenso gibt es eine Welt, die wir lernen können wahrzunehmen, nicht durch apparative Verstärkung, sondern durch innere Verfeinerung unserer vorhandenen Seelenfähigkeiten, und diese ist dann entsprechend die übersinnliche Welt. Sodaß wir also sehen, daß der Mensch mit seinen Sinnen in einer mittleren von drei Zonen lebt; und gewöhnlich sind deren Grenzen einigermaßen dicht.

---

* Dieser Vortrag wurde am 19. Oktober 1992 auf der 2. Kolisko-Tagung in Michael Hall in England gehalten. Die Tagung fand für Schulärzte, Lehrer und Therapeuten, die an Waldorf- bzw. Rudolf-Steiner-Schulen tätig sind, vom 18.–24.10.1992 statt und hatte das Gesamtthema: «Die Praxis der Sinnesschulung im Unterricht und ihre menschenkundlichen Grundlagen».

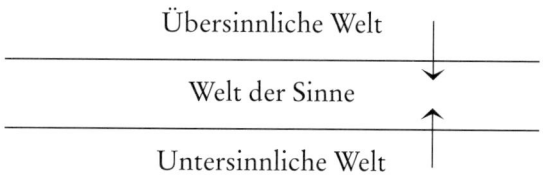

Übersinnliche Welt

Welt der Sinne

Untersinnliche Welt

Nun gibt es Menschen, die sind empfindlich für Wasseradern oder so irgend etwas, erdmagnetische Kräfte, etwas von dieser Welt dringt in sie ein. Es gibt auch Menschen, die sind empfindlich für dasjenige was als Geistiges um sie herum ist. Also Menschen, die zunächst nicht ganz abgegrenzt sind. In dieser mittleren Zone sind sie sozusagen nicht ganz dicht. Es kommt von unten und von oben etwas in sie herein auf naturhafte Art. Das Gewöhnliche aber ist, daß wir in diesem mittleren Bereich leben, aber doch zu verschiedenen Zeiten mit einem unterschiedlichen Sinn. Besonders am Anfang des Lebens haben wir eine grössere Beziehung zu den Kräften der Sinne, die gewissermassen die erd- oder leibnäheren sind. Im weiteren Leben wandelt sich hier unter den Sinnen etwas um, und wir kommen in den Bereich derjenigen Kräfte in uns, die angrenzen schon an diejenigen, die uns in das Uebersinnliche herüberführen könnten. Und der Vorgang, den wir in der Pädagogik vor uns haben, ist zum grossen Teil die Umwandlung aus den mehr unteren Sinnen in die oberen Sinne herein. Also die Umwandlung von einem Leben, das angrenzt an Naturkräfte, zu einem solchen, das weiter angrenzt an übersinnliche Kräfte.

Ich möchte nun das Thema noch etwas näher umreißen, diesen mittleren Bereich zunächst einmal anschreiben (s. Schema S. 189), um dann diese Umwandlung an zwei Sinnen ausführlich zu zeigen.

Als mittlere Gruppe haben wir vier Sinne, in denen vor allem das seelische Leben sich vollzieht und in denen diese Metamorphosekräfte nicht in der Intensität wirken. Sie sind wie der Umschlagsbereich, um den herum die Metamorphose stattfindet. Es sind der Wärmesinn, der Sehsinn, der Geschmack und der Geruch – die mittleren, die seelischen Sinne, in denen wir mit einem so grossen Kreis unseres inneren Gefühlslebens verankert sind. An diese grenzt nach unten an ein Sinn, der das Leibliche schon sehr stark einfügt in

188

Die Zwölfheit der Sinne

Ich-Wahrnehmungssinn
Denk-Sinn
Wort-Sinn   Geistige Sinne
Hörsinn

Wärmesinn
Sehsinn
Geschmackssinn   Seelische Sinne
Geruchssinn

Gleichgewichtssinn
Eigenbewegungssinn
Lebenssinn   Leibliche Sinne
Tastsinn

die äußeren Kräfte, das ist der Gleichgewichtssinn. Dann weiter der Sinn für die Kräfte der Bewegung – Muskelsinn könnte man ihn auch nennen – Eigenbewegungssinn. Als ein noch stärker in den Leib hereinwirkender Sinn, schon mit einer grossen Dumpfheit, der Sinn für die eigene leibliche Befindlichkeit, der Lebenssinn. Und schließlich ein in Wirklichkeit sehr dumpfer, tiefer Sinn, der uns mit allem Stofflichen verbindet, merkwürdigerweise ein Sinn, für den es Rudolf Steiner nicht leicht war, seine Sinnesqualität zunächst überhaupt zu entdecken, der Tastsinn. Das sind also die leiblichen Sinne. An die seelischen Sinne angrenzend in einem Umwandlungszusammenhang, in Zusammenhang mit dem Gleichgewichtssinn der Hörsinn, in Zusammenhang mit dem Eigenbewegungssinn der Sprachsinn oder Wortsinn. Als eine Umwandlung der Wahrnehmungsfähigkeit für das Befinden des Leibesinneren der Gedankensinn und hier als die Umstülpung und Innenseite des Tastsinnes der Ich-Wahrnehmungssinn, der aber nicht die Wahrnehmung für das eigene Ich ist, sondern für das fremde Ich. Man könnte ihn also auch den Du-Sinn nennen, anstatt den Ich-Sinn, aber gemeint ist das Ich des anderen

189

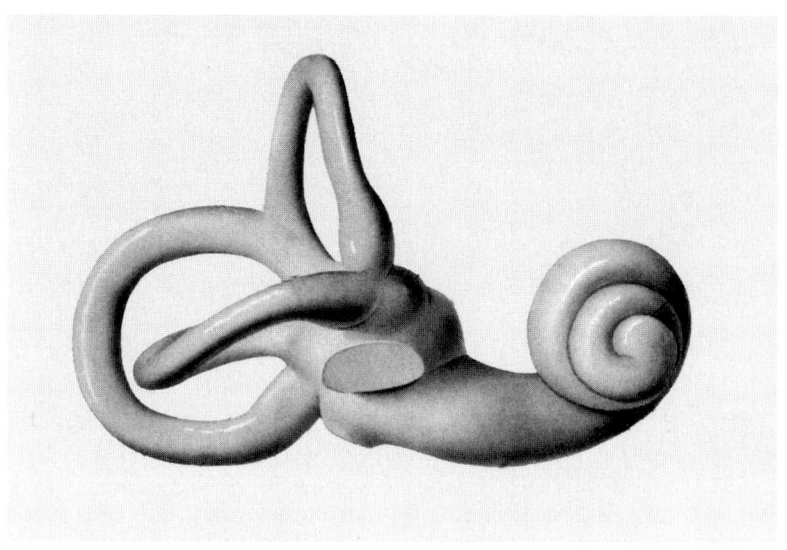

*Abb. 66: Das menschliche Innenohr: Bogengänge
(Gleichgewichtsorgan) und Schnecke (Hörorgan)
(aus: Sobotta-Becher, Atlas der Anatomie, Bd. 3)*

Menschen, also der Ich-Sinn oder der Du-Sinn. Über diese Um-
wandlungsvorgänge soll nun einiges gesagt werden.

Fangen wir zunächst an mit dem Paar Gleichgewichtssinn – Hörsinn. Wie eng sie miteinander zusammenhängen wird daran deutlich,
daß der Hörsinn sich aus dem Gleichgewichtssinn entwickelt hat.
Bei dem Gleichgewichtssinn haben wir es zu tun mit drei halbkreis-
förmigen Gebilden, die über ein Flüssigkeitssystem mit dem Hörorgan verbunden sind.

Das Gleichgewichtsorgan, auch das Erleben für unten und oben, ist
der viel ältere Teil des Ohres, den wir schon weit zurückgehend in
der Wirbeltierreihe bei Fischen sehr ausgebaut finden. Das Hörorgan
hingegen beginnt erst langsam sich zu bilden und wandert allmählich
aus dem Gleichgewichtsorgan heraus aus und wird gewissermassen
die Innenseite dieses Sinnes. Einen letzten Rest dieses Vorganges
können wir noch erleben, wenn wir Töne hören. Machen wir uns
klar, für den Physiker sind tiefe Töne, Töne mit einer langsamen
Schwingungsfrequenz und hohe Töne sind solche mit einer schnellen
Schwingungsfrequenz. Für den gewöhnlichen Höreindruck ist es

aber so, daß wir sagen, das eine ist tief und das andere ist hoch. Eigentlich etwas, von dem man sich fragen könnte, warum das so ist. Es ist sogar so, daß in der Gehörschnecke das Tiefe oben gehört wird und das Hohe unten, aber für das seelische Empfinden bemerken wir gewissermaßen noch die Orientierung in oben und unten, welches jetzt umgeschlagen und sich in ein rein seelisches Oben und Unten gewandelt hat. Das ist eine Umwandlung, die noch eine hohe Qualität von Natürlichkeit hat.

Das zweite Umwandlungspaar, bei dem es schon schwieriger ist, seine naturhafte Beziehung zu bemerken, ist der Vorgang von Eigenbewegung und Sprache. Der Eigenbewegungssinn beruht darauf, daß jeder Muskel, den wir haben, mit kleinen Sinnesorganen durchsetzt ist. Wir haben nicht nur die Fähigkeit, daß wir wissen, wie wir als ganzer Mensch im Raum sind, sondern auch: wenn ich mich umdrehe, weiß ich jetzt, daß mein Daumen hinter meinem Rücken nach oben zeigt, ich weiß auch, daß er sich bewegt. Das liegt daran, daß wir Spindeln haben, empfindliche Organe in den Muskeln, die uns ständig genaueste Mitteilung machen darüber, wie die Lage und wie die Bewegung in unserem Muskelsystem ist. Diese Empfindlichkeit ist sehr verschieden an verschiedenen Orten. Immerhin können wir zusammenfassend sagen, daß der ganze Muskelorganismus durchseelt ist, eingewoben mit seelischer Empfindung für die Bewegung und für die Stellung. Sie können sich nun deutlich machen, daß, indem dieses miterlebt wird, von unten nach oben gleichsam eine verwandelte Empfindlichkeit eintritt. In unseren unteren Teilen, den Beinen, ist die Muskulatur gebunden an die Kräfte der Auseinandersetzung mit der Schwere. Wir entwickeln ständig Kräfte, die uns abstützen vom Gewicht. Je weiter wir nach oben kommen am Leib, desto weniger ist die Muskulatur an diese Kräfte, an das Stützen gebunden, die Arme werden schon freier. Wir bemerken ja, daß wir an den Armen durch ihre Freiheit sogleich die Fähigkeit bekommen der Gestik. Es verbindet sich mit dem inneren seelischen Erleben. Stellung, Bewegung sind nicht nur Funktion sondern auch Ausdruck. Eine Stufe höher wird es noch feiner, Gestik wird zur Mimik, und Sie bemerken, wir sind jetzt eigentlich mit unserer Empfindlichkeit schon ganz dicht am Seelischen.

Für alle Bereiche gibt es Künstler. Ich habe neulich eine mimische Künstlerin kennengelernt in einer Drogerie. Ich war dabei, einen

Abb. 67:   «Baum»   «Tree»

Rasierschaum zu probieren, ich wollte schauen wie er riecht, das ist ja ein wichtiger Gesichtspunkt, und drückte also leicht drauf und die Sache explodierte fast und ich hatte eine riesige Hand voll mit Rasierschaum. Die Verkäuferin guckte mich an, und dann bemerkte ich dieses mimische Kunststück: sie drehte die Augen nach oben, lächelte dabei verbindlich, als ob sie sagen wollte, um Gotteswillen was machen sie, aber machen sie nur weiter, sie werden schon einen finden. Man merkt also: eine Fähigkeit, sich ganz und gar in der Bewegung schon auszudrücken. Sie hätte es mit Worten nicht besser sagen können. Es ist dann nur ein kleiner Schritt dazu, daß man tatsächlich die Bewegung, die sich nach außen auslebt, in die Sprachwerkzeuge hereinnimmt.

Die Sprachwerkzeuge ahmen die Bewegung nach, die man eigentlich seelisch oder sogar leiblich mitgemacht hat. Bei Rudolf Steiner finden wir viele Beispiele dieser Art. Ich selber finde es so interessant zu sehen, wie die verschiedenen Sprachen gewissermassen mit einer anderen Bewegung in die Gegenstände hereinblicken. Ein deutscher Baum, finde ich, sieht etwa so aus, ein englischer «tree» dagegen so (vgl. Abb. 67). «Tree»: also überall die Einkerbungen; dagegen der «Baum»: gewissermaßen die Gestalt von außen. Die Bewegung, die umfaßt, oder die sich gliedert und nach außen geht. «Different languages break up the world differently.» Also ein anderer Bewegungszugriff. Und dieses wird dann mit der Zeit von der Grobmotorik über die Feinmotorik zur Mimik und zur Sprachmotorik. Das wäre

192

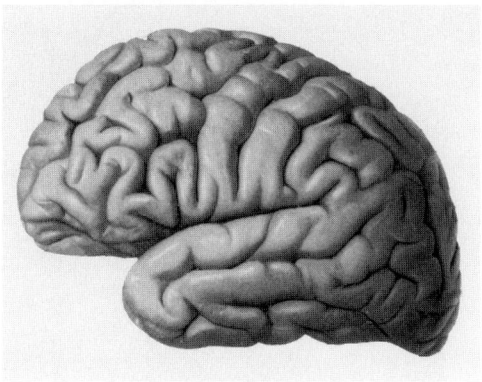

Abb. 68: Das menschliche Großhirn (linke Hemisphäre)
(aus: Benninghoff-Goerttler, Anatomie Bd. 3)

ein zweiter solcher Umwandlungsvorgang, den wir ja auch gut am kleinen Kind beobachten können.

Wir wollen uns nun dem Lebenssinn zuwenden und seiner Umwandlung zum Begriffswahrnehmungssinn, dem Gedankensinn. Schauen wir uns zunächst die Organe an, die damit verbunden sind. Der Begriffswahrnehmungssinn, der Gedankensinn, hat vor allem zu tun mit dem Großhirn des Menschen – also einer Struktur, welche eine strenge Anordnung der Gestalt hat, eine genaue Zuordnung jedes Körperteils zu jedem Funktionsbereich. Das Großhirn steht in einem ganz genauen Kreuzungsverhältnis zwischen dem, was auf der einen Körperseite und auf der anderen Körperseite vor sich geht. Es ist ein Organ, das aus dem Stoffwechsel herausgehoben ist durch viele Abgrenzungen, und von dem Rudolf Steiner ja geradezu als von einem Spiegelorgan spricht. Das Gehirn ist ein Organ, das abbildet ohne aber an den Kräften dessen, was es abbildet, teilzunehmen. Wir können also auch Gott sei Dank etwas völlig Falsches denken, und es passiert in der physischen Welt, über die wir denken, nichts Schlimmes. Es spiegelt nur. Eine Welt von ganz genauen Ordnungen – das Organ des Gedankensinns.

Das Organ des Lebenssinns ist das vegetative oder autonome Nervensystem. Jedes Sinnesorgan, das uns mit den physischen Kräften und mit der Sinneswelt verbindet, hat auch physische Vermittlungen. So ist das vegetative Nervensystem ein weit verzweigtes, intensiv in

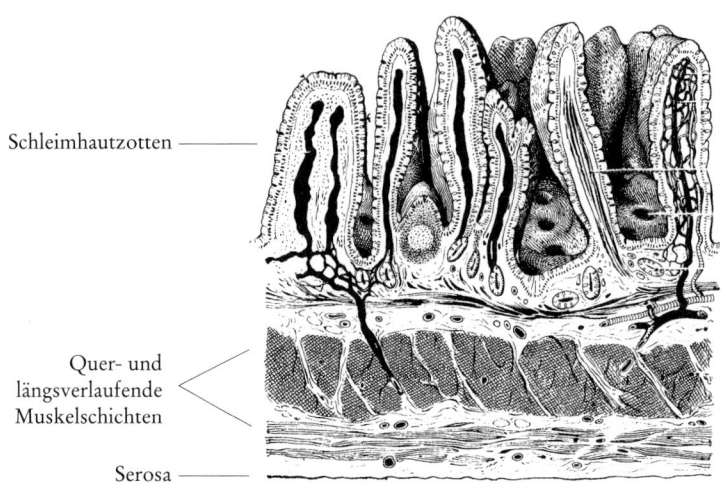

Schleimhautzotten ────────

Quer- und
längsverlaufende
Muskelschichten

Serosa ────────

*Abb. 69: Wandaufbau der Dünndarmschleimhaut. Oberfläche und
Schnitt kombiniert. (aus: Benninghoff-Goerttler, Anatomie Bd. 2)*

die Organe hereinströmendes Nervennetz oder Nervengewebe.
Nicht eines, das sich herauslöst, absondert, wie der ganze Kopf es für
sich tut, sondern im Gegenteil hereinströmt geradezu. Ich will ihnen
das kurz am Beispiel des Darms skizzieren. Wenn wir den Darm uns
vorstellen, dann haben wir zunächst die Darmschleimhaut, durchsetzt und durchwoben von Nervengewebe.

Mit tausend und abertausend von kleinen Zungen geht der Darm in
den Speisebereich hinein, durchdringt ihn, schmeckt ihn, saugt ihn
auf und diese Zottenbeweglichkeit des Darms ist bedingt durch diese
unterste Struktur des vegetativen Nervensystems, das ihn völlig
durchsetzt. Um diese Darmschleimhaut haben wir die Darmmusku-
latur, die nun durchsetzt ist von einer weiteren Geflechtschicht. So
haben wir: Plexus submucosus, unter der Schleimhaut, Plexus myen-
tericus, in der Muskelschicht des Darmes. Diese wirken nun in den
Wahrnehmungs- und Bewegungsvorgängen des Darmes, also darin,
wie sich der Darm bewegt. Man sieht in den Röntgenaufnahmen,
wenn das untersucht wird, wie er hin und her pendelt, die Speise mit
einer großen Leichtigkeit vorwärts befördert und dann wieder etwas
zurückbewegt. Man hat das Gefühl, der Darm, der Dünndarm vor
allem, macht eigentlich Eurythmie. Da ist diese zweite Nerven-

schicht. Als drittes ist das Ganze umgeben von einer Abgrenzung, von der Serosa, und da haben wir den Plexus subserosus, wiederum ganz durchsetzt mit Nerven, die dem Darm die größte Empfindlichkeit geben. Dann strömen Blutgefäße hier ein und versorgen ihn, tragen auch die Nahrung hin und weg, und diese sind wiederum ganz umsponnen von Nervengewebe. Jedes Blutgefäß im Körper ist begleitet von umwebenden Nerven, die fein wahrnehmen und vermitteln: Öffnen des Blutgefäßes, Schließen des Blutgefäßes. Der ganze Leib ist durchsetzt von Wahrnehmungsfähigkeit. Wahrnehmungsfähigkeit für den Zustand des Organismus – Wahrnehmungsfähigkeit für die Beziehung der Organe untereinander. Wenn wir das nun weiter verfolgen, dann kommen wir zu etwas größeren Nervengeflechten [es wird gezeichnet], also hier wäre eine ganze Darmschlinge mit ihren Blutgefäßen. Es verbindet sich zu größeren Geflechten und schließlich läuft das ganze zusammen in schon sichtbaren, das heißt nicht mehr im Organ verborgenen sondern sich herauslösenden Nervengeflechten (s. Abb. 70).

Die meisten von Ihnen kennen zum Beispiel das Sonnengeflecht unterhalb des Zwerchfells. Ein merkwürdig anzusehendes, wirres System von Nervenorganen, die völlig in häßlicher oder wirrer Art zusammengeschoben sind. So stufenweise ist dieses vegetative Nervensystem in die Organe hereingegossen bzw. löst sich stufenweise heraus und bildet als Höchstes, sozusagen das höchste der Gefühle für dieses Nervensystem, so etwas wie das Sonnengeflecht oder das Beckengeflecht, also ein solches wirres Organ. Dieses ist offenbar so, daß an dieser Stelle nicht die Art von Ordnung entsteht, wie wir es hier beim Großhirn haben. Es ist von seiner Anordnung nicht abbildend. Wir haben den größten Gegensatz, wenn wir diese beiden einander gegenüber stellen. Aber wir sehen, in diesem vegetativen Nervensystem liegt eine große bedeutende Funktion, und die nehmen wir wahr.

Bleiben wir beim Darm: denken sie sich, man hat gegessen. Die Darmschleimhaut hat sich durch die Magensäfte ein bißchen abgebaut. Die oberste Schicht ist gleichsam angedaut. Jetzt ist der Nahrungsvorgang vorbei. Man hält Mittagsruhe oder schläft. Was passiert hier? Die Nahrung ist aufgenommen worden. Jetzt werden hier Blutgefäße geöffnet, Blut strömt herein in die Schleimhaut, Eiweißstoffe, Aufbaustoffe werden hingetragen, die Darmschleimhaut baut

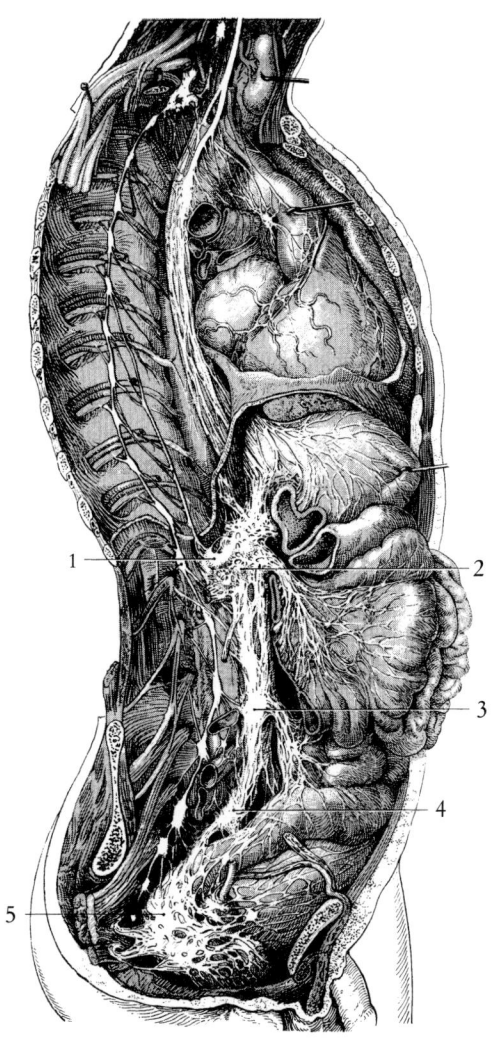

Abb. 70: Plexusbildungen des vegetativen Nervensystems im Bauchraum
(aus: W. Kahle, Taschenbuch der Anatomie, Bd. 3, Nervensystem und
Sinnesorgane)
1 = Plexus coeliacus (Sonnengeflecht)
2 = Plexus mesentericus superior
3 = Plexus mesentericus inferior
4 = Plexus hypogastricus superior
5 = Plexus hypogastricus inferior

sich wieder auf. Dann hat sie ihre Form wieder erzeugt, sie ist wieder an ihrer eigenen unsichtbaren Grenze angekommen. Nun werden die Blutgefässe eng gemacht, es gibt keine Durchblutung mehr oder nur noch minimal, und die Darmschleimhaut ist wieder an ihrer Leibesform angekommen. Wenn das wenige Blut, das wir haben, sieben Liter, wenn das alle Organe auf einmal durchbluten würde, dann hätten wir viel zu wenig, wir wären blutleer. Aber die Verteilung macht's: die ständig wechselnde geheimnisvolle Verteilung, die überall gerade so weit geht, daß die Organgestalt sich wieder aufbaut. Es ist wegen dieser Funktionen hier, daß wir Tag für Tag, Jahr für Jahr durchs Leben gehen, unter Umständen uns jahrelang nicht gesehen haben, dann uns wieder begegnen und sagen: «Hallo Jenny», weil das Bild des Leibes, das Bild der eigenen Gestalt hierdrin wirksam ist.

Dem gegenüber – so merkwürdig: wenn wir einen Querschnitt durch das Rückenmark machen und wir gucken das Nervensystem da an, dann haben wir im Rückenmarksinneren das Rückenmarksgrau; hier sind Zellkerne. Und hier müssen sie sich vorstellen, das ist das Rückenmarksweiß, das sind Fasern – Fasern, die so orientiert sind: herauf und herunter. Und nun das Merkwürdige – zunächst schwer zu begreifen: die Fasern hier haben die strengste Anordnung. Es liegt nicht irgendeine Faser neben irgendeiner anderen Faser, sondern die Anordnung dieser herauf- und heruntergehenden Fasern wiederholt jetzt, für die einzelnen Sinnesqualitäten unterschiedlich, die Leibgestalt. Wir haben also hier in der Anordnung der Fasern kleine Menschen sitzen, in merkwürdigen Positionen, hockend, stehend, jede Sinnesqualität in einer anderen Gestalt, zu merkwürdig! (Abb. 71) Es bildet bereits ab. Die Anordnung der Faser ist für die Nervenärzte so wichtig, weil sie dadurch wissen: jemand hat eine Störung der Wärmeempfindung am Fuß, dann sind es diese Fasern, wo z.B. ein Tumor wächst. Oder eine Störung der Wärmeempfindung am Hinterkopf – aus diesen Störungen heraus weiß man, wie die Anordnung der Fasern ist. Die Anordnung der Fasern hat schon einen Abbildungscharakter.

Und je höher wir an der Wirbelsäule kommen, desto vollständiger wird dieser Leib abgebildet. Hier unten nur die Füße, hier die Beine, Rücken, Hals usw. Das kommt durch die Fasern, die aus den verschiedenen Regionen einströmen und dann die Gestalt ergänzen. Diese verschiedenen Männchen, die alle hier im Rückenmark getrennt sind,

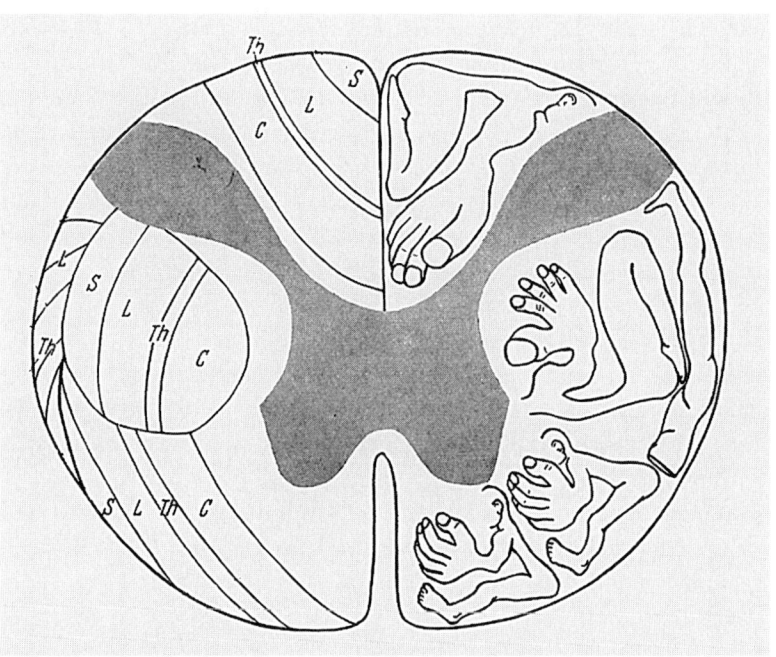

Abb. 71: Das Rückenmark und seine Homunculi
Schema für die Beziehungen zwischen den Fasern der weißen Substanz und
den Körpersegmenten (links) bzw. Körperteilen (rechts)
(aus: Braus-Elze, Anatomie Bd. 3)

strömen nun gewissermaßen zusammen, vereinigen sich. Wärme, Tasten, Schmerz, Muskeleigenempfindung usw., all das strömt zusammen und gibt jetzt hier in der hinteren Hirnrinde den sogenannten Hirnhomunculus, das kleine Hirnmännchen – ein Abbild des Menschen. Und nun: erschreckend! (Abb. 72) Er sieht fürchterlich aus! Er hat eine riesige Zunge, gewaltige Lippen, ungeheure Hände, ganz einen kleinen Rücken, große Geschlechtsorgane, ein Monster, wirklich ein Monster! Wenn wir das anschauen, wie sich die Empfindsamkeit, die wir an den verschiedenen Stellen des Körpers haben, in das Gehirn herein abbildet, dann müssen wir sagen, wir sind ein häßlicher Wurm. Es ist wirklich so! Es ist ein Abbild davon, wie wir mit unserem Bewußtsein an den einzelnen Stellen im Leib leben.

Denken sie sich, sie haben ein großes Bewußtsein ihrer Hände, wenig Bewußtsein von ihrem Rücken – hier kommt das raus. Es ist

198

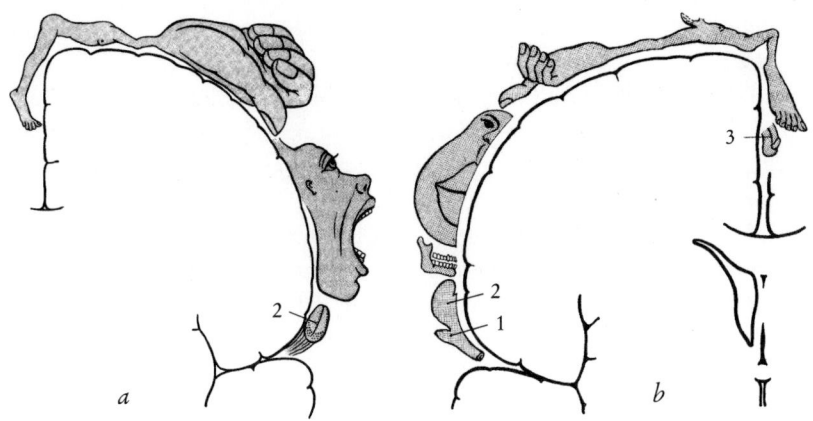

Abb. 72 a: Homunculus der motorischen Großhirn-Rinde
b: Homunculus der sensorischen Großhirn-Rinde
(1 Kehlkopf, 2 Zunge, 3 Geschlechtsorgane)
(aus: W. Kahle, Taschenbuch der Anatomie)

ein wirkliches, fast imaginatives Bild davon, wie der Mensch mit seinem Bewußtsein in seinem Körper lebt, und da ist eben die Zunge gewaltig. Diese Bilder sind im Rückenmark in ihrer Zuordnung von Faser und Funktion ganz streng. Die Abbildung des Menschen hier oben im Großhirn ist nicht streng. Diese Abbildung ist beweglich. Sie können sich vorstellen, jemand spielt Klavier, seine ganze Konzentration geht in die Hände, jetzt wird der Bezirk des Gehirns, der die Hände repräsentiert, noch größer. Er ißt gerade, jetzt wächst der Mund. Er geht, jetzt werden die Beine lang. Bewegliche, huschende, sich verändernde, wachsende und sich verkleinernde Gestalten! Verschiedene Bezirke wandern gewissermaßen ineinander über. Es ist monströs aber wandelbar. So ergibt sich ein merkwürdiger Gegensatz: Was hier im vegetativen Nervensystem wirkt, enthält in sich kein Bewußtsein. Wir wissen nichts davon, aber es ist ein *wirkendes Bild*, es baut tatsächlich an uns: das Bild unserer Gestalt – ein wirkendes Bild könnte ich hier sagen. Es macht uns zu dem edlen Leibbild, das wir durchs Leben tragen – hier sind wir harmonisch. Hier im Großhirn haben wir ein *Bewußtseins-Bild*, es hat keine Wirkung, es bildet ab. Unser Bewußtseins-Bild ist häßlich, wurmartig, aber wan-

199

delbar. Das ist die Spannung zwischen den zwei Leibesbildern, die wir durchs Leben tragen. Wir haben ein wunderbares Bild, in dem alle Organe drin sind, wir haben ein häßliches, verzerrtes Abbild, das mit unseren Bewußtseinskräften wach durchsetzt ist. Das Eigentümliche aber ist, daß diese Kräfte miteinander in einer Wachstums- und Umwandlungsbeziehung stehen.

Die Frage, um die es nun geht, ist die Umwandlung des einen in das andere. Es gibt eine Ebene der Betrachtung, die ich jetzt nicht ausführe, die damit zusammenhängt, daß dieser Hirnhomunculus tatsächlich auch erst entstehen muß in seiner Funktion. Ich möchte jetzt gleich auf die nächste Ebene gehen, wo wir es nicht mehr mit organisch fixierten Abbildungen zu tun haben, sondern mit dem, was dann noch weiter sich heraushebt, mit dem Begriff. Lassen sie mich vielleicht ein Beispiel geben aus meiner eigenen Schulzeit, wo mir etwas zum Bewußtsein gekommen ist, was ich erst später, viel später rückblickend begriffen habe. Stellen sie sich vor, in der ersten Klasse wird ein Märchen erzählt von einem Prinzen, der in einem Turm hinaufgeht über eine Wendeltreppe zu einer Prinzessin, die in der Turmstube wartet. Es wird vom Klassenlehrer ausgemalt jede Stufe in ihrer Höhe, zwischendurch ein kleines Fenster, oben die Prinzessin. Man spricht nicht weiter darüber, es ist ein Märchen. Dann 4. Klasse, Tierkunde. Jetzt wird das Bild des Adlers besprochen, und es wird geschildert, wie er mächtig im Aufwind kreist und allmählich immer höher hinaufkommt in Richtung der Sonne. Es geht um den Adler. Dann 5. Klasse, es wird die Spiraltendenz der Pflanze besprochen. Die Anordnung der Blätter immer höher bis zur Blüte. Dann 9. Klasse, Elektrizitätslehre, Elektromagnet mit Stab drin, und die Spule, die den Magneten umgibt. Dann 10. Klasse: Menschenkunde. Der Lehrer nimmt das Herz durch, er behandelt die Herzscheidewand, es wird erzählt, wie das Blut in einem Wirbel herausgeschleudert wird und nach oben geht zum Kopf, nach unten in den Leib. Es wird schon präziser, man lernt Fremdworte. Die Schüler freuen sich, wenn sie dann lernen: ‹aortico-pulmonales Septum›, oder so, erzählen es mit Stolz zu Hause. Und dann – das ist jetzt der Punkt, an den ich mich erinnere – mechanisches Zeichnen, 11. Klasse, der Lehrer sagte zu einem Klassenkameraden, ich war froh, daß ich es nicht war, deswegen weiß ich es noch: «Axel, stehen sie auf! Nehmen sie die Hände auf den Rücken und beschreiben sie eine Schraubenlinie.»

Axel fängt an: «Eine Schraubenlinie ...» – «Nein, Hände auf den Rücken!» Und jetzt wird in der Dauer einer Stunde erarbeitet: «ein Punkt, der eine Schraubenlinie beschreibt, verläuft mit gleichbleibendem Abstand und konstanter Steigung um eine Achse.» Dann hat man's. Große Erleichterung. Und man sieht, was jetzt passiert ist. Woher weiß Axel dieses: ein Punkt, der eine Schraubenlinie beschreibt ... – der fast bildlos gewordene Begriff. Ja, längst bevor er das begreifen konnte, ist seine eigene Herzscheidewand nach diesem Begriff gewachsen. Als *wirksamer* Begriff war es im Leib schon drinnen, längst ehe es aufgewacht ist. Und wir sehen, wie wir also im Laufe der Schulzeit die deutliche Metamorphose haben. Es beginnt mit Märchenbildern, es geht allmählich weiter und wird zum Begriff, stufenweise. Aber längst, bevor es Bild war, war es bildende Kraft, die sich umgewandelt hat und zum Begriff geworden ist:

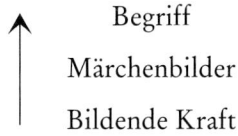

Begriff

Märchenbilder

Bildende Kraft

Es wäre eine schöne Aufgabe, einmal auszuführen in Einzelheiten, wo eigentlich die Begriffe, die wir lernen, ihrem Ursprung nach herkommen, und diese Orte im Organismus aufzusuchen, wo das gewissermaßen vorhanden ist, was wir nachher lernen. Wir könnten gleichsam durch alle Sinnesbereiche hindurchgehen. Wo sind die Dinge, die Kraft enthalten? Wo sind die Dinge, die mehr Bild sind, wo sind die wirklichen Formtendenzen? Das ist gleichsam der Aufgabenbereich des Lehrers, und das beinhaltet seine große Verantwortung. Einmal seine Verantwortung natürlich in Bezug auf den Zeitpunkt: nicht früher die Begriffe herauszulösen aus dem Organismus, als sie frei geworden sind, das ist deutlich. Man kann hier oben mit Begriffen bauen, aber man raubt dann hier unten bildende Kräfte. Das ist ein Raubbau, wenn es zu früh geschieht, man entzieht etwas. Und zum anderen seine Verantwortung, vor allem die Begriffe so auszubilden, daß sie wahrhaftig sind in Bezug auf das Leibbild, das als Vorbild im menschlichen Organismus durch den Lebenssinn da ist. Der Lebenssinn hat ein Harmonisches, die eigentliche menschliche Gestalt als Vorbild. Dieser Ursprung wird nicht nur vorausge-

201

hendes Bild, er wird das Vorbild für die Art, wie die Bewußtseinsbilder sich gestalten können. Wir haben gesehen, hier im Zentralnervensystem ist es vom Organischen her beweglich, aber von den seelischen Kräften entstellt. Und wir können uns innerlich sagen, wahre Erziehung heißt, im Bewußtsein die Umwandlung so vollziehen, daß das Vorbild des Leibes wirklich zum Abbild im Bewußtsein werden kann. Der vorausgehende Typus der menschlichen Gestalt, der uns das Leben über belehrt darüber, wie wir werden sollen, das ist unser Leib. Unser Leib belehrt uns darüber, was wir werden sollen. Seelisch sind wir nicht so harmonisch wie unsere Leiblichkeit. Leiblich haben wir die Schwerkraft überwunden durch die Aufrechte, seelisch haben wir sie nicht überwunden, und wir können viele Schwerkraftwirkungen in uns erleben. Erziehen in diesem Sinne heißt, das Menschentum im Bewußtsein wieder hervorbringen.

Zum Abschluß möchte ich ihnen jetzt noch etwas vorlesen, in dem die Kraft, die dieses vermag, in einer urbildlichen Weise ausgesprochen ist. Es bezieht sich auf den letzten Sinn, den wir in seiner Umwandlung anschauen müßten, auf den Zusammenhang von Ich-Sinn und Tast-Sinn. Das können wir hier jetzt nicht tun, aber wir können vielleicht eine Qualität der Sache hiermit hereinnehmen.

Der Tastsinn ist ständig beansprucht an unseren Fußsohlen, wo das Gewicht mit der Erde in Berührung kommt und wir anstoßen. Das ist der Bereich, in dem wir immer tasten. Wir hatten einmal einen Patienten mit einer Querschnittslähmung, der keine Tastempfindung mehr hatte, der aber eine spastische Strecklähmung der Beine hatte, so daß man ihn tatsächlich hinstellen konnte, in einem Gehwagen. Er hatte aber kein Tastgefühl. Und es war so, daß wir damit aufhören mußten, weil er das nicht ertragen konnte, auf dem Boden zu stehen ohne Tastwahrnehmung. Im Liegen war wenigstens vom Rücken her eine Tastempfindlichkeit da, das war die einzige Lage, in der er ein gewisses Anwesenheitsgefühl haben konnte. Unser Anwesenheitsgefühl hängt mit unserem Tastsinn zusammen, und Sie sehen das in jedem Museum, wenn überall steht «Bitte nicht berühren!». Diese Schilder sind wirklich für mich da hingesetzt, denn ich habe auch ständig – selbst wenn es Gemälde sind – das Bedürfnis, sie anzufassen, weil man durch den Tastsinn eine andere Existenzempfindung bekommt. Sich fühlen im Leib, anwesend fühlen, ist verbunden mit dem Tastgefühl, was unseren ganzen Körper wie eine Haut umgibt, unsere Leibesgestalt nachformt oder vorformt, wobei wir immer merken, hier bin ich und da ist Welt. Das Realitätsempfinden bekommen wir durch den Tastsinn.

Nun die Stelle aus dem Johannes-Evangelium, die ich Ihnen vorlesen wollte, an der Sie jetzt die Kraft bemerken, die die Umwandlung in den höheren Sinn vollzieht:

Es ist nach Ostern, die Jünger sind beieinander: «Und nach acht Tagen waren seine Jünger abermals drinnen versammelt und Thomas war mit ihnen. Kommt Jesus, da die Türen verschlossen waren, und tritt mitten unter sie und spricht: «Friede sei mit euch.» Danach spricht er zu Thomas, (der gezweifelt hatte ‹ehe ich meinen Finger lege in seine Wundmahle, glaube ich's nicht›): «Reiche deine Finger her und siehe meine Hände und reiche deine Hand her und lege sie in meine Seite und sei nicht ungläubig sondern gläubig.» Thomas antwortete und sprach zu ihm: «Mein Herr, und mein Gott!»

In diesem Augenblick schlägt die Tastempfindung um in die Begegnung mit dem Wesen, das ihm gegenübersteht. Die Frage ist, wo sich der Mensch in seinem Realitätsgefühl begründen kann. Das Tastempfinden verankert uns in der physischen Welt. Der Ich-Wahrnehmungssinn, wenn er entwickelt ist, läßt uns bemerken, daß es eine Welt geistiger Wesenheiten gibt, die wir zunächst im anderen Menschen kennenlernen, die die gleiche existentielle Wirklichkeit hat, wie dasjenige, an das wir anstoßen können. Und die Kraft, die diese Umwandlung zustande bringt, ist in diesem Sinne das Wesen, das die Leibeswirksamkeiten in die geistigen Wirksamkeiten zurückverwandeln kann. Der Mensch wird geboren in die Leiblichkeit herein. Er stirbt langsam in die höheren Sinne herein und muß lernen oder soll lernen, im Geiste leben zu können. In dieser Nachfolgeschaft wirken wir in der Erziehung von Kindern, wenn wir bemüht sind, so zu unterrichten, daß die Leiblichkeit des Menschen wieder auftauchen kann im vollen vollendeten Menschsein des inneren Lebens.

Die Anatomie des Ohres und das Hören

Ich möchte ihnen jetzt etwas über das Ohr und das Hören, soweit es die organischen Grundlagen anbelangt, sagen und hoffe, daß sie das dann in Ihrer eigenen Weiterarbeit in etwas für Sie Fruchtbares umwandeln können.*

Vergleichen wir einen Moment das Hören mit dem Sehen. Schauen wir, wie das Organ nachbarschaftlich angeordnet ist im Bereich der Sinnesorgane des Kopfes. Wir haben eine ganze Reihe von Sinnen, die nach vorne orientiert sind: am weitaus stärksten das Sehen, auch das Riechen und dann ein bißchen nach innen verlagert, das Schmekken. Und wir haben weit nach hinten verlegt und seitlich orientiert das Hören, an das sich dann die weiteren, mehr inneren Sinne anschließen, der Wortsinn oder Sprachsinn, der Denksinn und der Ich-Wahrnehmungssinn.[1]

Geistige Sinne	Seelische Sinne	Leibliche Sinne
Ich-Wahrnehmungssinn	Wärmesinn	Gleichgewichtssinn
Denksinn	Sehsinn	Eigenbewegungssinn
Wortsinn	Geschmackssinn	Lebenssinn
Hörsinn	Geruchssinn	Tastsinn

Es ist nun bedeutsam für das Hören, als dem niedersten der geistigen Sinne, daß ihm ganz unmittelbar anatomisch zugeordnet ist der höchste der leiblichen Sinne, der Gleichgewichtssinn. Die beiden wachsen ja sozusagen auseinander hervor. An den Gleichgewichtssinn schließen sich dann die anderen Sinne an, also der Eigenbewegungssinn, der Lebenssinn, und als niederstes der Tastsinn. Wir ha-

---

* Vortrag vom 26. Oktober 1990 bei der Fachtagung der anthroposophischen Heilpädagogen und Sonderschullehrer.

ben also vier geistige Sinne, wir haben auch vier in das Leibesinnere gerichtete Sinne, die den Eigenzustand des Körpers bemerken. Wie mein Kopf im Raum steht, wie er sich bewegt, wird wahrgenommen durch den Gleichgewichtssinn. Wie meine Muskeln sich bewegen, was z.B. meine Hände tun, auch wenn ich sie, ohne sie zu sehen, hinter meinem Rücken bewege, bemerke ich durch den Eigenbewegungssinn. Über mein Schläfrigkeitsgefühl nach dem Mittagessen sagt mir der Lebenssinn etwas, und der Tastsinn erfaßt eben die Außenwelt. Das sind die leiblichen Sinne, und dazwischen liegen die seelischen Sinne. Wir sind also mit dem Hören hier an einer bestimmten Stelle, und das wird uns jetzt auch im Weiteren beschäftigen.

Schauen wir, wie das Ohr am Schädel angeordnet ist, und vergleichen wir es zur besseren Orientierung und, um einen Gesichtspunkt zu gewinnen, mit dem anderen Hauptsinn, der in unserem Bewußtsein eine Rolle spielt, dem Auge. Das Auge ist in einer sich nach außen öffnenden Höhle gelagert. Ein Hirnteil ist tatsächlich sozusagen ausgewandert, herausgetreten aus der Schädelkapsel, hat sich in einen Außenbezirk vorgeschoben. Es ist ein nach außen verlagerter Hirnteil und entsprechend dieser Tendenz des Nach-außen-Gehens, Sich-Auflösens sind auch die Knochen dieser Partie gestaltet. Schauen wir, wie es liegt. Nach den Seiten haben wir das ganz dünne Schläfenbein, ein sehr empfindlicher Knochen, nach unten haben wir den Orbitaboden, also den Boden der Augenhöhle, einen der dünnsten Knochen, den wir überhaupt am Körper finden.

Im Anatomieunterricht im ersten Semester, als der Dozent die Schädel austeilte zur Untersuchung, sagte er immer «Nicht in die Orbita fassen, nicht in die Orbita fassen, nicht in die Orbita fassen», also zu jedem Schädel, den er auslieh, sagte er «Nicht in die Augenhöhle fassen». Sie war schon leidlich zerstört – weil nämlich nur eine hauchdünne Membran sie abfängt nach innen zu den Nasenhöhlen und zu den Kieferhöhlen. Von lauter benachbarten Höhlen ist die Augenhöhle durch papierdünne Wände getrennt. Direkt hinter der Augenhöhle liegt die Keilbeinhöhle, eine große, mächtige Höhle in der vorderen Partie des Schädels, unmittelbar hinter der Nase. Dann kommen in der Mitte, zur Nase hin, die Siebbeinzellen, wieder dünne empfindliche Schichten und unten schließen sich die Kieferhöhlen, nach oben die Stirnhöhlen an. Also, das Auge ist nach allen Seiten von Höhlen umgeben, schleimhäutigen Höhlen, in die die Luft ein-

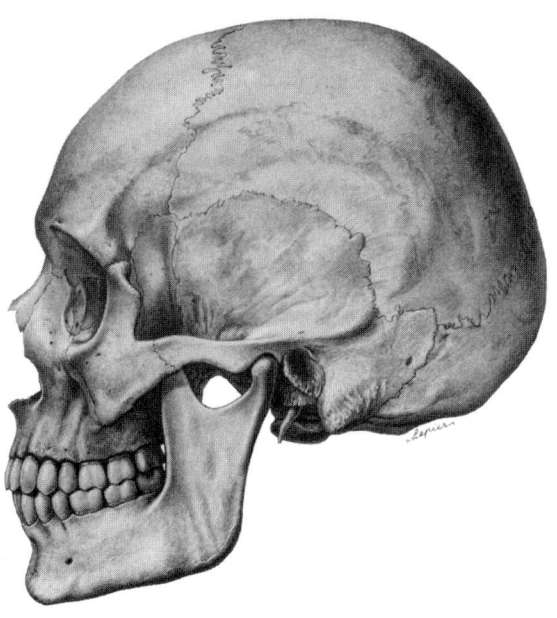

Abb 73: Schädel seitlich mit Ohrtrichter und Augenhöhle
(aus: Sobotta-Becher, Atlas der Anatomie des Menschen, Bd. 1)

dringt, ein Bereich, der außerordentlich zu Entzündungen neigt. Das
Auge selbst ist eine sehr entzündliche Bildung und nach außen verlagert. Anatomisch läßt sich der Wachstumsverlauf einer einzelnen
Schädelstelle dadurch sichtbar machen, daß man an einem Kinder-
schädel einzelne Punkte markiert, also z.B. die innere Seite der Augenhöhle, dann z.B. die Nasenspitze, das Kinn, eine entsprechende
Stelle am Hinterkopf (Abb. 74). Stellen Sie sich vor, Sie hätten so ein
Bild und die Punkte würden nun markiert, und jetzt würde über
diese markierten Stellen ein Schachbrett gelegt, so daß man die einzelnen betreffenden Stellen weiter verfolgen kann. Man würde dann
später, nachdem der Mensch ausgewachsen ist, wiederum ein Bild
machen und würde nun schauen, wie die Lage dieser Punkte zueinander sich verändert hat. Dann könnte man an der Verzerrung, die
dieses Schachbrett erfahren hat, sehen, wie die einzelnen Orte unterschiedlich gewachsen sind. Das ist nun beim Auge sehr bezeichnend.
Über dem Auge ergibt sich eine Verzerrung, es vergrößert sich, dehnt

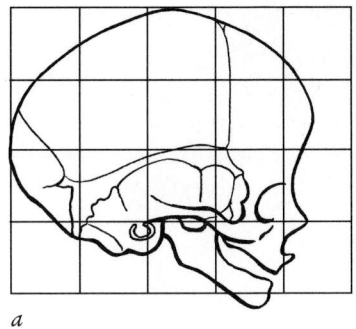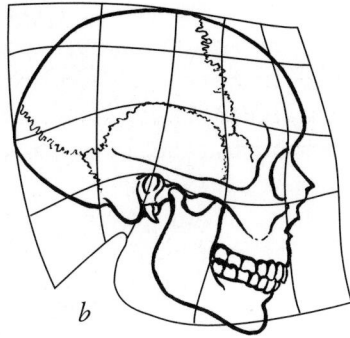

Abb. 74: Transformation eines Neugeborenen- (a)
und Erwachsenenschädels (b) (nach Kummer)

sich aus gegenüber den mehr zentral gelegenen Schädelbereichen. Wir sind beim Auge also in einem Bereich, der auch im nachgeburtlichen Wachstum nach außen drängt. Das Auge selbst hat ja auch einen kleinen Hügel nach vorne, die Hornhaut.

Vergleichen wir nun mit all diesem das Ohr. Am Ohr erfährt dieses Schachbrett einen tiefen Einschnitt. Alles um das Ohr herum wächst, nur im Bereich des Ohres findet nach der Geburt kein Wachstum mehr statt. Es ist die Stelle am Kopf, die vollständig fertig gebildet ist mit der Geburt. Ein Knochenwachstum kann an dieser Stelle nicht mehr stattfinden, und es gibt deshalb im Bilde des Wachstumsrasters eine tiefe Einstülpung, und das sagt uns sehr viel über den Charakter des Ohres im Vergleich zum Auge. Es entsteht nämlich schon embryonal durch eine ganz andere Bewegung als das Auge: Es schiebt sich von außen tief hinein in die Region in der später das Felsenbein entsteht. Das Felsenbein hier im Schläfenbereich ist derjenige Knochen am Menschen, der als erster verknöchert. Während hier vorne im Bereich der Augenhöhle die Knochennähte sichtbar, offen bleiben, während also in der Augenpartie überhaupt eine Auflösungszone ist, wie auch die darum herum gelegenen Höhlen zeigen, ist das Felsenbein eine Verschweißung von 4-8 Knochenkernen, die so miteinander verbacken, daß man die einzelnen Knochenkeime, aus denen sie entstanden sind, nicht mehr unterscheiden kann. Es ist der frühest verknöchernde Knochen, der härteste des Menschen mit Ausnahme des Zahnschmelzes; und er verknöchert unreif, daher

207

besteht auch eine ganz besondere Krankheitsneigung an dieser Stelle. Es ist ein Teil, der unreif, vorzeitig, ohne richtige Knochenstruktur faserig, in einer Zeit, wo die Knochenvorstufe noch faserig ist, Kalk einlagert und fest wird. Also, wir haben im Felsenbein eine maximale Verdichtungszone, am Auge dagegen eine Auflösungszone. Es stehen sich gegenüber das Auge als ein Auflösungsbereich und das Ohr als ein Verdichtungsbereich.

Diese Verdichtungsqualität braucht das Ohr im Vergleich zum Auge, weil es viel weiter ins Geistige hinausreicht als das Auge. Nun könnte das im ersten Moment paradox erscheinen, denn wenn Sie in einem Lehrbuch über das Ohr lesen, dann werden Sie finden, daß das Auge unter den sogenannten Fernsinnesorganen natürlich das am weitesten reichende ist, wir schauen ja bis zu den Sternen mit den Augen, während wir mit dem Ohr ein viel begrenzteres Sinnesfeld haben. Das Auge reicht zwar räumlich sehr weit, es ist das eigentliche Raumsinnesorgan und stößt dann dort an eine Grenze – also hier an die Wand oder eben an einen Wald oder schließlich an ein Gestirn. Wir haften mit dem Auge immer an der Sehgrenze, während das Ohr, das wollen wir dann besprechen, eine Eintrittspforte ist, die den Menschen tatsächlich aus dem Raum herausführt, die wie eine Pforte ist, durch die etwas eindringt, das nicht mehr im Raum ist, das eine ganz große innere Öffnung bedeutet. Dem steht gegenüber als ein organischer Gegenvorgang eine große physische Verdichtung. Im Sinne von Rudolf Steiners Typologie wird das Auge zum Typus der Entzündung. Er sagt geradezu: «Schaffen Sie das Sehen in der Welt ab, es gäbe keine Entzündung; schaffen Sie das Hören in der Welt ab, es gäbe keinen Tumor.»[2] Also, es ist ein verdichtetes Fernes, sehr Geistiges, was da eingefangen ist und sich in einem Organ unter schwierigen Bedingungen im menschlichen Körper einnistet.

Nun können wir sehen, wie dieser Charakter des Verdichtens dem ganzen Hörprozeß überhaupt zugrunde liegt. Ich will Ihnen ein kleines Experiment vorführen. Ich habe hier ein Pendel in einer gewissen Länge: Sie sehen, wie das Pendel schwingt und die Geschwindigkeit in der es schwingt, ist abhängig von der Länge des Fadens, an dem das Gewicht hängt und von dem Gewicht selbst. Wenn ich jetzt den Faden um die Hälfte verkürze, dann wird die Geschwindigkeit des Pendels doppelt so groß. Die Geschwindigkeit des Pendels wird immer größer, je kürzer der Faden wird. Energetisch gesprochen, muß diese Bewegungskraft jetzt in einem viel kleineren Raum «ausgetobt» werden, und das äußert sich eben in der Beschleunigung. Selbstverständlich könnte ich den Faden immer kürzer machen, irgendwann ist die Länge des Fadens unendlich klein, und die Bewegung müßte dann unendlich schnell sein. Ich veranschauliche hier ein Prinzip, daß etwas Äußeres sozusagen sich verdichtend einen immer kleineren Raum einnimmt, und schließlich könnte der Punkt kommen, wo die Bewegung, die das Pendel macht, kleiner ist als das Pendel selbst. Nun mache ich das auf eine andere Art vor. Ich mache nun die Schnur auf eine andere Weise kurz, ich verkürze die Pendellänge, indem ich die Schnur anspanne. Sie sehen, wie es schneller geht. Schließlich ist die Schnur gespannt, so daß die Sache äußerlich zur Ruhe gebracht worden ist, aber die gesamte Schnur steht jetzt unter Spannung. Die *extensive* Bewegung im Raum ist sozusagen in die Schnur hinein verschwunden, sie wandelt sich um in Spannung und wird eine *intensive* Bewegung. Und was passiert durch diesen Konzentrationsvorgang? Eine gespannte Schnur kann man anzupfen und es ist ein Ton darin und zwar ein höherer oder tieferer, je nachdem, wie gespannt die Saite ist. Wir sehen also, hier haben wir eine äußerliche, eine plastisch sichtbare Bewegung im Raum, wenn das Pendel schwingt. Sobald die Sache gespannt ist, ist sie räumlich in Ruhe, aber ein Ton ist drin. Das ist sozusagen das physikalische Urphänomen, des Tonentstehens.

Diesen Vorgang, den macht nun das Ohr nach. Das Gleiche, was hier die Schnur gemacht hat, macht das Ohr in einer bestimmten Weise nach. Wir bedenken im Hintergrund, daß wir, wenn wir einen Ton hören, immer eine innere Qualität der Substanz anhören, die etwas von ihrem inneren Zustand ausdrückt. Stellen Sie sich vor, sie haben einen weichen Stock, einen frischen, feuchten Stock, und Sie klopfen mit zwei, solchen Stöcken gegeneinander: Das gibt ein kaum hörbares, dumpfes Geräusch. Wenn die Stöcke aber ganz trocken geworden sind, wenn alle Feuchtigkeit daraus verdunstet ist, dann wird das Holz hörbar, die Tonqualität erscheint, indem die äußerlich plastische Qualität in Härte und Festigkeit übergeht. So ist es auch bei Musikinstrumenten. Wenn wir eine Trommel haben, dann müssen wir das Trommelfell spannen, damit dieses Fell jetzt einen Ton abgeben kann. Nun, was passiert? Stellen wir uns vor, wir hätten hier tatsächlich eine Trommel, wir schlagen sie an, das Fell wird nach

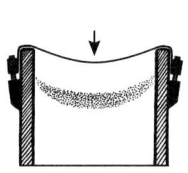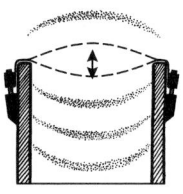

Abb. 75: Trommel

unten ausgebuchtet, die Luft in der Trommel wird komprimiert, zusammengedrückt, es entsteht hier ein Überdruck, der Überdruck drückt die Sache wieder zurück, und das Fell fängt jetzt an, in der Luft zu schwingen, und die Luft schwingt mit.

Also, wir haben dann tatsächlich durch die Luft hindurchgehend eine sogenannte Schallwelle. Was heißt das? Eine Schallwelle ist ja nicht so wie eine sichtbare Welle ein Auf und Ab, sondern das sind Zonen verdichteter und weniger dichter Luft, die durch den Raum hindurch wandern kann. Rudolf Steiner hat ja betont, die Schallwellen sind eine Realität, die Lichtwellen sind eine Abstraktion. Hier haben wir tatsächlich eine Bewegungsrealität, die durch den Raum sich fortbewegt. Die Luft ist ein ziemlich beschränktes Wesen, sie kann vom Ton nicht viel aufnehmen, nichts als eine ganz bestimmte schwingende Bewegungsqualität. Das ist dasjenige, was die Luft vom Ton sozusagen geradeeben zum Ausdruck bringen kann. Nun, wenn die Trommel Glück hat, dann gerät diese Schwingung hier an ein Ohr, und an diesem Ohr, das trichterförmig in einer komplexen äußeren Struktur gebaut ist, setzt es sich fort in einen gewundenen Gehörgang, der in einer leichten Schraubenbewegung nach innen führt. Nicht wie das Auge nach außen, sondern nach innen sich hineinbohrend in diesen festesten Knochen. Das Ohr ist nicht eine Herausverlagerung von Nervengewebe nach außen wie das Auge, sondern eine Hineinverlagerung einer Hautbildungsstelle nach innen. Das Äußere bohrt sich ein. Am Auge stülpt sich das Innere aus. Es kommt dann diese Schwingung bis an das Ende der Sackgasse, d.h. hier an das Trommelfell, dieses Trommelfell ist nun auch quasi durchsichtig, aber im Hinblick auf den Ton.

Das Auge nimmt das Licht wahr, indem es wirklich etwas wie ein Glasfenster vorne hat, wo man hindurchschauen kann. Das Ohr ist

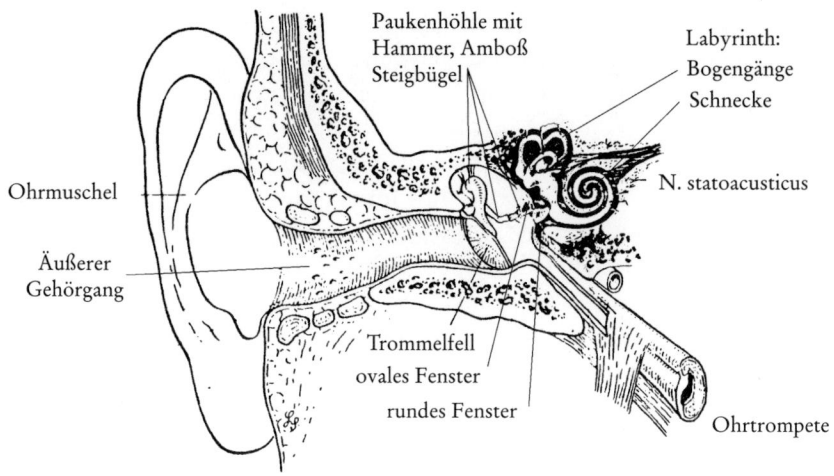

Abb. 76: Übersicht über äußeres Ohr, Mittelohr und Innenohr
(nach Boenninghaus, Hals-, Nasen-, Ohrenheilkunde)

empfänglich, ist eine Pforte für den Ton, indem es hier innen beweglich ist. Es schließt sich an dieses Trommelfell jetzt eine Serie von *drei Knochen* an (s. Abb. 76): Trommelfell, hier schließt sich ein Knochen an, der «Hammer». An ihm setzt ein Muskel an, damit dieses Fenster immer straff gespannt ist und nicht wie ein schlaffes Segel nur im Winde flattert. Es schließt sich eine Kette von Knöchelchen an, die Mittelohrknochen, winzig klein (Hammer, Amboß und Steigbügel), ausgewanderte Kieferknochen, ins Ohr hinein gewanderte Kieferknochen. Beim Fisch sind sie noch nicht vorhanden. Nun sehen Sie schon an der Zeichnung, daß das Trommelfell, der Ausgangspunkt dieser Schwingung, sehr viel größer ist als das Fenster am Ende dieser Knochenkette. Diese Größendifferenz, die hat nun eine große Bedeutung. Das Größenverhältnis der beiden Flächen ist 20:1. Das Tommelfell ist zwanzigmal größer als das ovale Fenster. Hierdurch kommt eine große Verdichtung zustande. Sie können sich vorstellen, wenn mein Körpergewicht hier auf dem Boden ruht, verteilt sich dieses Körpergewicht jetzt auf diese Fußsohle, wenn ich aber Stökkelschuhe anhätte mit Pfennigabsätzen, dann würde sich mein gesamtes Körpergewicht auf diesen Pfennigabsätzen konzentrieren, und ich würde unter Umständen hier ins Linoleum jetzt lauter

211

Löcher machen. Wir haben hier also eine Konzentration in Bezug auf den Druck als eine Druckverstärkung. Das ovale Fenster ist 20x kleiner in der Fläche, der Druck ist genau 20x größer; es geht also in die Verdichtung hinein. Und das ist entscheidend, weil der Übergang der sich hier am ovalen Fenster vollzieht, ein Übergang von der Luft des Mittelohres in das Wasser des Innenohres ist. Ein wesentlicher Unterschied von Luft und Wasser ist der, daß Luft zusammendrück-bar ist. Wenn Sie eine Fahrradpumpe haben und Sie halten unten den Ausgang zu, dann können Sie den Stempel reindrücken und die Luft komprimiert sich und drückt dann elastisch wieder heraus. Eine Flüssigkeit kann man nicht zusammendrücken. Eine Flüssigkeit kann wohl ausweichen, wenn sie einen Abfluß hat, aber als Masse ist sie wie ein Festkörper, vollständig unelastisch. Wir kommen also wirklich in den Übergang zu etwas, was schon sehr dichte Eigen-schaften hat. Es schließt sich jetzt hier die bekannte Ohrspirale an, die sich nach innen windet, zweieinhalb Mal, wie als Abbild für einen weiteren Verdichtungsprozeß. Die Sache windet sich dann auch wie-der nach außen, das ist aber sozusagen nur eine Art Ausscheidungs-vorgang. Nun wird die Bewegung dieser Membran des ovalen Fen-sters als Schwingung auf diese Flüssigkeit im Innenohr übertragen. Das würde aber nicht genügen als Verdichtungsvorgang, es muß sich noch mehr verdichten.

In die Schnecke (Abb. 76), ist ein weiterer Gang hineingeschoben. Wir stellen uns jetzt erst einmal vor, das ovale Fenster schwingt hin und her, ganz sachte, viel weniger stark als hier, am Trommelfell, aber mit einer viel größeren Stoßintensität und bewegt diese Flüssigkeit, die also jetzt hier in Schwingung versetzt wird und diese Schwingung ins-gesamt nach allen Richtungen hin überträgt, so daß jedesmal, wenn es hier hereinschwingt, es da (am runden Fenster) herausschwingt. Da ist eine benachbarte Membran, die das gleiche sozusagen jetzt wie aus-scheidet. Das ganze flüssige System wird hier in Schwingung versetzt, ovales Fenster, rundes Fenster, ein Prinzip des *Hintereinanders*. Das Ohr ist gebaut nach dem Prinzip der Kette, der Glieder, hintereinan-der. Diese Druckschwingungen, die wandern. Das Auge ist gebaut nach dem Prinzip der Sphäre, alles geschieht gleichzeitig: ein Gleich-zeitigkeitsprinzip am Auge, ein Hintereinanderprinzip am Ohr.

Die Gehörschnecke, jetzt im Querschnitt betrachtet (Abb. 77) zeigt unten den einen Gang, der nach außen führt, den nennt man den

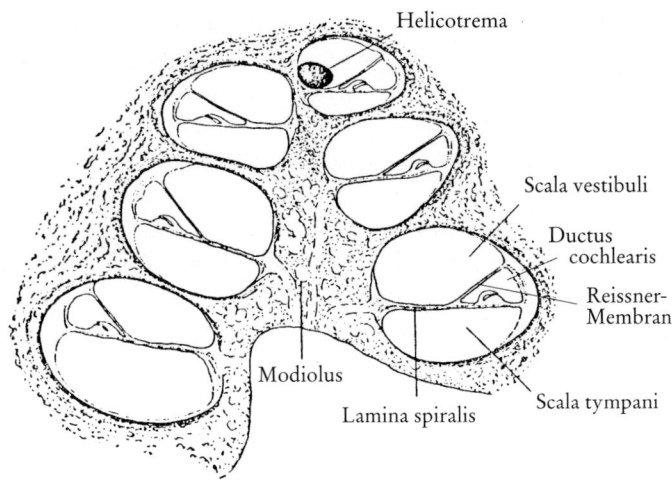

Abb. 77: Axialschnitt durch die Schnecke
(nach Boenninghaus, Hals-, Nasen-, Ohrenheilkunde.)

Paukengang (Scala tympani), und darüber liegt der Vorhofgang, in den die Druckschwingung hineingeht (Scala vestibuli). Nun ist zwischen den beiden eingezwickelt ein dritter Gang, das ist der Schneckengang (Ductus cochlearis). Dieser Schneckengang hat hier eine bewegliche Haut. Die Grenze zwischen Schneckengang und Vorhofgang ist elastisch, ist wie eine gespannte Saite. Diese Membran (Reissner-Membran) hat an jeder Stelle eine andere Spannung, und zwar ist sie an den Stellen nahe am Mittelohr hochgespannt und an den Stellen fern vom Mittelohr schlaff gespannt. Also die Differenz, die wir bei vier Geigensaiten haben, wo die tiefste Saite schlaffer ist und die E-Saite hochgespannt, sehr nervös, haben wir hier kontinuierlich, eine immer weiter abnehmende Spannung. Dadurch wird die Membran für unterschiedliche Frequenzen mitschwingungsfähig, sie resoniert. Wenn Sie also hier, wie ich symbolisiert habe, eine Schwingung haben, die langsam ist, dann ist irgendeine Stelle, vielleicht hier, wo die Membran diejenige Spannung hat, daß sie mitschwingen kann, gerade mit dieser Geschwindigkeit. Sie kennen es ja vielleicht, wenn Sie eine Geige auf ein Klavier legen, und sie schlagen das A an auf dem Klavier, dann klingt auf der Geige, die obendrauf liegt, die A-Saite mit. Sie hat eine gleiche Spannung, so daß, wenn ihr Ton getroffen ist, sie ganz genau mit-

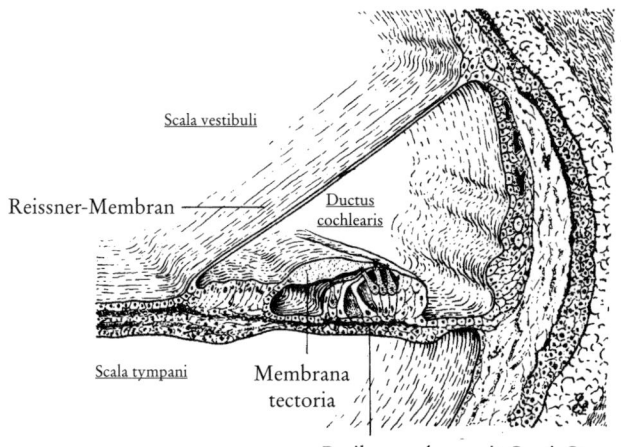

Scala vestibuli

Reissner-Membran

Ductus cochlearis

Scala tympani

Membrana tectoria

Basilarmembran mit Corti-Organ

Abb. 78: Schneckengang, Ductus Cochlearis mit Cortischem Organ. (aus Boenninghaus, Hals-, Nasen-, Ohrenheilkunde)

schwingen kann. So ist es auch im Ohr. Jede Stelle hat ihre Schwingung, und jede Stelle schwingt mit ihrer Frequenz mit. Bei einer schnellen Schwingung wird eine Stelle am Anfang des Schneckenganges mitschwingen, wenn es eine ganz langsame, träge Luftschwingung ist, dann wird sie sehr weit laufen und erst weit im Inneren ihren Mitschwingungsort haben. Die verschiedenen Luftschwingungen resonieren an verschiedenen Orten dieser elastischen Membran, die einen kleinen Raum abgrenzt. Am Boden dieses kleinen Raumes, dem Schneckengang, sitzt eine kleine Lippe (Membrana tectoria). Unter der Lippe ist ein kleines Polster, und aus dem Polster ragen einige Härchen heraus (Corti-Organ). Die werden durch die Schwingung an der entsprechenden Stelle, sagen wir durch den Kammerton A, dadurch gereizt, daß die kleine Lippe durch die Mitschwingung die Härchen abknickt. Man hat nun ausgerechnet, wie groß diese Bewegung ist und wie stark diese Härchen abgelenkt werden. Das ist unglaublich. Ein großer Teil der Schwingungsbewegung geht einfach durch und kommt am Ende (am runden Fenster) wieder an. An der für den bestimmten Ton entsprechenden Stelle schwingt einen Moment lang die Membran mit, überträgt ein bißchen der Schwingung auf diese Lippe, das meiste wird innerhalb der Flüssigkeit verbraucht, diese kleine Lippe streicht über die Nervenhärchen hin, und der Ton wird empfunden. Die Größe dieser Auslenkung der Sinneshaare ist zehn hoch minus elf Meter. Zehn hoch minus acht Meter ist die Ausdehnung eines Wasserstoffatoms. Es ist eine Bewegung, die kleiner ist, als das kleinste Atom unserer Materie. Wir sehen also, dieser ganze Vorgang, das ganze Ohr, ist nichts anderes als ein Beruhigungsapparat. Was äußerliche Raumbewegung an der Trommel war, die hier geschwungen hat, geht durch die Luft, kommt ins Ohr, und jetzt haben wir über Stufen: Ohrtrichter, Trommelfell, Gehörknöchelchenkette, ovales Fenster, Vorhofgang, Reissner-Membran, Liquor der Endolymphe, Membrana tectoria, Cortisches Organ, eine Serie von hintereinandergeschalteten Organen, wo die Schwingung, immer und immer kleiner wird, bis schließlich eine Bewegungsdimension übrig bleibt, wo die Sache praktisch zur Ruhe gebracht worden ist – und hier entsteht das Tonerlebnis. Wir sehen also, die Verdichtungssituation, die sich anatomisch schon ankündigt, setzt sich immer weiter nach innen fort. Das ist das Eine.

Das andere ist, daß hier implizit in der Darstellung gelegen war, daß jeder Ton einen anderen Ort hat (s. Abb. 79). Wenn Sie sich vorstellen: ein Hammerklavier-Akkord klingt an den Ohren an. Eine komplizierte Schwingung mit überlagerten Schwingungen ereignet sich am Trommelfell. Indem sie sich in das Ohr hineinbewegt wird sie zerlegt und jeder Ton kommt an seine Stelle. Wir haben also im Ohr erstens einen Verdichtungsapparat, zweitens einen Analyseapparat. Wenn man eine kleine Entzündung an einer bestimmten Stelle hat, so hat man einen Ausfall eines ganz bestimmten Tones, darüber und darunter hört man bestens. Also, jeder Klang, jede Höhe hat ihren Ort: eine Analysetätigkeit. Denken Sie sich das Auge dagegen (es wird gezeichnet), wir haben hier das Auge, die Linse, die Pupille und hier als Objekt meinetwegen einen Baum, dann ist ja tatsächlich in jedem Augenblick immer der ganze Baum im Auge. Das Auge bildet als Ganzes ab, an *einer* Stelle ist das *ganze* Bild im Auge drin. Am Ohr dagegen ist jeder Ton an eine andere Stelle auseinandergelegt.

Nun wollen wir auf das Seelische hinschauen, das das begleitet. Stellen Sie sich einen Blumenstrauß vor, gemalt von Monet, und es würde uns jetzt darum gehen, die künstlerische Qualität dieses Bildes zu erfassen. Was würden wir machen? Wir müssen uns vorstellen, dieses Bild schauen wir an, es ist, indem wir schauen, im Auge drin, es bildet sich ab, es projiziert sich auf die Rückseite des Auges wie bei

215

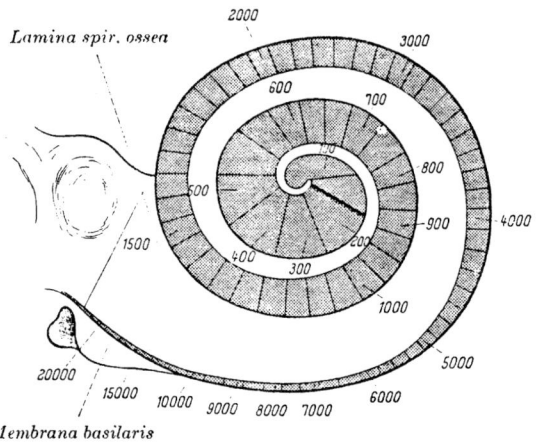

Abb. 79: Tonlokalisation auf der Basilarmembran des Menschen

einem Diaprojektor. Jetzt wollen wir es aber künstlerisch erfassen. Was machen wir? Wir gehen vom Ganzen zu den einzelnen Teilen, wir schauen: wie hübsch, daß hier ein bißchen Rot drin ist und hier neben dem Weiß ein anderes Rot und hier das Grün. Ja, wie das eine gegen das andere sich verhält, hier einen Kontrast gibt, hier harmonisch ineinander schwingt, all das nehmen wir wahr. Um das Bild also zu erfassen, gehen wir vom Ganzen, das das Auge gibt, zu den Einzelheiten und zerlegen sie in der Wahrnehmung und fühlen, wie sich die einzelen Teile zueinander verhalten.

Schauen wir dagegen, wie wir im musikalischen Hören uns verhalten. Das Ohr zerlegt den vollen Klang, der hier ankommt. Nun, wie ist das, wenn man eine solche Melodie hört:

Abb. 80: Lied von L. v. Beethoven

216

Das gliedert sich, wie ich Ihnen gezeigt habe, im Ohr. Also tiefe Töne, der erste Ton schwingt weit oben in der Schnecke, der zweite Ton, eine Sext höher, schwingt weiter unten, näher am Trommelfell und so weiter. Jeder Ton hat seine eigene Stelle, der physikalische Apparat des Ohres zerlegt die Melodie. Wenn Sie sich nun vorstellen, Sie würden wirklich jeden Ton einzeln hören, so hätten Sie nichts davon. Wir hören aber einen Ton und verbinden ihn mit dem folgenden, wir verbinden innerlich das, was das Ohr äußerlich zerlegt hat. Wir sehen also, physiologisch ist das Ohr ein Analyseapparat. Das Bewußtsein lebt darin, das Getrennte zu verbinden. Wir müssen sogar, wenn wir ein Intervall hören, den Ton, den wir schon nicht mehr hören, immer noch hören, also erinnern. Wir haben also gleichzeitig zu diesem Ablauf einen entgegenlaufenden. Das, was im Auge als Nachbild später kommt, ist hier gleichzeitig. Wenn wir den Ton A hören, müssen wir den Primton C noch wissen, sonst hören wir nicht, welche musikalische Spannung zwischen dem Primton und dem A besteht: C – A, also diese Sehnsucht der Sext, die bei Liebesliedern so vorkommt,

Abb. 81: Mozart, Zauberflöte

diese innere Qualität wird gehört, indem wir jetzt ständig diese Töne miteinander verbinden. Das Hören findet seine *physische* Grundlage in einem Zerlegen; *geistig* als Gegenbewegung in einem Verbinden. Das Auge hat seine physiologische Grundlage in einem Synthetischen und die Bewußtseinstätigkeit ist beim Sehen ein Analysieren. Es ist also eine innere Gegenbewegung zu dem, was das Organ jeweils selbst macht.[3] Das Ohr ist als Ganzes ein Verdichtungsorgan aber geistig ein Ausweitungstor, die Grundlage einer Ausweitungszone, die weit hinaus führt.

Wir können mit dem Ohr auch Laute der Sprache hören. Ich kann ja den Ton A in einer bestimmten Tonhöhe mit dem Laut A singen, ich kann ihn auch mit dem Laut O singen oder dem Laut E. Wir können den gleichen Ton auf A, E, I, O, U singen, und er klingt an der selben Stelle des kortischen Organs, trotzdem hören wir etwas Unterschiedliches dabei: die Laute der Sprache. Ja, wie macht das Ohr das? Es hört doch nur Frequenzen. Wie das Ohr in dieses Tonleitersystem Sprachlaute hineinhört, das ist lange Zeit für die Physiologen ein völliges Rätsel geblieben. Und es war Helmholtz, der die Sache dann entdeckt hat. Er machte ein genial einfaches Experiment und hat dabei aufgedeckt, wie nun das Worthören, also der Lautsinn, durch den Gehörsinn hindurch gehört wird, aber eine andere Qualität bekommt, wie er einerseits abhängt und doch wieder unabhängig werden kann. Er machte folgendes: Er baute sich so eine Glasorgel, (es wird gezeichnet) also Gläser, die füllte er nun ganz fein abgestuft mit Wasser und, das kennen wir, daß jedes Glas einen anderen Klang hat.

Wenn man den Finger feucht macht und darauf herumreibt, dann erklingt jenes Glas eben hoch und jenes Glas klingt tief. Über eine Glasorgel, die er so hintereinandergestellt hat, hat er dann vokalisiert, A, E, I und stellte zu seiner Überraschung fest, daß mit jedem Vokal, obwohl er im gleichen Grundton gesprochen hat, verschiedene Gläser mitschwangen. D. h. es sind in jedem Lautklang andere Klänge verborgen, die mitschwingen müssen, damit dieser Klang gehört wird. Sie sind stumm, man hört sie nicht, sie sind aber da. Diese mitschwingenden Klänge, sind eine Art ganz dicht gewordener Akkord. Wenn man einen musikalischen Akkord hat, dann hört man die einzelnen Töne ja noch heraus. Wenn man aber A sagt, hört man die darin versteckten Töne nicht heraus. Sie sind zu einem neuen Klang zusammengeschoben worden. Wir haben dann die mitklingenden Obertöne, und die nennt man in der Physiologie Formanten. Es gibt Schwerhörigkeitsformen mit Ausfällen, die nun ausgerechnet in dem Bereich sind, wo die Frequenzen gehört werden, welche die Formanten eines Vokales sind. Dann hören die Menschen sehr gut, aber sie können nicht A von O unterscheiden. Die Formant-Schwerhörigkeit. Wir sehen, der Laut mit seiner neuen Qualität wird geboren aus einer Art verstecktem Akkord, ein ganz verdichteter Akkord ist darin versteckt. Oder man kann auch sagen, viele Töne, verdichtet zusammengefaßt, sind in den Lauten verborgen.[4]

Auch der menschliche Kehlkopf muß, um Vokale produzieren zu können, eine andere Entwicklung machen als die, die ihm angeboren ist. Er muß sich fortentwickeln. Ein Vogel hat seinen «Kehlkopf»[5] tief sitzend. Mit ihm macht er nur Klänge; die Säugetiere haben den Kehlkopf hoch im Gaumen sitzend, mit dem machen sie nur Mischlaute. Wenn ein Hund bellt, dann sagt er nicht W, A, U, also WAU WAU sondern einen Mischlaut. Wenn man das buchstabieren wollte, hätte man Schwierigkeiten. Das kommt durch den hohen Kehlkopfstandort, auf der Höhe des Naseneingangs. Der Kehlkopf des Kindes wird durch das Schreien herabgezogen an einen tieferen Ort, er wird aus dem Konsonantenbereich herausgezogen, sekundär, und kommt dadurch weiter unten in die Lage, Vokale zu bilden. Der obere Bereich, Zunge, Zähne, Gaumen und Lippen werden in die Lage versetzt, Konsonanten zu bilden. Das Wort ist jetzt ein neues, das sich aus Lauten verbinden muß. Da müssen wir jetzt noch einen Blick darauf werfen, wie durch die Senkung des Kehlkopfes Konsonantenbildung und Vokalbildung auseinandergelegt und sinnvolle Sprache möglich wird. Durch diese Doppelheit eines Unteren (Kehlkopf) und eines Oberen (Mundhöhle mit ihren Organen), werden diese beiden Organe jetzt zum Ausdrucksmittel für ein Inneres, Seelisches und ein Plastisch-Abbildendes Äußeres. Ich möchte Ihnen das an einem Wortbeispiel veranschaulichen. Ein hebräisches Wort: Der erste Laut ist «K». Es kriegt jemand einen Stoß, er ist tief betroffen und sagt «A». «SCH» ist der nächste Laut – es wird etwas mit dem Zahnlaut abgebissen, die Seele antwortet «A», der Zungenlaut «LLL» hebt sie zum Gaumendach, und es entschwindet etwas zum Himmel. Also: Ein Stoß auf die Brust, eine tiefe Betroffenheit, ein Abreißen mit den Zähnen, wieder eine Betroffenheit Desselben, ein sich Heben zum Himmel – das Ganze: KAZAL heißt «Sterben». In den drei Lauten K, Z und L haben wir die drei Vorgänge: Den Stoß, das Abbeißen des Lebensfadens und das Sich-zum-Himmel-Heben der Seele. Wir sehen, alte, plastisch-musikalische Nachbildungen der Vorgänge.

Auch Herder hat sich damit beschäftigt und z.B. dargestellt: Der Mensch faßt in etwas Weiches, krault, er merkt, die Sache gibt nach: «WWW», das ist aber warm «OOO», die kraulende Bewegung auf und ab ahmt er mit der Zunge nach «LLL» – das ergibt: «Wolle».

Das ist alles mehr oder weniger deutlich. Aber wir sehen, wie sich die Laute verbinden, es soll etwas aufgenommen werden in die Laute, ein Sinn soll in sie einziehen. Sie sind zunächst etwas ganz Selbständiges. Töne werden durchdrungen, verdichten sich, es wird ein geheimer Akkord, es entsteht ein Laut. Laute verbinden sich, es wird ein Wort; Wörter verbinden sich, es wird ein Gedanke, Gedanken verbinden sich, es wird der Ausdruck eines Menschen, der spricht und denkt. Da sehen Sie, wie viel sich sozusagen hier hineinkonzentriert. Es gibt Sinne wie den Sehsinn, die haben eine Modalität, eben die Farben; der Geruchssinn riecht die Gerüche, das Ohr, so kann man natürlich sagen, hört Töne, aber auf dieser Basis wird jetzt das Tonwahrnehmen durchdrungen, es ist durchsichtig für eine Abstufung darüber gelegener Sinne, die sich durch das Hören hindurch offenbaren.

Die höheren Sinnesorgane – Lautsinn, Gedankensinn, Ich-Sinn – haben keine anatomisch faßbaren Organe, sie äußern sich durch unsere anderen Sinne hindurch. Das muß nicht unbedingt der Hörsinn sein, man kann auch eine sprachliche Mitteilung über den Sehsinn wahrnehmen: Durch eine Geste kann sich ein Mensch in einer bestimmten Weise äußern. Es kann auch eine Zeichensprache sein – entweder eurythmisch oder symbolisch wie in der Taubstummensprache. Man hat Lautliches in diese Gesten hineingelegt, die Worte offenbaren sich dann im Raum. Es geht auch durch andere Sinne, aber typologisch am stärksten, am konzentriertesten durch das Ohr. Wir sehen das Ohr sozusagen als das letzte Organ, das noch anatomisch faßbar ist. Ausgewandert ist es aus dem Gleichgewichtsorgan, von dem es noch letzte Reste mitbekommen hat, denn wenn wir sagen, ein Ton ist «hoch» oder «tief», dann ist es ja nicht so, daß der Ton äußerlich räumlich irgendwie hoch oder tief wäre. Was heißt denn «hoch»? Wir merken, unser Gefühl im Raum drückt sich noch darin aus. Man kann tatsächlich erproben, wenn man am Klavier eine Tonleiter durchspielt von ganz unten nach ganz oben, von den tiefen zu den hohen Tönen, dann kann man genau bemerken, welche Töne quasi unterhalb des Körpers empfunden werden, wann die Töne sozusagen in einen eindringen, wie sie dann durch einen durchlaufen und wie eine bestimmte Höhe kommt, die man als über sich hinausgehend empfinden muß. Die Fähigkeit des Zusammenfassens ist auch ein Mitwirken des Gleichgewichtsorgans. Aber das Ohr wandert aus und wird gewissermaßen zum physischen Ansatz einer Art Jakobsleiter, die in ungeahnte Höhen über die physische Grundlage, die es hat, sich nach oben immer weiter erhebt und einen durch eine Öffnung in den Bereich hineinnimmt, wo das Wort, der Sinn des Gedankens, vernehmlich wird.

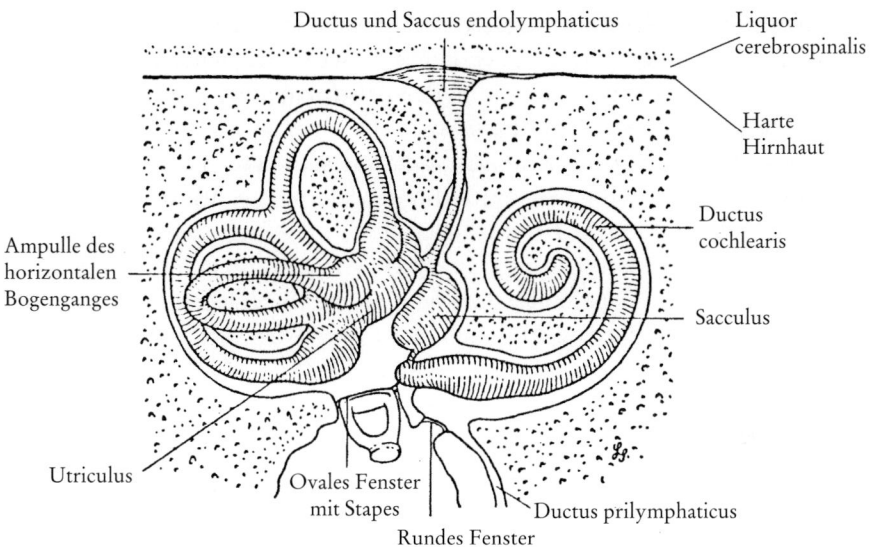

Abb. 82: *Häutiges Labyrinth des Innenohrs mit Ductus endolymphaticus (aus Boenninghaus, Hals-, Nasen-, Ohrenheilkunde)*

Ich komme zum Schluß in meiner anatomischen Ausführung (Abb. 82). Das sind Ohrschnecke und Bogengangsystem des Gleichgewichtsorgans nebeneinander. Die Schilderung wäre unvollständig, wenn ich nicht noch das Organ hinzeichnen würde, auf das Rudolf Steiner den allergrößten Wert gelegt hat und welches in keinem Anatomiebuch in seiner Funktion kommentiert wird. Das ist ein kleiner Gang, eine kleine Wasserleitung, die von diesem schwingenden Innenohrsystem abgeht und hier angrenzt an ein größeres Wassersystem, nämlich den Hirnliquor, das Gehirnwasser. Hier ist ein kleiner Gang, Ductus endolymphaticus, in dem gerade derjenige Teil dieser inneren Flüssigkeit, die in diesem kleinen eingezwickelten Schneckengang liegt, ausschwingt und angrenzt an eine weitere nach innen gelegenen Membran (Harte Hirnhaut, Dura mater), auf deren anderen Seite der Liquor cerebrospinalis, das Gehirnwasser, gelegen ist. Ein Ton erklingt, trifft auf das Ohr, die Ohrlymphe schwingt im Ductus endolymphaticus mit seiner Hörfrequenz eine schnelle Schwingung. Sie wird Sinnenwahrnehmung in der Schnecke, sie verbindet sich aber auch mit der Atemschwingung: sie wandert auch hinüber an diese Berührungsstelle und begegnet hier der Bewegung des Liquor cerebrospinalis in seiner Geschwindigkeit von 18x pro Minute. In der Schnecke also z. B. 440 Schwingungen pro Sekunde, im Liquor der Atemrhythmus von 18 Schwingungen pro Minute. Der Ton schlägt an nach innen an den viel langsameren Lebensrhythmus von 18 Schwingungen pro Minute, der von der Atmung kommt. Das Zwerchfell sinkt bei der Einatmung, die Blutgefäße im Bauchraum werden zusammengedrückt, das venöse Blut weicht aus nach hinten in die Wirbelsäule, dort werden die Gefäßgeflechte um das Rückemark prall mit Blut gefüllt, der Liquor, der dort befindlich ist, wird zusammengedrückt, und er entweicht in den Schädel. So, wie wir Luft einatmen, wird bei jedem Einatemzug Flüssigkeit, Liquor in den Schädel gepreßt. Dann atmen wir aus, das Zwerchfell steigt wieder, die Gefäßgeflechte im Rückenmarkskanal werden entlastet, die Flüssigkeit sinkt der Schwere folgend nach unten, und das Gehirn sinkt auch nach unten. Wir haben ein Mitschwingen des Gehirns im Atemrhythmus, der sich mit der viel größeren Sinnesgeschwindigkeit begegnet.[6,7] Das ist ein Intervall über viele Oktaven hinweg, diese Geschwindigkeitsdifferenz – hier ein unhörbar tiefer Ton, verstummt in die plastische Langsamkeit der Atemmuskulatur hinein; hier ein heller Ton, verdichtet, aufgestiegen in die Geschwindigkeit des Nervensystems und diese beiden Frequenzen begegnen sich. Ein lebensmäßiges und ein sinnesmäßiges – dieses «Intervall» ist die Grundlage des *Tongefühls.* Wir könnten keine Wahrnehmung in ihrer Qualität empfinden, wenn wir sie nicht mit unseren Lebenskräften sozusagen abnehmen würden.

An dieser Stelle erleben wir jetzt am deutlichsten, was die innere Qualität des Hörens ist. Wir haben zwei Töne, C-A. Es sind zwei einzelne Töne. Was wir mit den Sinnen hören, ist dieses C und dieses A. Das *Intervall* ist nicht hörbar im physischen Sinne; es ist dazwischen, es ist eben «inter», ein dazwischen Gelegenes, aber Wirksames. Unser ganzes musikalisches Empfinden kommt aus den Intervallen, einzelne Töne für sich sind noch nicht Musik, aber wie sie zusammenklingen, das ist Musik. Und wir leben seelisch dabei in den Zwischenräumen, am stärksten und am weitesten ausgespannt in diesem besprochenen Intervall: Zwischen den Tonfrequenzen als solchen auf der einen Seite und der Atemfrequenz auf der anderen Seite. Das ist das größte Intervall. Mit diesem «Intervall», das den

Nervenprozeß an den Lebensprozeß anschließt, wirkt das Gefühl in unserer leiblichen Gundlage. «Dieser Vorgang ist die physische Entsprechung dessen, was wir in der höheren Erkenntnis als Inspiration kennen.»[7] Inspiration ist ja gerade diejenige höhere Kraft, die von den Bildern des Auges absehen kann, und so, wie man von Stern zu Stern springt, lebt die Inspiration in dem, was als Kraft im Verhältnis der Dinge zueinander wirkt.

Der menschliche Organismus hat in sich eine Zone, in der er als gewachsene Form eine Projektion der Inspirationsfähigkeit ist. Er ist eine gewachsene, leibgewordene, übersinnliche Erkenntnis. Er ist Abbild der Imagination in seiner Augenorganisation und in seinem Nervensystem. Er hat ein Abbild der Inspiration im Verhältnis seines Nerven-Sinnesapparats zum Atmungssystem, wie es sich durch den Liquor mit dem Ohr verbindet. Unser Hören mit seiner Intervallqualität ist verwandt, und das ist an dieser Stelle wachstumsmäßig sichtbar, mit einer geistigen Qualität, die wie dahintersteht, hinter dem Gefühlsleben und den Menschen weit, weit hinausträgt in den geistigen Umkreis! Die innere Möglichkeit und die innere Gefährdung dieses Organs hängt damit zusammen, daß es als Pfortenorgan für die darübergelegenen höheren Sinne in uns als leibgewordene Inspiration hineingebaut ist. Damit bin ich am Ende meiner Ausführungen und hoffe, daß Sie im weiteren Bedenken dieser Zusammenhänge für Ihre Praxis etwas daraus machen können.

Goetheanismus und Geisteswissenschaft

Ausgangspunkt des Goetheanismus

Rudolf Steiners erste Schrift ist das 1886 erschienene Buch «Grundlinien einer Erkenntnistheorie der Goetheschen Weltanschauung».* Es trägt den Untertitel «mit besonderer Rücksicht auf Schiller» – was nach einer Klärung des Ausgangspunktes sogleich verständlich wird: Das Buch soll die «Wissenschaft Goethes nach der Methode Schillers» enthalten. *«Wir vertreten die Goethesche Weltansicht, aber wir begründen sie den Forderungen der Wissenschaft gemäß.* Für den Weg, den solche Untersuchungen einzuschlagen haben, hat Schiller die Richtung vorgezeichnet … Goethes Blick ist auf die Natur und das Leben gerichtet; und die Betrachtungsweise, die er dabei befolgt, soll der *Vorwurf* (der Inhalt) für unsere Abhandlung sein; Schillers Blick ist auf Goethes Geist gerichtet; und die Betrachtungsweise, die er dabei befolgt, soll das Ideal unserer *Methode* sein.»[1]

Als Ausgangpunkt für den Goetheanismus als Wissenschaft werden hier zwei Personen genannt, die zusammenwirkend das Gleiche im Blick hatten, wenn auch in einem verschiedenen Wahrnehmungsfeld. Goethe hatte den Typus von Pflanze und Tier in seiner sinnenfälligen Form als Blatt oder Knochengestalt vor Augen, Schiller betrachtete den Typus in seiner geistigen Erscheinung, als Idee. Diese Verschiedenheit des Gesichtspunktes trat in entschiedenster Form zu Beginn ihrer Freundschaft auf und bildete zunächst einen gewichtigen Gegensatz. Goethe hat rückblickend in dem Aufsatz «Glückliches Ereignis» davon berichtet: Schiller und er begegneten sich beim Verlassen einer Versammlung der Naturforschenden Gesellschaft in Jena – beide unbefriedigt über die Art des dort gehörten Vortrages. Auf eine Bemerkung Schillers erwiederte Goethe, daß es «wohl noch eine andere Weise geben könne, die Natur *nicht gesondert* und *vereinzelt* vorzunehmen, sondern sie wirkend und lebendig, aus dem Ganzen in die Teile strebend darzustellen». Schiller «wünschte hier-

---

* Der folgende Beitrag ist der Entwurf eines Aufsatzes aus dem Jahre 1985.

über aufgeklärt zu sein, verbarg aber seine Zweifel nicht; ... daß ein solches, wie ich behauptete schon aus der Erfahrung hervorgehe.» Es wird berichtet, wie Goethe durch das Gespräch angeregt, Schiller nach Hause begleitet, ihm dort die Metamorphose der Pflanze vorträgt und dabei eine symbolische Pflanze mit einigen Strichen veranschaulicht. Schiller «vernahm und schaute alles mit großer Teilnahme, mit entschiedener Fassungskraft; als ich aber geendet, schüttelte er den Kopf und sagte: ‹Das ist keine Erfahrung, das ist eine Idee!› Ich stutzte verdrießlich einigermaßen; denn der Punkt, der uns trennte, war dadurch aufs strengste bezeichnet ... ich nahm mich aber zusammen und versetzte: ‹Das kann mir sehr lieb sein, daß ich Ideen habe, ohne es zu wissen und sie sogar mit Augen sehe.›»[2]

Was hier als Problem auftaucht, ist vielleicht das Kernproblem des Typus-Verständnisses. Dieser hat als Goethescher Begriff Seiten, die schwer vereinbar scheinen: Er ist die Idee einerseits, andererseits sinnenfällige Realität, oder umgekehrt, die organischen Typen zeigen als Naturerscheinungen eine Charakteristik, die ideell ist, dabei aber sind sie schaffend und gestaltbildend in den organischen Bildungen. Diese Anschauung bzw. Idee des Typus entzieht sich dem gewöhnlichen Begreifen. Diesem ist die Ideenwelt eine Abstraktion ohne Inhalt und Kraft – bestenfalls eine subjektive, transzendente Konstruktion.

Entsprechend wird der Typusbegriff z.B. von D. Starck in seinem dreibändigen Werk über die Vergleichende Anatomie der Wirbeltiere eingeführt: «Der Typusbegriff der idealistischen Morphologie bezeichnet eine Abstraktion und ist ‹Ausdruck einer ideal geschauten Einheit, die eine Vielzahl in sich verschiedener Wesen umspannt› (Remane, 1952). Im Gegensatz zur ‹Stammform› (der modernen Phylogenetik, Verf.) ist der idealistische Typus ein abstraktes Schema, das durch keinen Einzelorganismus und durch keine Einzelart dargestellt werden kann. Ein abstrakter, gedachter Organismus ohne alle Spezialisationen und Adaptionen kann nicht lebensfähig sein. Es handelt sich also um ein durchaus irrationales, metaphysisches Bild, das subjektiv, intuitiv erdacht, aber nicht erforscht werden kann.»[3]

Dem wird ein anderer, mathematischer Typusbegriff gegenübergestellt: «Der Terminus ‹Typus›» wird in der allgemeinen Taxonomie und Morphologie häufig wie im allgemeinen Sprachgebrauch zur Kennzeichnung einer Gruppe oder einer Systemeinheit gebraucht.

Häufig spricht man von «Säugetier-Typus» (engl. mammalian condition) zur Kennzeichnung einer Tierform, die alle charakteristischen Säugetiermerkmale besitzt. Dieser Typus ist also eine einfache Abstraktion einer Kategorie, die man von einer Einheit durch Reduktion und durch den Mittelwert ihrer Komponenten, also meist durch den Gipfel einer Kurve erhält. Dieser Typusbegriff ist völlig frei von einem metaphysischen Hintergrund.»[4]

Das wesentlich andere an diesem zweiten, ebenfalls «nicht lebensfähigen» Typusbegriff ist, daß er nicht beansprucht, eine Realität zu sein, der erste aber wohl – was nach Starck nicht möglich ist, weil als Realitäten nur konkrete, sinnliche *Einzelobjekte* oder Einzellebewesen gelten können. Daher der Vorwurf des «metaphysischen Bildes», zuweilen auch der «platonischen Idee». Der goetheanistische Typus muß somit die Frage beantworten, in welcher Hinsicht er als real gelten kann. Goethe selbst hat bis in die letzten Jahre seines Lebens versucht, den Typusbegriff theoretisch und anschaulich zu demonstrieren, der für ihn handgreifliche und augenscheinliche Realität hatte und doch von Schiller zurecht als Idee angesprochen wurde. Hier liegt das Problem, dem wir uns zuwenden wollen.

Der Goethesche Typus-Begriff widerspricht, wie wir anhand von D. Starcks Charakterisierung gesehen haben, im Kern den Denk- und Anschauungsformen der gegenwärtigen Wissenschaft. Entsprechend ist er auf Widerstand und Unverständnis gestoßen, nicht nur von wissenschaftlicher Seite, sondern gelegentlich auch von Seiten der theologischen Auffassungen. Selbst die Vertreter Goethescher Denkweise in der Naturwissenschaft sind verschiedentlich in Schwierigkeiten gekommen, wenn sie den Goetheschen Typus-Begriff darzustellen hatten. Auf diese Mißverständnisse will ich im Weiteren eingehen und zeigen, wie sie auf dem fortbestehenden Dualismus von Idee und Sinneserfahrung beruhen.

Aufbauend auf Rudolf Steiners Werk «Grundlinien einer Erkenntnistheorie der Goetheschen Weltanschauung» soll zunächst die Wurzel dieses Dualismus bloßgelegt werden. Hierzu folgt ein Exkurs in die kausale und mathematische Erklärungsweise, die den Maßstab des landläufigen Wissenschaftsverständnisses bilden:

Wenn eine rollende Billardkugel auf eine ruhende trifft und diese dadurch in Bewegung setzt, so ist die Bewegung der zweiten *Folge*, die der ersten *Ursache*.

Wesentlich an diesem einfachen Vorgang ist, daß die Ursache und Wirkung zweierlei sind – d.h. als unterscheidbare Sinnestatsachen vorliegen. Sie sind *separate* Erscheinungen, die im Augenblick ihrer Wechselwirkung vorübergehend aufeinander wirken. Ein einheitliches Gebilde kann sich nicht selbst kausal affizieren – hierzu bedarf es einer anderen Sinnestatsache, die es stößt, erwärmt, verformt oder ähnliches.

Der einheitliche Begriff der Kausalität muß sich, um *sinnlich* erscheinen zu können, in *zwei* zerlegen, eben in eine Ursache und eine Wirkung. Diese werden gedanklich verbunden und aufeinander bezogen durch einen Begriff, der eingeschaltet ist, selbst aber nichts Sinnliches an sich hat.

Schon David Hume hat feinsinnig darauf aufmerksam gemacht, daß das spezifische *Kausale* einer Wechselwirkung den rollenden Billardkugeln selbst oder dem «Klick» beim Zusammenprall nicht anzumerken ist. Die Sinne zeigen nur *was* stattfindet – nicht aber, warum oder wie etwas stattfinden muß – das ist die Tatsache des Denkens.

Die Art, *wie* das kausale Denken zwischen den Sinneserscheinungen vermittelt, ist für unser Anliegen das Entscheidende: der so «zwischen» die Erscheinungen der Sinneswelt eingeschaltete Begriff ist *formal*, d.h. ohne inhaltliche Durchdringung mit dem Objekt oder den Objekten, auf die er sich bezieht. Das ist das Neue an der modernen Wissenschaft. Für das Gesetz des Freien Falles, wie Aristoteles und das Mittelalter es verstanden, kann das nicht gesagt werden: Sie dachten sich die Neigung eines Gegenstandes, zu fallen in Zusammenhang mit dem Objekt selbst. Galilei hat diese Vorstellung überwunden und gerade demonstriert, daß das Fallgesetz, rein aufgefaßt, völlig unabhängig davon gilt, ob eine Kanonenkugel oder ein Regentropfen der Erdanziehung ausgesetzt wird.

Hieran wird deutlich, warum die Physik sich so eng mit der Mathematik verbunden hat. Diese ist als Wissenschaft gerade die Disziplin der allgemeinen, formalen Bezüge, die in ihrer Abstraktheit alle Zusammenhänge mit den sinnlichen Gegebenheiten abgelegt hat. Sie zeigt die Strukturen des Denkens in der Form, wie sie unabhängig von allem Konkreten bestehen können. Indem diese Denkformen in der Physik und in den angeschlossenen Wissenschaften Platz greifen, wird aber ein innerer Dualismus als Wissenschaftstyp begründet.

Der erklärende Ideenzusammenhang soll ohne *inhaltlichen* Bezug zu den Objekten sein, auf die er sich bezieht. Zusammengefaßt:

a) Die kausale Erklärungsform bezieht sich auf zwei oder mehr Tatsachen.
b) Diese Tatsachen werden begrifflich verknüpft.
c) Die verknüpfende Gesetzmäßigkeit muß ausschießlich *formal* sein (weshalb sie in den mathematischen Formeln ausdrückbar ist).

Das allgemeine Erkenntnisgesetz – das verbinden von Wahrnehmen und Denken – hat in dieser Form eine spezielle Gestalt. Es hat die Vorteile großer Klarheit – fast die der Mathematik selbst – insofern die gedanklichen Bezüge nicht durch sinnliche Gegebenheiten inhaltlich getrübt werden. Hierdurch bleibt aber zugleich eine dualistische Trennung. Anders ausgedrückt: die nur *zwischen* den Erscheinungen verknüpfende Gedanklichkeit wird ihnen selbst nicht immanent – sie bleibt ihnen äußerlich, ist dadurch transzendent und blaß (denn sie wird somit nicht als eine Wirklichkeit in sich aufgefaßt).

Wenn wir das kausale Denken so verstehen, folgt daraus zweierlei, was dem Typusverständnis entgegensteht:

1) Die physikalische Methode *muß* jedes einheitliche Objekt in *Teile* zergliedern, um diese sodann gedanklich aufeinander beziehen zu können. Die Frage nach dem Wesen der Materie mußte unter diesem *methodischen Analysezwang* folgerichtig zur Kernphysik und Kernspaltung führen. Ein Denken, das *zwischen* die Erscheinungen eindringt und sie zunächst als getrennte auffaßt, um sie sodann aufeinander zu beziehen muß zergliedern, um überhaupt verstehen zu können.

2) Die so betrachtete Sinneswelt ist notwendig ideen- und geistlos. Die Sinneserscheinungen, die als gegenständlich-wirklich erlebt werden, erscheinen *für sich* genommen oder in ihrer Analyse Objekt für Objekt sinnlos, d.h. ohne innewohnende Idee, zufällig. Ist ein Naturwissenschaftler dennoch durch Erziehung oder aus innerem Bedürfnis religiös, wie z.B. Albert Einstein, W. Heisenberg oder der Neurophysiologe J. Eccles, so ist für sie eine geistige Realität nur *transzendent* zu denken. Die physikalische Methode, die den Ideengehalt in der Wahrnehmung der Sinne nicht findet, schafft konsequent einen Geist- oder Gottesbegriff, in welchem dieser jenseits von Zeit und Raum und jenseits aller Erkenntnisgrenzen angesiedelt wird.

Hiermit ist zugleich angedeutet, was sich im Laufe der Kulturent-wicklung im Bereich der Religionen abgespielt hat: Der erlebnisge-sättigte und sinnlichkeitsnahe Geistesbegriff der Naturreligionen verschwand zugunsten eines abstrakten und kanonisierten theologi-schen Gottesbegriffes, den erkenntnismäßig erfahren zu wollen als Anmaßung gilt.

Man sieht daraus: Glaube an einen transzendenten Gott und geistloser Materialismus als Wissenschaft schließen sich nicht aus – im Gegenteil, sie bedingen sich.

Die kausale Methode ist dort sachgemäß und daher erfolgreich, wo die sinnlichen Umstände sich vollständig gegenseitig bedingen. Um an die Ursache einer festgestellten Folge zu kommen, kann daher immer auf eine ursächliche sinnenfällige Einwirkung zurückgegrif-fen werden.

Eine Kausalkette muß für den Betrachter immer lückenlos wirken – sie ist es auch ihrer sinnlichen Folge nach – solange er nicht be-merkt, daß in ihr ein Erscheinungszusammenhang gegeben ist, in dem die wahrgenommenen Einzeltatsachen durch Gesetze verbun-den sind, d.h. durch *Verhältnisse*, die zwischen ihnen wirken und die durch abstrakten Bezug erkannt werden.

Was hier zur Sprache gebracht wird, ist in gründlichster Weise vom modernen Empirismus – allen voran durch Carnap[5] untersucht wor-den. Vom Wiener Kreis ging auch die Forderung aus, als wissen-schaftliche Methode nur solche Aussagen zuzulassen, die sich auf empirische Objekte beziehen und durch formal-logische Verknüp-fungen bezogen werden. Es ist aber anzumerken, daß die ganze Aktivität darauf gerichtet war, dieses Wissenschaftsprinzip zur Schu-le zu machen und schließlich eine umfangreiche, neue, formal-logi-sche Wissenschaftssprache zu entwickeln.

Wäre mehr Aufmerksamkeit darauf verwendet worden, *weshalb* die auf *sich* begründete formale Logik etwas mit der Sinneswelt zu tun hat und *was*, so hätten sie begreifen müssen, daß das von ihnen allgemein geforderte Verhältnis von Begriff und Wahrnehmung nur *eines* der möglichen Verhältnisse ist, in dem dieses in einen Erkenntnisbezug treten kann. Eben dies hatte Rudolf Steiner 1883 in seinen Einleitun-gen zu «Goethes Naturwissenschaftliche Schriften»[6] und in dem schon genannten Werk «Grundlinien einer Erkenntnistheorie» getan.

Der auf die kausale Denkweise begründete positivistische Wissenschaftsbegriff hat das ablaufende Jahrhundert beherrscht. Er kann fortgebildet werden, inden er als Spezialfall erkannt und dadurch überwunden wird.

Der Goethesche Typus-Begriff entstand aus der Betrachtung der gewachsenen *Formen* von Pflanze, Tier und Mensch. Diese widersetzen sich bis heute den Versuchen, sie auf kausale Weise zu erklären, wenngleich es auch hier nie an Versuchen und Äußerungen gefehlt hat; die Vertreter jener kausalen Erklärensweise sehen hier kein *prinzipielles* Problem, sondern nur eines der Komplexität der Materie. Die neuesten Bemühungen in dieser Richtung basieren auf der Synergetik, die vor allem durch die Arbeiten von Ilya Prigogine[7] aufbauen. Dieser hat eine mathematische Theorie der sogenannten dissipativen Strukturen entwickelt, wodurch gewisse anorganisch-chemische Fließstrukturen – vergleichbar den durch einen Stein erzeugten Wasserwellen in einem Tümpel – mathematisch faßbar wurden. Hierdurch soll ein Modell gegeben sein, um die organische Morphogenese nach dem Prinzip zyklisch kausaler Prozesse erklären zu können.

Gierer und Meinhardt haben auf dieser Grundlage ein Computermodell geschaffen, indem ein Morphogeneseprozeß unter bekannten und definierten Bedingungen simuliert wird. Eine zusammenfassende Darstellung findet sich bei M. Eigen.[8]

Daß für diesen Prozeß zu fordernde morphogenetische Signalstoffe, die auf autokatalytischer Basis eine bestimmte Gestalt im Sinne einer dissipativen Struktur erzeugen sollen, inzwischen nachgewiesen werden konnten, berechtigt dennoch den Einwand, daß im Kern damit nichts gewonnen, sondern das Problem nur erneut verschoben ist.

Hierauf hat – neben anderen- der Botaniker W. Troll bereits 1947 hingewiesen.[9] Er führte aus, daß z.B. die Verteilung von bestimmten Wuchsstoffen (Auxinen) in einem Baum, die mit dem Austreiben von Knospen an bestimmten Stellen zusammenhängt, im Prinzip ebenso erklärungsbedürftig ist, wie die Gestalt des Baumes selbst.

Ähnliches gilt für das Problem der Gestaltbildung unter genetischem Gesichtspunkt, etwa wenn man die Erkenntnisse über die differenzierte Regulation der Proteinsynthese und der Endaktivität selbst im Zellkern in Betracht nimmt:

Das spezifische *Verhalten* der DNA, die in jeder Körperzelle vollständig gegeben ist, aber von Organ zu Organ unterschiedliche Syntheseleistungen vermittelt, bedarf selbst einer ihr übergeordneten und sie «steuernden» Funktion; auch die spezifischen morphogenetischen Bedingungen einer synergistischen Betrachtungsweise müssen vorausgesetzt werden und sind wiederum so erklärungsbedürftig wie die daraus resultierende End-Form. Es soll gegen das Verdienst dieser Untersuchungen nichts eingewendet werden – nur darf nicht geglaubt werden, daß durch sie das seit mehr als 200 Jahren diskutierte Morphogeneseproblem kausal verständlich und aus der komplexen Wechselwirkung biochemischer Substanzen erklärt werden kann.

Dieser gleichbleibende Gesichtspunkt ist von Forschern wie dem genannten W. Troll u.a. entsprechend dem jeweiligen Stand der Wissenschaft wiederholt herausgearbeitet worden. Es hat keineswegs an allgemein anerkannten Naturwissenschaftlern gefehlt, die im Bereich der Biologie den Typus-Begriff aufgegriffen haben. Zu ihnen zählen u.a. V. Franz und A. Remane als Zoologen, O.H. Schindewolf als Paläontologe, L. Kretschmer als Arzt und Anthropologe – manche andere wären noch zu nennen. Dennoch hat sich der Typus-Begriff nicht durchgesetzt. Ein besonders aufschlußreicher Fall in dieser Hinsicht liegt in dem über vier Jahrzehnte andauernden Bemühen Schindewolfs, das typologische Denken im Rahmen der Paläontologie zu befestigen. Dieses Feld ist insofern von hervorragender Bedeutung, als in ihm die Anschauungen der Evolutionstheorien durch die tatsächlichen örtlichen Grabungsfunde und historischen Verhältnisse ihre gegenständliche Bestätigung oder Widerlegung erfahren.

Wenn man bedenkt, daß die Evolutionstheorie seit Darwin durch den großangelegten Versuch bestimmt wurde, die Morphogenese durch Mutation und Selektion kausal zu begründen, so wird man verstehen, welche Bedeutung die Paläontologie gerade hier hat, und welches Aufsehen ein Forscher erregen muß, der gerade in diesem Fach die Typologie zur Geltung zu bringen versucht. In seinem Anliegen hatte Schindewolf über Jahrzehnte den berühmtesten Paläontologen seiner Zeit gleichsam als Gegenspieler. Dieser, G. G. Simpson, hat das Verdienst, die Paläontologie mit der Populationsgenetik in feste Beziehung gebracht zu haben; er gilt als Begründer und Hauptvertreter der sogenannten «Synthetischen Theorie der Evolution», die seit dem zweiten Weltkrieg entstand. Von dieser Seite wurde Schindewolf – trotz Anerkennung seiner fachlichen Leistungen im Einzelnen – über Jahrzehnte hinweg bekämpft. Dennoch ließ er es sich nicht nehmen, den typologischen Standpunkt immer wieder zu vertreten und die Ungereimtheiten der auf die Paläontologie übertragenen Vorstellungen der Populationsgenetik zu kennzeichnen und zu verurteilen. Wir sehen hier also einen wissenschaftlichen Streit ersten Ranges unter den hervorragendsten Vertretern ihres Faches vor uns.[10]

Für die Möglichkeiten und Schwierigkeiten, den Typus-Begriff zu verstehen und in der Auseinandersetzung mit der Genetik zu behaupten, kann aus dieser Auseinandersetzung viel gelernt werden: Da sie beispielhaft für die wissenschaftliche Situation der Gegenwart steht, sollen die beiden gegenüberstehenden Sichtweisen im folgenden etwas eingehender erläutert werden.

Simpson sieht die Evolution als eine Folge von fortwährenden kleinen, *ungerichteten* mutativen Änderungen im «Gene-Pool» einer Population (d.h. innerhalb der Summe aller durch Fortpflanzung in Wechsel-Verhältnis tretender Gene einer Population), wobei alle gerichteten, *evolutiven* Einflüsse sodann durch Isolation und Selektion bewirkt werden, und die Adaption der Endeffekt und als der biologische Maßstab aller Veränderungen anzusehen ist. Die Variationen des genetischen Ausgangsmaterials erfolgen zufällig; aus diesen Variationen sind durch Förderung und Hemmung über lange Zeit die systematischen Verhältnisse der Lebewesen herausentwickelt worden. Simpson betont also die Kontinuität und sieht die Entstehung der unterschiedlichen phylogenetischen Taxa (Systemeinheiten, d.h. Gruppierungen von Lebewesen mit jeweils ähnlichen Merkmalen) als einen graduellen Prozeß, der erst durch die zunehmende selektive Differenzierung die Ausprägung höherer systematischer Kategorien (z.B. vom Rang der Familien, Ordnungen, Klassen usw.) gewinnt. Die objektiv vorhandene Diskontinuität der Entwicklung bilden für ihn das Hauptproblem seiner genetisch bestimmten Sichtweise. Um es zu lösen, hat er die Theorie der Quantenevolution entwickelt, die aufklären soll, wie kleine evolutive Prozesse sich zu scheinbar eruptiven großen Umwandlungen summieren, die dann die plötzliche Entstehung eines neuen Bauplanes vortäuschen.

Schindewolf geht weniger von einem übergreifenden Erklärungsmodell aus, sondern mehr von den konkreten morphologischen Gestalten; hierbei fällt ihm vor allem deren bedeutsame morphologische *Verschiedenheit* auf. Überdies treten offensichtlich neue Baupläne regelmäßig innerhalb von kurzen Zeiträumen auf, während sie, einmal ausgebildet, sich dann nicht mehr *grundlegend* verändern, sondern nur noch modifizieren. Weiterhin betont er, daß die neuen Grundbaupläne (die Typen) keinen adaptativen Vorteil gegenüber den früheren haben. So sind z.B. die Tetrapoden, insofern ihre frühesten Formen, die Amphibien, noch ganz auf eine Lebensweise im Wasser angewiesen sind, keineswegs *besser* an die Umwelt angepaßt als die Fische, noch besteht ein ersichtlicher Grund, weshalb gerade die Vierfüßigkeit gegenüber der Null-Füßigkeit besonders notwendig war. Diesen neuen *Typus* müsse man hinnehmen. Erst in zweiter Linie hätten sich, nachdem sie schon aufgetreten war, adaptive Verwandlungen ergeben, z.B. springen, graben, rennen usw. Schindewolf weist ferner darauf hin, daß ein neu aufgetretener Typus zunächst noch eine große morphogenetische Potenz hat, die im weiteren Verlauf der Differenzierung abnimmt und schließlich in gut angepaßten Endformen praktisch erlischt. In diesem Zusammenhang hat er einen gleichsam biographischen Ablauf beschrieben, mit den «Lebensabschnitten» der Typogenese, Typostase und Typolyse.

Schindewolf geht von der Grundvorstellung aus, daß das Leben neue Gestalten erzeugen kann – eben Typen. In der Art, wie er mit diesem Begriff umgeht, sind diese offensichtlich eine hinzunehmende Grundtatsache. Den adaptativen Prozeß, den Simpson für universell hält, akzeptiert er nur als einen sekundären Vorgang innerhalb des Typengefüges. Wichtig ist für ihn vor allem, daß die höheren Kategorien der Taxonomie (Lehre von der systematischen Einteilung der Lebewesen) nicht *Folge* einer sich allmählich auseinander verzweigenden Spezialisation sind, sondern daß sie als primär und auch zeitlich als vorausgehend anzunehmen sind. So sind nicht aus verschiedenen Reptilrassen allmählich verschiedene Arten, dann Gattungen, Familien usf. hervorgegangen, bis schließlich mit einer Differenz von Systemrang der Klasse die Vögel sich gebildet hatten. Im Gegenteil; mit Auftreten von Archäopteryx sei sehr plötzlich der erste bekannte Repräsentant eines neuen Typus aufgetreten, nämlich der Vogelklasse. Diese habe sich dann zu Ordnungen, Familien, Gattungen, Arten und Rassen differenziert. Hier tritt die ganze Differenz der Standpunkte von Simpson und Schindewolf hervor, indem deutlich der eine die jeweils höhere phylogenetische Einheit als Folge und Endprodukt kleinerer Veränderungen der vorangehenden Einheiten sieht, der andere sie als *Ursprung* und *Ausgangspunkt* betrachtet, aus der die niederen Rangordnungen hervorgehen. Beide sind sich dabei über die zugrundeliegenden Fakten einig, die Verschiedenheit beruhe ausschließlich auf der Ebene des Verständnisses – anders ausgedrückt: Schindewolf scheint es naheliegend, von einer Diskontinuität auszugehen, die sich aus der Verschiedenheit der anfangs neu und rasch auftretenden *Grundbaupläne* ergibt; das Problem des Zusammenhangs, das diese untereinander haben, bleibt für ihn zunächst bestehen.

Simpson geht von der Kontinuität des plasmatischen Lebensgefüges aus und muß das rasche Auftreten von Neugestaltungen mit hohem Systemrang durch eine Hypothese überbrücken (Quantenevolution). Schindewolf geht vom Primat der Form aus (Morphologie), Simpson, ein kausales Erklärungsmodell entwerfend, vom Primat der Substanz.

Die englische Philosophin M. Greene hat beide Evolutionstheorien untersucht und verglichen.[11]

Sie kommt zu dem Ergebnis, daß Simpsons Erklärung seinen dargelegten Prinzipien nach geschlossener scheint und dem allgemeinen Wissenschaftsprizip der Anorganik insofern entspricht, als er die Evolution automatisch und mechanisch ablaufen sieht. «It is precisely mechanism of gene fluctuation and natural selection that makes the neo-Darwinism explanation a scientific explanation in the mechanistic sense»: Dies sei «logically simple and automatic» und entspreche der «passion of the modern mind». Sie macht jedoch den schwerwiegenden Einwand, daß er zur Formentstehung mit weniger Begriffen auszukommen vorgibt, als dies tatsächlich der Fall ist: Wenn aus einer ungerichteten Genfluktuation nur die äußeren Verhältnisse formgebend wirkten, dann müßten die Tiere im gleichen Milieu gleiche Gestalt haben – ein Wal wäre demnach das Gleiche wie ein Fisch im Kontext der Adaptionsgestaltung. Nun sagt aber Simpson, das gleiche Milieu sei qualitativ verschieden, je nach Organismus, der in ihm lebt. Das Meer bewirkt eine andere «Selektionsformung» je nachdem, ob ein Säugetier in ihm lebt oder ein Fisch – die Wüste wirkt anders auf Insekten als auf die Reptilien; d.h. aber, die Morphogenese ist nicht nur eine Sache der

234

Genfluktuation und des Milieus, sondern des Typus, der diesen inneren und äußeren Einwirkungen unterliegt. So führt Simpson den Typusbegriff, den er ablehnt, gleichsam verschleiert wieder ein und braucht ihn in der Tat fortwährend, um überhaupt einen Begriff von Evolution in einzelne Arten darzulegen.

Dieses Vorgehen – mit weniger und reduzierteren Begriffen zu argumentieren, als man tatsächlich zum Verständnis selber braucht – kennzeichnet einen Erklärungsversuch letztlich als unsachgemäß. Hierin findet Greene Schindewolfs Evolutionsvorstellungen sachgemäßer, obwohl sie weniger einheitlich sind.

Der Aufsatz von M. Greene erschien anläßlich des 100. Jahrestages von Ch. Darwins «The origin of species ...». Zehn Jahre später hat Schindewolf selbst nochmals ausführlich seinen Typus-Begriff erläutert und sich wieder ausführlich mit G. G. Simpson und den neueren Populationsgenetikern auseinandergesetzt.[12] In dieser Schrift «Über den Typus in morphologischer und phylogenetischer Biologie» faßt er seinen Standpunkt einerseits entschieden zusammen – andererseits zeigt sich eine deutliche Unsicherheit, die zu Äußerungen folgender Art führt: «Wir mögen auch die Überzeugung teilen, daß die sogenannten mikroevolutiven Mechanismen die einzigen und alleinigen Faktoren der Makroevolution sind, daß sie also ohne weitere Erklärung auch die transspezifische Evolution verständlich machen ... Der Paläontologe vermag allein die bestehenden stammesgeschichtlichen Tatbestände aufzuzeigen und muß es dann den Genetikern überlassen, ob und wie sie diese mit ihren populationsgenetischen Mechanismen erklären können».[13] Am Schluß: «Die populationsgenetische Definition der Art ist sicherlich in theoretischer Hinsicht die Exakteste, aber praktisch ist sie bei den lebenden Organismen nur in seltenen Fällen und bei den fossilen Formen kaum je anwendbar. Eine morphologisch-typologische Artfassung läßt sich da (aus praktischen Gründen, Verf.) nicht umgehen.»[14]

Bei der inhaltlichen Darstellung des Typus anhand der paläontologischen Grundlagen spricht er allerdings eine ganz andere Sprache: «Es liegt hier (beim Typus) gewiß nicht ein einfaches Hirngespinst, eine platonische Idee, ein nominalistischer Begriff, sondern eine naturwissenschaftliche Realität vor, die ebenso erkannt werden muß wie die Realität der Populationen.»

Der Typus-Begriff war für Goethe schwer zu fassen, davon zeugen seine vielen Entwürfe und Überlegungen, und auch Schindewolf scheint er gleichsam zwischen den Händen zu zerfließen, sobald er sich von den Objekten der Anschauung ab- und dem Begriff selbst zuwendet. Am einfachsten ist seine Definition vom Typ als *Bauplan*, wie sie ähnlich auch bei Goethe zu finden ist. «Wir sprechen vom Bauplan der Insekten und verstehen darunter das besondere Merkmalsgefüge, daß die größte Organismengruppe kennzeichnet, wie ein starrer, nicht überschrittener Rahmen zusammenhält und von anderen Tiergruppen unterscheidet. 1. im Kopf mit Antennen und drei Paar Mundgliedmaßen, 2. Thorax mit drei Beinpaaren und meist zwei Flügelpaaren, 3. Abdomen ohne typische Extremitäten.»

Dies ist der äußerlichste Typus-Begriff, dem wohl mit Recht entgegengehalten werden kann, daß er einem nominalistischen Begriff nahekommt. Goethe hat das Wort Plan auch verschiedentlich gebraucht, jedoch auch gemeint «so bedienen jene (Franzosen) sich des Wortes Plan, werden aber sogleich dadurch auf den Begriff eines Hauses oder einer Stadt geleitet, welche, noch so vernünftig angelegt, immer noch keine vernünftige Analogie zu einem organischen Wesen darbieten können.»[15]

Man muß bei Schindewolf unterscheiden zwischen seinen Definitionen des Typus und seiner Handhabung dieses Begriffes. Letzteres ist lebendiger und beweglicher. So erkennt er z.B. Archaeopteryx als einen Repräsentanten des Vogeltypus, obwohl ihm zwar viele, aber nicht alle Bauplan-Merkmale der Vögel eigen sind. So schreibt er: «Schon der erste Fund einer isolierten Schwingfeder vom typischen Bau einer Vogelfeder ist … ausreichend gewesen, das Vorhandensein des Urvogels zu behaupten. Das war also das *Schlüsselmerkmal* für den Nachweis des neuen ‹Typus› Vogel, und es hat sich bestätigt.» Daß der Archaeopteryx auch noch Reptilienmerkmale vorweist, was gewöhnlich dazu führt, ihn als eine typische Mosaikform oder Zwischenstufe zwischen Reptil und Vogel zu betrachten, ist ihm dabei kein tragender Einwand, weil der Einbau des neuen Typengefüges eine Grundorganisation erfordert, welche die allgemeinen Lebensfunktionen sicherstellt.

Schindewolf argumentiert hier ganz im Goetheschen Sinn. Der typische Teil, die Schwungfeder, spricht das Gesetz des Ganzen aus – das heißt aber nichts anderes, als das eine einheitliche formende, das

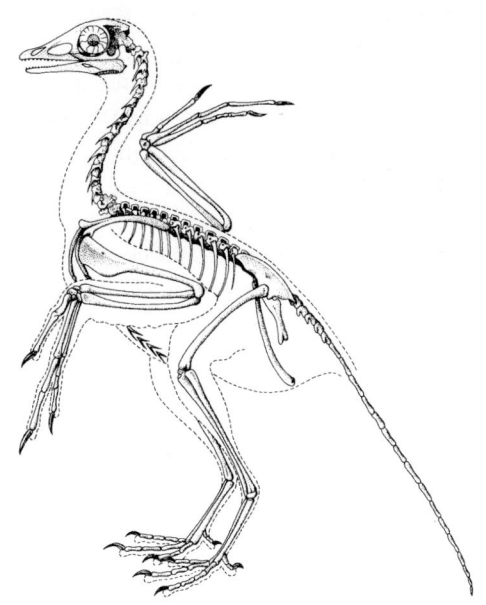

Abb. 83 Archeopteryx Skelettrekonstruktion
(aus Starck: Vergleichende Anatomie der Wirbeltiere, Bd. 1)

ganze Tier gestaltene Potenz wirksam sein muß, die einheitlich ideell
ist – im Sine des taxonomischen Begriffes und doch als biologische
Kraft wirkt. Dies führt auch dazu, einen «korrelativen Minimalkom-
plex» zu fordern, der nicht die Fülle aller Merkmale des ausgebilde-
ten neuen Bauplans vorweist, aber doch bedeutet, daß das ganze Tier
entsprechend gebildet sein muß, wenn ein typisches Teil vorhanden
ist. Diese Konsequenz hat Schindewolf selbst nicht gezogen, doch
insbesondere in seiner weiteren Kennzeichnung der Vorstellung vom
«Schlüsselmerkmal» wird deutlich, wohin er durch seine morphologischen Forschungen geführt wird.

Betrachten wir diesen Begriff genauer:

Es ist z.B. vom Standpunkt der sinnlichen Erscheinung und auch
der Adaptation im Sinne Simpsons ein minimaler Unterschied, ob
innerhalb einer fünfzehigen Fußgestalt das Gewicht überwiegend auf
dem dritten Strahl ruht oder, geringfügig verschoben, zwischen dem
dritten und vierten Zehenstrahl. Für Schindewolf liegt hier ein ein-

schneidendes Schlüsselmerkmal, denn hiermit war angekündigt, ob sich im weiteren Verlauf Unpaarhufer (Perissodactyla) oder Paarhufer (Artiodactyla) aus den entsprechenden Stammformen entwickeln können. Die Tatsache, ob das Gewicht also in der Knochenachse liegt (mesaxonal) oder zwischen zwei Knochen (paraxonal), ist für sein morphologisches Verständnis gleichsam der «Wegweiser» in Richtung z.B. auf das Pferd oder die Kuh. So ist der Teil nicht nur Ausdruck des sinnlichen Ganzen, zu dem er gehört, sondern in ihm drückt sich auch – typologisch – eine *Bildepotenz* aus, die keimhaft ist und sich in ihrer vollen Bedeutung erst in der Zukunft erweisen kann. Neben der Ausrichtung für eine spezifische Evolutionsrichtung sieht Schindewolf in ihnen auch die entscheidenden *Grenzphänomene* gegenüber anderen, dadurch ausgeschlossenen typologischen Formen. Daher ist es für ihn im Gegensatz zu Simpson auch selbstverständlich, die taxonomischen Trennlinien dort anzusetzen, wo die möglichen morphologisch-typologischen Gesetzmäßigkeiten schon entschieden sind und nicht erst da, wo sie sich sinnlich vollständig ausgeprägt und entwickelt haben.

Wir sehen hieran eine weitere wichtige Gesetzmäßigkeit des Typus: Die in eine bestimmte Richtung sich vollziehende Entwicklung schränkt die verbleibenden Möglichkeiten ein; indem eine Eigenschaft besonders entwickelt wird, werden andere zurückgebildet und verlieren sich. Auf diese Tatsache hat Goethe vielfach großen Wert gelegt – er nannte es u.a. das Prinzip des *Gebens* (in einer Richtung) und des *Entziehens*[16] oder er sprach davon, daß die Natur ein «Budget» oder ein «Etat» hätte, so daß «wenn an der einen Seite zuviel ausgegeben worden, sie es der anderen entzieht.»[17] – Auf das hier angesprochene Kompensationsprinzip werden wir gleich noch zurückkommen.

Schindewolf hat den von ihm gehandhabten Typusbegriff nicht zu der Klarheit gebracht wie Goethe und sich wohl auch zu wenig erkenntnistheoretisch damit auseinandergesetzt. Indem er den Unterschied von Begriff und Idee nicht herausarbeitet, weiß er nicht, auf welcher Ebene er die Typen als «objektive biologische Realitäten» aufsuchen soll. Gelegentlich scheint er die Typologie nur für ein praktisches Erklärungsprinzip im groben Raster der Phylogenetik zu halten, dem in der problematischen historisch unklaren Situation früherer Erdepochen besondere Bedeutung zukommt, da diese experimentell-genetisch nicht reproduzierbar und daher nicht exakt erfaßbar seien. So müssen wir konstatieren, daß er trotz Anerkennung der von M. Greene ausgearbeiteten prinzipiellen Problematik der paläontologischen Genetik und trotz eines souveränen und einheitlichen Umgangs mit dem Typus-Begriff in der Praxis nicht die Möglichkeit findet, diesen rationell zu begründen.

Der Vorwurf, einer platonischen Ideenbildung verfallen zu sein, scheint doch eine Wirkung auf ihn gehabt zu haben; denn er vermeidet alles, was diesen Anschein nährt. Daß der Typus eine nur als Idee zu begreifende Tatsache ist und doch real gestaltbildend schafft, hat er offenbar nicht vollkommen durchschaut. So bleibt er gleichsam auf der Stufe stehen, auf der Goethe war, bevor ihm Schiller den eingangs erwähnten Einwand gemacht hat. Es hat daher nicht ausgereicht, um diesen durch ihn in der Paläontologie vertretenen Begriff über seine persönliche Wirkungszeit hinaus zu institutionalisieren. Immerhin hat er durch Jahrzehnte einen letztlich *doch* idealistisch bestimmten Formbegriff vertreten und diesen der sich entwickelnden Genetik immer wieder vorgehalten.

Goetheanismus und Geisteswissenschaft

Der Streit zwischen Schindewolf und Simpson weist Züge des Akademiestreites von 1830 zwischen Baron Cuvier und Geoffroy de Saint-Hilaire auf, den Goethe mit so großem Interesse verfolgte und der ihm selbst nochmals Anlaß dazu gab, zum Typus-Problem Stellung zu nehmen. Rückblickend auf seine eigene forscherische Beschäftigung hat er bei dieser Gelegenheit die Bedeutung des Zwischenkieferknochens in typologischer Sicht erläutert: Er bildet den vordersten Knochen im horizontalen Bau der Tiergestalt und zeigt die Form der Nahrungsaufnahme des jeweiligen Tieres: Beim Pferd finden sich sechs abgestumpfte Schneidezähne in ihm, beim Reh ist er zahnlos, beim Wolf ist er vorgeschoben und enthält sechs scharfe Schneidezähne usf.[18]

Es fungiert der Zwischenkiefer hier als Werkzeug des Ergreifens, Zerknirschens, Abrupfens, Zermahlens, Festhaltens, u.ä. Beim Menschen werden diese Tätigkeiten überwiegend von den Händen ausgeführt. Es ist daher anzunehmen, daß die Freiheit und Geschicklichkeit der Hände nicht ohne Einfluß auf den Zwischenkiefer sein kann.

«Betrachte hiernach die reißenden Tiere (Raubtiere), wie ihre Klauen und Krallen nur zum Aneignen der Nahrung geschickt und geschäftig sind und wie sie, außer einigem Spieltrieb, dem Zwischenkiefer untergeordnet und Knechte des Freßwerkzeugs bleiben.» Von hier aus wird die Beweglichkeit des Unterarmes in Pro- und Supination betrachtet, wodurch Goethe zu den Eichhörnchen geführt wird, die mit besonderem Geschick die vorderen Extremitäten nicht nur zur Eigenbewegung brauchen, sondern in fast aufrecht sitzender Stellung sie zum Munde führen, indem z.B. ein Tannenzapfen geschält wird. Dies bemerkend fährt Goethe fort: «Höchst merkwürdig scheint es zu sein, daß durch eine geheimnisvolle Übereinstimmung, bei vollkommener Tätigkeit der Hand, auch zugleich die Vorderzähne eine höhere Kultur bekommen…»[19] Diese Übereinstimmung führt ihn wieder zum Prinzip des «Budgets», welches er schon mehr als 30 Jahre zuvor (1790-95) als 1. Gesetz der Morphologie aufgestellt hatte: «Der Typus hat einen gewissen Umfang von Kräften …»[20]

Dieses «1. Gesetz», das Goethe auch bei Geoffroy beachtet findet, hat für unsere Untersuchung eine übergeordnete Bedeutung. Hatte Goethe oftmals das Protheushafte als Problem empfunden – «daß man etwas still und feststehend behandeln soll, was in der Natur immer in Bewegung ist»[21] – so hatte er hiermit eine übergeordnete Gesetzlichkeit gefunden, in der eine ruhige Einheit zugleich mit einer inneren Bewegtheit gefaßt werden kann. Bildhaft erinnert es etwa an die Gesetzmäßigkeit der kommunizierenden Röhren, in denen ein flüssiges Medium sich unabhängig von deren Größe und Gestalt immer auf *eine Höhe* einstellt.

Der Begriff des Typus als eines «Budgets» an gestaltbildender Kraft, die nach korrelativen, einheitlichen Gesetzen im organischen Körper wirkt, liegt an der Grenze dessen, was sich am Objekt der Anschauung noch mit dem Begriff «Idee» umschreiben läßt.

Schindewolf gelingt es nicht, Goethe hat immer neue Versuche unternommen, den Typus zu charakterisieren. Rudolf Steiner hat sich in seinen Einleitungen zu Goethes Naturwissenschaftlichen Schriften und in seinen Grundlinien vollkommen an die philosophische Terminologie angeschlossen und erkenntnistheoretisch den

Goetheschen Typus-Begriff herausgearbeitet. Im Gegensatz zur Situation in der Anorganik – wo das begrifflich-ideelle im Erkenntnisprozeß als vermittelnde Beziehung *zwischen* zwei sinnlichen Objekten erkannt wird, wird dies in den organischen Erscheinungen als *in* den einzelnen lebendigen Objekten als flüssig-bewegliches und zeitlich wirkendes organisches Bildegesetz erkannt.

Die Einheitlichkeit, die Goethe und Schindewolf im Organismus typologisch fanden, ist gewachsene Gestaltung, in welchem die Teile sich nicht, wie in der unbelebten Natur, mechanisch zu einem Ganzen summieren, sondern in Metamorphose Ausdruck des Ganzen sind – wie Hand und Zwischenkiefer des Eichhorns oder Feder und Vogelbau des Archaeopteryx.

Hiermit hat der Begriff «Idee», als welche Schiller den Typus erkannte – selbst eine Begriffsumwandlung durchgemacht. Er wird als lebendig *Wirkendes* erfaßt, das nicht abstrakt «platonisch», sondern biologisch wirksam ist. Goethe hat diesen Kraft-Aspekt auch empfunden. Für die Wirkungen des Typus in der Gesetzmäßigkeit von Ausdehnung und Zusammenziehung war er sich bewußt, daß diese Begriffe nur Veranschaulichung sind.[22] Goethe schildert also sinnliche Wirkungen einer ideellen Kraft, auf die er durch das Studium der Organik hingewiesen wurde. Dem konventionellen Begriffsvermögen entstehen hier verständliche Schwierigkeiten. Ist doch schon der außerphilosophische Gebrauch des Wortes «Idee», «ideell» oder «begrifflich» heute ganz mit der schattenhaft abstrakten Qualität belegt, die aus dem dualistischen Erleben der kausalen Denkweise stammt. Es verwundert daher nicht, daß selbst solche Persönlichkeiten wie Schindewolf – die ein ungleich schwereres historisches Erbe im Hinblick auf die Überwindung der kausalen Denkweise zu tragen hatten als Goethe – im Versuch, den Typus zu erfassen, gleichsam in die Denkgewohnheiten der allgemeinen Kultur «zurückfallen».

Hier ermessen wir die Bedeutung, die darin liegt, das Rudolf Steiner im weiteren Verlauf seiner Forschungen den Typus-Begriff dadurch neu erschlossen hat, daß er seine ideelle, nur philosophisch ableitbare Wirklichkeit vom Standpunkt der *Wahrnehmung* neu gefaßt hat. Was erkenntnistheoretisch und morphologisch als die «ideenhaft wirksame Kraft» des Typus begriffen werden kann, bekommt vom Standpunkt der übersinnlichen Wahrnehmung den Begriff «Ätherleib». Mit dem Wort «Äther» oder «ätherisch» ist dabei gleichsam die lebendige, schaffende Substantialität angesprochen; mit «Leib» wird auf die Ganzheit und begrenzte Einheitlichkeit hingewiesen, die Goethe mit seinem «Budget-Gesetz» im Auge hatte.

Rudolf Steiner hat auf dieses ätherische Budget auch hingewiesen, welches an einer Stelle entzieht, was es an anderer gibt und daher sich wandelnd und doch sich selbst bleibend in Metamorphosen lebt.

«Diese im Ätherleibe wirksamen Kräfte betätigen sich im Beginne des menschlichen Erdenlebens – am deutlichsten während der Embryonalzeit – als Gestaltungs- und Wachstumskräfte. Im Verlaufe des Erdenlebens emanzipiert sich ein Teil dieser Kräfte von der Betätigung in Gestaltung und Wachstum und wird Denkkräfte, eben jene Kräfte, die für das gewöhnliche Bewußtsein die schattenhafte Gedankenwelt hervorbringen.

Es ist von der allergrößten Bedeutung, zu wissen, daß die gewöhnlichen Denkkräfte des Menschen die verfeinerten Gestaltungs- und Wachstumskräfte sind. Im Gestalten und Wachsen des menschlichen Organismus offenbart sich ein Geistiges. Denn dieses Geistige erscheint dann im Lebensverlaufe als die geistige Denkkraft.

Und diese Denkkraft ist nur ein Teil der im Ätherischen lebenden menschlichen Gestaltungs- und Wachstumskraft. Der andere Teil bleibt seiner im menschlichen Lebensbeginne innegehabten Aufgabe getreu.»[23]

Die Biographie des Menschen ist selbst ein typologischer Metamorphoseprozeß, wobei die ätherische Wirksamkeit im Bereich des Anschaubaren als körperliches Wachstum beginnt und in den Bereich der Ideenausbildung hineinwächst. In Goethe und Schiller verkörpert sich somit gleichsam als zusammenwirkende Anschauungsart ein im Sinnlichen lebender und auf das Sinnliche blickender Jugendaspekt des Typus mit der mehr und mehr das Ideenhafte schauenden Kraft des Alters, die aus den physiologischen Abbauprozessen frei wird.

Schiller, der 10 Jahre jüngere, ist 27 Jahre vor Goethe gestorben. Im Jahre 1825 wurden auf Betreiben des Weimarer Oberbürgermeisters Carl Leberecht Schwabe der Schädel und die Gebeine Schillers aus dem staatlichen Kassengewölbe geborgen und vereinigt. Goethe selbst hat den Schädel untersucht, die Identifikation bestätigt und diesen einige Tage bei sich gehabt.

Anschließend hat er das bekannte Gedicht verfaßt, das erst posthum veröffentlicht wurde. Es ist von vollkommener Nüchternheit und zeigt den Blick des geübten Osteologen, der mit Sachlichkeit und ohne Schauer Knochen und Schädel betrachten gelernt hat. Im Wahrnehmungsfeld der knöchernen Überreste kommt es dann jedoch zu einem Erlebnis anderer Art – er deutet es an, indem er von sich selbst als «Adepten» spricht.

Schillers Reliquien

Im ernsten Beinhaus war's, wo ich beschaute,
    Wie Schädel Schädeln angeordnet paßten;
    Die alte Zeit gedacht ich, die ergraute.
Sie stehn in Reih geklemmt, die sonst sich haßten,
    Und derbe Knochen, die sich tödlich schlugen,
    Sie liegen kreuzweis zahm allhier zu rasten.
Entrenkte Schulterblätter! Was sie trugen,
    Fragt niemand mehr, und zierlich-tät'ge Glieder,
    Die Hand, der Fuß, zerstreut aus Lebensfugen.
Ihr Müden also lagt vergebens nieder,
    Nicht Ruh im Grabe ließ man euch, vertrieben
    Seid ihr herauf zum lichten Tage wieder,
Und niemand kann die dürre Schale lieben,
    Welch herrlich edlen Kern sie auch bewahrte.
    Doch mit Adepten war die Schrift geschrieben,
Die Heilgen Sinn nicht jedem offenbarte,
    Als ich inmitten solcher starren Menge
    Unschätzbar herrlich ein Gebild gewahrte,
Daß in des Raumes Moderkält und Enge
    Ich frei und wärmefühlend mich erquickte,
    Als ob ein Lebensquell dem Tod entspränge.
Wie mich geheimnisvoll die Form entzückte!
    Die gottgedachte Spur, die sich erhalten!
    Ein Blick, der mich an jenes Meer entrückte,
Das flutend strömt gesteigerte Gestalten.
    Geheim Gefäß! Orakelsprüche spendend,
    Wie bin ich wert, dich in der Hand zu halten,
Dich höchsten Schatz aus Moder fromm entwendend

Und in die freie Luft zu freiem Sinnen,
Zum Sonnenlicht andächtig hin mich wendend.
Was kann der Mensch im Leben mehr gewinnen,
Als daß sich Gott-Natur ihm offenbare?
Wie sie das Feste läßt zu Geist verrinnen,
Wie sie das Geisterzeugte fest bewahre.

Die Morphologie spricht für ihn die Sprache des Menschen, den er als Person kannte und der ihm 1793 bei der Darstellung des Pflanzentypus entgegengehalten hatte, «das ist eine Idee». Der Blick auf den Schädelknochen, auf die geistige «Spur, die sich erhalten», weitet sich in ihm und wird zum Blick auf das Meer, «das flutend strömt gesteigerte Gestalten». Der tote Freund hebt ihn, wie in einem letzten Gespräch, über die Schwelle, die zwischen der Sinnenwelt und jenem «Meer» ist.

Der Typus-Begriff ist die aus der Sinneswelt gewonnene Anschauung und Idee des Lebensgesetzes. Es hat die Gesetze der organischen Gebilde in erkenntnisgemäßer Form in sich. Es wächst und lebt ideell, wie die organischen Gebilde organisch wachsen und leben und sich dabei verwandeln.

In der Freundschaft von Goethe und Schiller wirkte eine sinnlich-ideelle Polarität, die sich im Laufe der Freundschaft verbunden, metamorphosiert und gesteigert hat. Aus ihr ist der Typus-Begriff und zuletzt ein Keim hervorgegangen, der über sie hinausgeführt hat, aus dem sich die ersten Lebenszeichen der Anthroposophie bilden konnten.

«An allen Körpern, die wir lebendig nennen, bemerken wir die Kraft, ihresgleichen hervorzubringen ... Das Gezeugte und Geborene schreitet unaufhaltsam fort, wieder zu zeugen und zu gebären und verändert sich in jedem Augenblick».[24]

Der Typus selbst ist es, der sich von der Goetheschen Auffassungsart weiterverwandelt hat. Vor 100 Jahren erschienen Rudolf Steiners «Grundlinien einer Erkenntnistheorie der Goetheschen Weltanschauung» (1886). Es enthielt «die *Keime* der von mir vertretenen Weltanschauung».[25] Lebendiger Goetheanismus heute ist Naturforschung unter Einbeziehung der übersinnlichen Begriffsbildung. Als solche zeigt er eine fruchtbare und zunehmende Kraft, während er im offiziellen Betrieb der Schulwissenschaft untergegangen ist.

III.

Betrachtungen zur Kunst

Das Musikalische
in der plastischen Gestalt
des Menschen

«Die Kunst offenbart geheime Naturgesetze, die ohne sie ewig wären verborgen geblieben».[1] Wir wollen heute abend versuchen, anhand des künstlerischen Werkes von Erich Glauer diesen geheimen Naturgesetzen im Sinne Goethes etwas auf die Spur zu kommen.[*] Und hierzu dient uns als erstes dieses Stück (Abb. 84), in dem Sie sicherlich unschwer erkennen, daß es sich nicht um ein Werk Erich Glauers handelt. Es ist ein Granit aus den Alpen, und es könnte vielleicht ein Kunstwerk einmal werden. Aber im jetzigen Zustand ist es nicht mehr als ein ungestaltetes Mineral. Es ist das Ausgangsmaterial mit dem ein Künstler beginnt.

Betrachten wir den Stein genauer, so bemerken wir, wie er Gewicht hat, Dichte hat, bestimmte chemische Eigenschaften hat. Wenn wir sehen, wie er daliegt, dann wird uns bewußt, daß dies ein Gegenstand ist, welcher sich, wenn nicht irgendetwas von außen getan wird, nicht rührt. Er bleibt liegen, er ist schwer, er ist träge. Wir empfinden geradezu, daß ein solches Stück Stein am eindrucksvollsten eigentlich dann ist, wenn es vielleicht ein bißchen größer ist als dieses. Am meisten beeindruckt es uns, wenn wir es gleich als Berg sehen, da ist so ein «Stein» schon fast ein erhabener Eindruck. Denken Sie an einen großen, riesigen Berg. Und wenn wir uns diesen Berg nach außen hin vergrößert vorstellen, dann ist es eben ein ganzer Kontinent, dann ist es überhaupt der Boden, auf dem wir stehen, der unserem Gewicht eine Stütze gibt, der uns von unten hält. Alles, worauf wir stehen, was uns Festigkeit gibt, was uns Sicherheit gibt, ist eben von der Art wie so ein Stein. Nun, wenn wir dann die Sache studieren, ein bißchen mehr dar-

[*] Ansprache zur Eröffnung einer Ausstellung von Plastiken von Erich Glauer am 23.9.1983 in Sindelfingen.

Abb 84: Granit

über erfahren, wird uns bewußt, daß die Kontinente schwimmen, getragen werden, so wie sie auch im Meer gewissermaßen schwimmen, das um sie herum ist. Die Kontinente sind aufgehoben von einer Leichtigkeit, von einer Kraft, die sie hochhebt, so, wie wenn wir einen Stein nehmen und ihn ins Wasser werfen – dann wird er leichter. Wenn wir ein Stück Zucker nehmen oder Salz, und es in ein Glas Wasser tun, wird es aufgelöst. Es verwandelt sich eben. Und mit so einem Stein kann man nun bereits eine dieser Qualitäten tun. Man kann ihn gewissermaßen «in das Wasser des Künstlerischen werfen» und er gewinnt dann gleich die Eigenschaft, die er auch hätte, wenn er im Wasser wäre. Das sehen wir als erstes, Grundlegendes, was man im plastischen Prozeß versucht, was ich Ihnen jetzt gewissermaßen nachahmen will.

(Der Redner stellt den Granit auf eine seiner Spitzen auf die Hand und ballanciert ihn.) Ein Stein, der so auf der Spitze steht, kann sich selbstverständlich nicht mehr halten. Wenn er schwer ist, wenn er ruht, liegt er. Wenn man ihn auf die Spitze stellt, empfindet man die Unmöglichkeit dieser Lage, er ist labil. Man fühlt, wenn man sich hereinversetzt in so einen Körper, der so steht, wie er umgeben ist von Kräften, wie er getragen werden muß, wie er gehalten werden muß, eben durch Kräfte, in diesem Fall sind es meine Hände. Nun, ich will Ihnen gleich die erste Plastik von Erich Glauer vorführen.

Abb. 85: Kuben auf der Spitze stehend (Plastik von Erich Glauer, Bronze)

Das ist natürlich jetzt ein ganz durchgestalteter Körper schon, und Sie sehen bereits dieses Element: er ist nicht mehr schwer, das Material selbstverständlich ist schwer, aber der Körper, in dem Sie ihn anschauen, ist nicht mehr schwer. Er wird gehalten, getragen, ist gewissermaßen wie umgeben von Kräften, die verhindern, daß er seiner eigenen Natur folgt und eben fällt. Nun, diese Kräfte können wir mitempfinden, weil sie in uns selber wirksam sind. Sie sind uns nichts Fremdes. Wenn Sie in ein Museum gehen, und Sie sehen dort ein Skelett aufgestellt, so ist dieses in gewisser Weise eine Illusion. Ohne Drähte und Stützen würden die Knochen einfach zu Boden fallen, wären schwer wie ein Stein. Umgeben sind die Knochen aber von einer lebenden, sie leicht machenden Masse, die in Wellen wie eine Flüssigkeit sie umgibt, die sich verdichten kann und auflösen kann: die Muskeln.[2] In diesen Muskeln ruht jetzt unser festes Gerüst und wird leicht gemacht. Ein Knochen wird auf den anderen getürmt, der Oberschenkel auf den Unterschenkel, das Becken darauf, jeder Wirbel auf den anderen, und das Ganze wird gehalten und getragen von Muskeln, die es umgeben, das können wir mitempfinden. Wenn Sie nun bedenken, wenn Sie stehen und selbst ein labiles Gleichgewicht bilden, dann haben Sie gewissermaßen zwei Pole in sich. Wir haben die Fersen unten, wo das Gewicht sich verdichtet. Sie können in der Knochenstruktur der Ferse beobachten, wenn Sie den Knochen aufsägen, wie er so gewachsen ist, daß sich die Schwerkräfte unmittelbar in der Richtung der Knochenbälgchen zeigen, maximale Verdichtung, Schwere. Der Knochen konzentriert sich, er stemmt sich gegen das Gewicht. Drumherum die Wade, die Oberschenkelmuskulatur, die Rückenmuskulatur, die Brustmuskulatur, das wirkt dagegen und hält den Menschen aufrecht. Und wenn wir einen künstlerischen Körper sehen, ist eben das erste, daß die Naturkraft der Schwere überwunden ist durch eine künstlerische Gestaltung, die ihn der Schwere entreißt. Man sieht nicht mehr das schwere Metall, sondern man sieht den Körper, der seine eigenen Gesetze zum Ausdruck bringt. Alles Leben verwandelt das Schwere in das Leichte.

Nun, das kommt an eine Grenze. An der Pflanze können Sie es beobachten, wie die Schwere bereits überwunden ist und sie eben nach oben wächst. Aber das Blattwerk, welches eine Reihe nach der anderen bildet, das geht nicht ewig so weiter. Wie das Schwere umgewandelt wird und leicht werden kann im Wasser durch den Wasserdruck, in der Pflanze durch das Suchen des Lichtes, so kommt es in einer anderen Weise wieder an eine Stelle der Umwandlung, wo das, was nun leicht ist und immer nach oben streben will, sich verwandeln will, angehalten wird. Und da wächst es dann nicht mehr weiter. Denken Sie an eine Rose. Die Rose setzt Blattreihe an Blattreihe, und wenn man sie reichlich gießt, kann das sehr viele Reihen geben. Wenn einmal die Blüte sich ausgebildet hat, ist das Wachstum zu Ende. Es wächst dieser Sproß dann nicht mehr. Dafür wird aber das grüne

Pflanzenblatt in der Blüte umgestaltet, und etwas, was vorher nicht vorhanden war, tritt auf: die Farbe, der Duft. Das Insekt interessiert sich dafür. Es entsteht eine Beziehung seelischer Art, wo die Wachstumskräfte sich darin verbrauchen, und wenn die Pflanze einmal geblüht hat, dann muß sie sterben. Die Lebenskräfte sind zu Ende, nachdem sie sich dort verwandelt haben.

Etwas Verwandtes geschieht auch im Menschen. Die Muskulatur, die den Körper umgibt, hat nicht an jeder Stelle die Funktion, die Knochen aufzurichten und aus der Schwere herauszuheben, diese Funktion kommt an eine Grenze. Diese ist bereits hier mit den Schultern gegeben. Die Arme, die an den Schultern anhängen, sind nicht mehr in derselben Richtung belastet wie die Beine, man kann sie zwar hochheben, dann setzt man das gewissermaßen fort, aber sie sind im Wesentlichen nach unten gerichtet und kehren die Richtung um. Und wenn Sie sehen, wie der menschliche Kopf gehalten ist, im Vergleich zum Affenkopf z. B., dann ist auffällig, daß die Schädelbasis, der Grund des Schädels, horizontal steht. Der Affe hat eine schiefe Wirbelsäule, es hängt der Kopf und kräftige Muskeln sind nötig um ihn zu halten. Beim Kopf des Menschen ist das nicht der Fall, er balanciert; die Muskelkräfte sind nicht in erster Linie da, um ihn zu halten, sondern nur, um ihn zu bewegen. Im Gesicht finden Sie dann eine Muskulatur, die von ihrem geweblichen Aufbau ganz gleich ist wie der Muskel an der Wade aber nun eine völlig andere Funktion hat. Denken Sie, wenn man ein Gesicht sieht, und einem auffällt, wie es spitzbübisch aussieht oder traurig, wie es heiter ist oder grimmig, dann wird Ihnen bewußt, daß die Gesichtsmuskulatur eine völlig andere Aufgabe hat, als Eimer zu tragen. Was meint mein Gegenüber mit seinem Lächeln? Man sieht die Verwandlung der Kräfte, die die Schwere in die Leichte führen, zu Muskeln, die im Dienst des mimischen Audruckes stehen. Erste Verwandlung, das Schwere wird leicht gemacht, wie der Stein im Wasser. Zweite Verwandlung: Das, was leicht geworden ist, wird frei, um innerer Ausdruck zu werden.

Und nun sehen Sie bitte auf diese Platik von Erich Glauer (Abb. 86). Sie sehen hier, wie die Gestalt steht, Sie sehen am Bein, in rhythmischer Schwellung und Zusammenziehung, Schwellung und Zusammenziehung, wie diejenigen Kräfte wirken, die ihn aufrichten. Schauen Sie nun hier, beachten Sie die Haltung des Kopfes, wie sie geneigt ist, wie er hört. Wenn Sie nahe genug wären, könnten Sie den

Abb. 86: Flötenspieler (Plastik von Erich Glauer, Bronze)

Ausdruck des Gesichtes sehen. Die Augen sind eher tiefliegend. Am
Mund hält er eine Flöte, der Ellbogen neigt sich zu der Seite, und wir
können empfinden, daß hier nun Töne erklingen. Und wie ein Echo
dieser Töne, als ob es ein Nachklang wäre, schauen Sie nun das
andere Bein. Dieses Bein trägt die Gestalt, das andere Bein ist gehoben, und man sieht den Ansatz, wie es sich mitbewegen möchte mit
der Melodie, die gespielt ist. Sie können sich vorstellen, wenn das nun
den ganzen Menschen ergriffe und er völlig erfüllt wäre von dem,
was er spielte, wie würde das sich fortsetzen? Das Bedürfnis mitzu-
schwingen mit den Gliedern würde ihn ganz ergreifen, er würde
tanzen, er würde springen. Jedes stoffliche Stück an ihm wäre ihm
lästig in dem Bedürfnis, sich auszudrücken und sich zu bewegen, sich
gewissermaßen aufzulösen, Klang zu werden, Luft zu werden, nicht
behindert zu sein durch Festes und Flüssiges und Zähes und Träges

Abb: 87: Dreiklang (Plastik von Erich Glauer, Bronze)

und was noch alles an ihm ist. Auflösen in Bewegung, angeregt durch das, was in ihm lebt: Klang. Und was macht der Plastiker? Der Plastiker kommt in die Situation, wo ihm der Stoff zuviel wird, er möchte auflösen, er schafft Hohlräume, er möchte selber einen Ausdruck gewinnen, für das, was musikalisch lebt. Und hier sehen Sie nun eine Form (Abb. 87), in der wir unmittelbar erkennen können, wie es gewissermaßen nur noch eine Tanzspur ist.

Schwebend, losgelöst, eine Zeichnung, ein Klang, ein Dreiklang. Man empfindet, wie dieses eine Plastik ist, die aus ganz anderen Kräften heraus gestaltet ist, wie dieses (Abb. 85): Tragen, gehalten. Es hat eine Verwandlung mitgemacht. Es kommt nicht aus den Kräften, die das Äußere in die Leichte führen, sondern diese Plastik (Abb. 87), die kommt aus den Kräften, die von innen nach außen sich ausdrükken wollen, sprechen wollen. Es ist die dritte Verwandlung.

253

Abb. 88: Lauschender (Steinkopf von Erich Glauer)

Nun, Sie können sich vorstellen, eine belebte, innerlich beseelte, klangvolle Gestalt fliegt durch den Raum, geht irgendwohin, will Ausdruck sein, aber möchte nicht nur das, möchte nicht nur sich ausdrükken, sondern sie möchte auch gehört werden. Da kommt eine weitere Verwandlung. Denken Sie, wenn Sie eine Trommel anschlagen und die Trommelmembran schwingt, dann überträgt sie ihre Schwingung auf die Luft, und die Luft schwingt mit ihr und als schwingende Bewegung, als Glockenton oder als Klang der Trommel fliegt sie durch die Luft und sie kommt an ein Ohr, das Ohr fängt sie auf und sie kommt wieder an eine Trommelmembran, aber an dieser Stelle ist sie nicht dabei, sich loszulösen, sondern hier ist sie dabei, sich einzugraben und zu verdichten, zu verinnern, nach innen zu gehen. Nun stellen Sie sich vor, diese Gestalt, dieser Dreiklang flöge durch die Luft, würde gehört werden und würde empfunden werden von diesem Kopf. (Abb. 88)

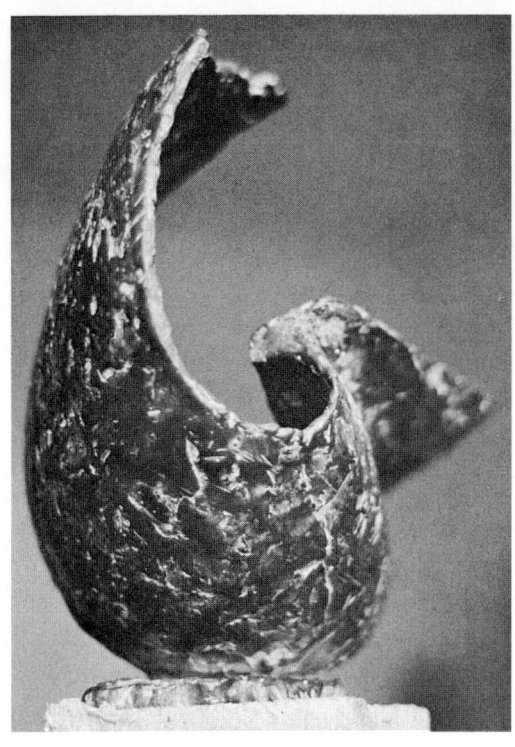

Abb. 89: Oktave (Plastik von Erich Glauer, Bronze)

Wenn Sie diese Gestalt betrachten (Abb. 88), haben Sie nun die drei Teile, die wir besprochen haben, in einem. Die Plastik ist aus der Schwere herausgehoben. Das Gesicht spricht, hat Ausdruck, die Augen schauen, eine nach außen gewandte Seite. Aber es hat auch hier eine nach innen gewandte Seite, eine Vertiefung, eine Verinnerlichung, wo dasjenige, das sich ausgedrückt hat, das sich ausgesprochen hat, was nach außen gegangen ist, als musikalisch-seelischer Ausdruck in die Luft, verwandelt hat die Blüte, nun aufgenommen wird von einem verständigen Wesen, das es anhört. Und wenn Sie dieses nun wiederum künstlerisch ausdrücken wollen, dann kommen Sie vielleicht zu einer weiteren Plastik wie dieser.(Abb. 89)

Vergleichen Sie bitte, wie diese (Abb. 89) bewegt ist, einen Zusammenhalt hat zwar, aber aus einer starken Bewegung kommt und wie dieses (Abb. 88) das anhört, aufnimmt und nach innen führt. Dieses,

255

das wir hier als letztes betrachtet haben, das sind gewissermaßen die Kräfte, mit denen wir die Plastiken anschauen sollten. Herr Glauer hat sie geformt, indem er sein inneres Tanz – sein inneres Musikerleben ausgedrückt hat, die Schwere überwunden habend, in musikalische Formen; unsere Aufgabe ist es, vor sie hinzutreten, und mit unserem musikalischen Empfinden sie wahrzunehmen und anzuhören.

Das Ganggrab von Newgrange

Um für das Licht empfänglich zu sein, schafft sich das Auge einen dunklen Innenraum.* Das schwarze Pigment des Augenbechers bildet den Gegensatz, an dem die Helligkeit erscheinen kann. Die Iris begrenzt den empfindsamen Innenraum nach außen und schirmt als Blende das von allen Seiten einfallende Licht ab. Nur was durch die Öffnung der Pupille eindringt, wird durch die Linse so gerichtet, daß auf der Netzhaut ein scharfes Bild der äußeren Welt entstehen kann.

Was am Auge im Kleinen gefunden werden kann, zeigt sich in architektonischen Dimensionen am megalithischen Heiligtum von Newgrange in Irland.[1] 25 Meilen nördlich von Dublin liegt es in einer Halbinsel der Boyne, die durch eine grüne Weidelandschaft nach Nordosten in die Irische See fließt. Von weitem schon ist der Bau, auf der Kuppe eines Hügels stehend, an den weißen Quarzsteinen seiner Fassade zu erkennen. Das Bauwerk selbst hat die Gestalt eines annähernd runden und flachen Hügels. Sein Durchmesser ist ungefähr 85 m, seine Höhe 15 m. Der Bau kann von Südosten aus betreten werden. Ein großer Schwellenstein mit eingemeißelten Spiralmotiven liegt vor dem schmalen Tor. Dieses ist hoch und breit genug, daß ein Mensch aufrecht und gerade eintreten kann. Über dem Eingang befindet sich eine zweite Einlassung, von dem ausgrabenden Archäologen Professor M. J. O'Kelly als «roof-box» bezeichnet, die durch eine flache Steinplatte von der Tür getrennt ist. Sie verschmälert sich nach innen zu und ist dort, wo sie sich zum Gang hin öffnet, kaum mehr als eine Hand breit. Ein schmaler Gang führt mit leichter Steigung ins innere des Hügels. Seine Wände werden durch mannshohe, teilweise ornamentierte Orthostaten gebildet, 21 auf der rechten, 22 auf der linken Seite. Nach 20 m erweitert sich der Gang zu

* Dieser Beitrag erschien als Aufsatz in der Zeitschrift «Beiträge zu einer Erweiterung der Heilkunst, 34. Jg., Heft 6, Nov./Dez. 1981.

einem hohen, kuppelartigen Raum, der an drei Seiten tiefe Nischen in den Wänden hat. So bilden Gang, Innenraum und Nischen im Grundriß die Form eines irischen Kreuzes. In den Nischen finden sich flache Steinbecken, die möglicherweise als Opferschalen verwendet wurden. Die Steine des Innenraums zeigen ebenfalls eingeschlagene Motive – Spiralen, Rhomben, zickzack-förmige Linien und eine Farnkraut ähnliche Figur. In diesem Raum sind Menschenknochen und Spuren von Leichenasche gefunden worden, weshalb er allgemein als Grabkammer gilt und der Bau als «Ganggrab» bezeichnet wird. Nach Untersuchungen mit der Radiocarbon-Methode wird sein Alter auf 4500 bis 5300 Jahre geschätzt.[2]

Über die Menschen der damaligen Zeit und ihre Kultur ist wenig bekannt, und so kann auch Newgrange in vieler Hinsicht noch nicht verstanden werden. Ein Schlüssel hierzu ist aber in der schmalen Öffnung über der Türe gegeben. Unter Wissenschaftlern galt sie lange Zeit als «Seelenloch» für die Verstorbenen oder als Vorrichtung, um bei geschlossenem Eingang den Göttern des Hügels Nahrung und Opfer zu reichen, – in der ländlichen Bevölkerung der Gegend lebte aber die Meinung, daß zu einer bestimmten Zeit im Jahre – an Johanni wurde vermutet – unmittelbares Sonnenlicht in den dunklen Innenraum des Bauwerkes scheine. Dies wurde von O'Kelly untersucht. Da die innere Kammer keinerlei Öffnungen nach außen hat, ist die einzige Richtung, aus der Licht in sie einfallen kann, diejenige vom Gang aus. Da der Gang im Hügel aber ansteigt, wird alles Licht, das von der Türe aus eindringt, abgefangen, ohne bis nach innen zu gelangen. Die Öffnung der «roof-box» befindet sich jedoch auf gleicher Höhe wie der Boden in der Kammer. Horizontal durch den Spalt einfallendes Licht könnte also gerade bis auf den Boden des Kuppelraumes eindringen. Anders ausgedrückt kann man sagen, daß horizontal einströmendes Licht und der ansteigende Boden sich im Innenraum kreuzen. Es stellte sich also die Frage, ob die Sonne in ihrem Jahreslauf zu irgend einer Zeit dieser Öffnung direkt gegenüber steht. Die waagerechte Visierlinie Kammer – Spaltöffnung läßt hierfür einerseits nur solche Zeiten in Betracht kommen zu denen die Sonne am Horizont steht, also Sonnenaufgangs- oder Untergangsstellungen. Die Ausrichtung des Ganges nach Südosten läßt andererseits Sonnenstellungen zur Johannizeit als unmöglich erscheinen und weist dagegen auf eine

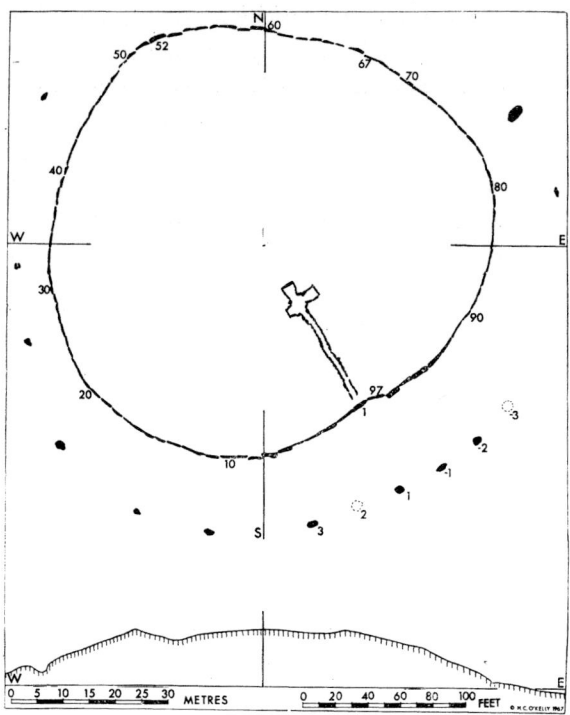

Abb. 90: Grundriß und Aufriß des Hügels von Newgrange. Der Hügel ist nicht ganz kreisförmig. Im Südosten im Bereich des Eingangs besteht eine angedeutete Einstülpung, an der gegenüber liegenden Seite eine geringere Ausweitung. Die verbliebenen Orthostaten des Steinkreises sind eingezeichnet (aus: Claire O'Kelly, Illustrated Guide to Newgrange and the other Boyne Monuments, mit freundlicher Genehmigung der Verfasserin).

Aufgangsstellung im Winter hin.[3] Am 21. Dezember 1969 machte O'Kelly folgende Beobachtung:

«Um genau 9.54 Uhr erschien der obere Rand der Sonnenscheibe über dem örtlichen Horizont und um 9.58 schien der erste Strahl direkten Sonnenlichtes durch die «roof-box» und reichte, den Gang entlang verlaufend am Boden der Kammer bis zum vorderen Rand der Steinschale in der hinteren Nische. Der schmale Lichtstreifen verbreiterte sich zu einem Band von 17 cm, der sich am Boden von einer Seite zur anderen bewegte und die Gruft dabei

259

dramatisch erhellte, so daß verschiedene Einzelheiten der seitlichen und hinteren Nische deutlich in dem Licht zu erkennen waren, das vom Boden reflektiert wurde. Um 10.07 Uhr begann das Lichtband wieder schmaler zu werden und um genau 10.15 wurde der direkte Lichtstrahl vom Einfall in die Kammer abgeschnitten. Am kürzesten Tag des Jahres kann also bei Sonnenaufgang direktes Sonnenlicht nach Newgrange eindringen, nicht durch die Türe, sondern durch den besonders eingerichteten Spalt am äußersten Ende der Gangdecke».[4,5]

Ehe zwei Orthostaten des Ganges sich in die Richtung des einfallenden Lichtes geneigt haben, soll der Lichtwurf auf dem Boden der Kammer 40 cm breit gewesen sein, so daß der ursprüngliche Eindruck gegenüber dem, was heute noch zu sehen ist, als wesentlich intensiver vorgestellt werden muß.

Das Erscheinen der aufgehenden Sonne zur Wintersonnenwende zeigt sich also als das innere Gesetz, nach dem Newgrange gebaut worden ist.[6] Der Anblick des Lichtes im Innern, den O'Kelly schildert, erweist sich als die Grundidee, als Bauplan und Architekt des steinzeitlichen Heiligtums. Hierin liegt eine Verwandtschaft mit dem Menschenauge, das als lebendiges Organ ebenfalls nach den Gesetzmäßigkeiten der Lichtwahrnehmungen entstand. Das Licht hat das eine in Stein, das andere im lebenden Organismus gebildet aber beide nach demselben Typus.[7] Um im Verständnis des megalithischen Bauwerkes weiterzukommen, sollen daher seine Ähnlichkeiten mit dem Auge betrachtet werden. Dadurch erhellt sich die Bedeutung, die Newgrange für die Menschen früherer Zeit hatte.

Auf die Entsprechung von Newgrange mit einem Sinnesorgan weist bereits die Fassade hin, die nach Südosten nicht wie die übrigen Teile des Baues aus Grauwacke besteht, sondern aus den Quarzsteinen der entfernten Wicklow Berge. Nach Wintersonnenaufgang zu baut sich die Wand also aus dem Gestein auf, das durchsichtig zu sein imstande ist, ebenso wie die Sclera sich nach vorne zu in die transparente Cornea verwandelt und wie die Augenlinse sich kurz vor der Geburt zur Durchsichtigkeit aufklart. Auch physisch hat die Augenlinse mit 3,0% SiO_2 in der Achse einen relativ hohen Kieselsäureanteil. Über die Verwandtschaft des Quarzes mit der Sinnestätigkeit machte Rudolf Steiner u.a. folgende Bemerkung: «Der Mensch weiß heute ... fast gar nichts davon, wie sich das

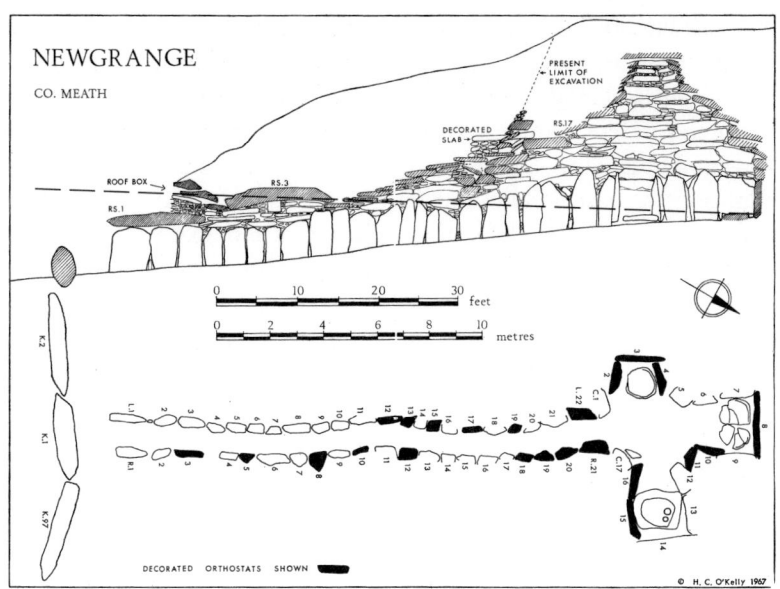

Abb. 91: Grundriß und Aufriß des Ganggrabes; zur Wintersonnenwende einfallendes Licht gestrichelt. Es wird deutlich, daß der Gang nach innen zu um ungefähr 2 m ansteigt, so daß das Licht und der Boden sich erst im kuppelartigen Innenraum begegnen. Der Grundriß hat die Form eines irischen Kreuzes (aus: Claire O'Kelly: Illustrated Guide to Newgrange and the other Boyne Monuments, mit freundlicher Genehmigung).

Licht im Innern der Erde benimmt. Er weiß nicht, daß das, was gerade das kosmische Gestein, das Kieseliege ist, das Licht aufnimmt in die Erde und da das Licht zur Wirksamkeit bringt...».[8] Diese Wirksamkeit bleibt das Jahr über verborgen, denn hinter den Quarzsteinen bleibt der innere Raum in dauerndem Dunkel, um einmal für 17 Minuten erhellt zu werden. Was am Auge die substantielle Schwärze der Pigmentschicht ist, ist am Bauwerk die Finsternis des ganzen Jahres, an der sich das kurze Erscheinen der Sonne steigert. – Die Richtung des Ganges und der schmale Spalt der «roof-box» bestimmen *räumlich* die Ausrichtung zum Horizont, wo die Sonne aus der Dunkelheit der Erde hervortritt und *zeitlich* den Tag, an dem sie in ihrem Jahreslauf die größte Nähe zur Erde hat. Damit ordnet sich das Bauwerk in ein astronomisches

261

Verhältnis von Erde und Sonne ein und bewirkt, daß das Licht in seiner den Menschen blendenden Kraft abgedämpft erscheint. Nicht die strahlende Mittagssonne der Johannizeit, sondern ihr im Morgenrot des Winters gemilderter Ganz leuchtet in den Hügel hinein. Diese Hinwendung zum gemilderten Sonnenlicht ist eine funktionelle Entsprechung zur Iristätigkeit, die als Blende den Lichteinfall ins Auge begrenzt. – Was aber im Auge die lichtbrechenden Medien und die Linse bewirken, das findet sich in Newgrange architektonisch in den *Abmessungen* des Bauwerkes.

Die Länge des Ganges verbunden mit seiner sanften Steigung lassen Licht und Erde im Kuppelgrab zur Kreuzung kommen – die Sonne projiziert sich auf den Boden, der zu ihr aufgestiegen ist. Die Baumeister von Newgrange erblickten im innern Raum des Bauwerkes stehend, wie die Sonne durch die Steine hindurchstrahlte und die Dunkelheit der Erde erhellte.

Indem an dieser Stelle der Mensch im Zusammenhang des Bauwerkes erscheint, stellt sich die Kernfrage nach dem Sinn, den das Schauen der Wintersonne in der Gruft für ihn gehabt hat. Diese Frage beantwortet sich durch die Art, wie der Mensch und die Sonne sich gegenübergestellt waren. Um die Ausnahmesituation deutlich vor Augen zu haben, die durch den Zusammenhang mit der Architektur entstehen konnte, muß folgendes beachtet werden:

Der erkennende Mensch ist durch seine Organisation so gebildet, daß ihm mit der Wahrnehmung eines Gegenstandes nicht zugleich der Begriff der Sache gegeben ist. Der Begriff muß durch Nachdenken gebildet werden. Erst durch die Verbindung von Begriff und Wahrnehmung kann wirkliche Erkenntnis entstehen. Erkennen beruht demnach auf der Vereinigung dessen, was, durch die menschliche Organisation bedingt, zunächst getrennt ist.[9]

Diese Trennung von Wahrnehmung und Denken hat ihren anatomischen Ausdruck darin gefunden, daß das Gehirn sich von einem Teil seiner Substanz getrennt und sie aus der Schädelhöhle hinausverlagert hat. Indem das Auge als vorgeschobener Hirnteil in die Orbita verlegt wurde und unter die Einwirkung des Lichtes kam, bildete es sich zum Wahrnehmungsorgan aus, während das Gehirn zum Instrument des Denkens wurde. Was ursprünglich verbunden war, entwickelte sich in verschiedene Richtungen – das Auge spiegelt außen die Welt, das Gehirn innen die Gedanken.

Indem nun der Mensch das Heiligtum von Newgrange betritt, geht er in dasjenige hinein, was in seinem Organismus ein nach außen geschobener Teil ist. Er stellt sich als Ganzer in die Bauwerk gewordene Augenorganisation. In dieser Tatsache ist eine Gesetzmäßigkeit der höheren Erkenntnis auf physische Weise verwirklicht, die Rudolf Steiner mit den Worten ausspricht: «Soviel der Farbwahrnehmungsvorgang nur die Einzelheit des Auges mit seiner Nervenfortsetzung in Anspruch nimmt, soviel nimmt ein übersinnlicher Erkenntnisvorgang den ganzen Menschen in Anspruch. Dieser wird ‹ganz Auge› oder ‹ganz Ohr›».[10] So wird die Verwandlung des Menschen zum gesteigerten Sinnesorgan durch sein Verhältnis zur Architektur ausgesprochen. Unter diesem Gesichtspunkt erscheint die Gegenüberstellung der zur Sichtbarkeit herabgedämpften Sonne und dem zum schauenden Organ verwandelten Menschen alter Zeit in einem neuen Licht. Das im Sinnesorgan lebendig gewordene Erkennen blickte nach dem Ursprung der Kräfte, die im Sonnenlicht wirken und als Geisteslicht der Sinneswelt zugrunde liegen.

Rudolf Steiner: «Das nannte man in den alten Mysterien das Schauen der Sonne um Mitternacht. Allerdings konnte die Sonne in ihrer größten Fülle und Herrlichkeit nur dann geschaut werden, wenn man sich mit seiner Seele in der Wintersonnenwende jenem Zustande genähert hatte, wo sozusagen der ganze äußere Sinnesteppich abgestorben war. Dann hatte man die Fähigkeit errungen, die Sonne nicht zu sehen als eine blendende Wesenheit, wie sie bei Tag erscheint, sondern alles Blendende an der Sonne war abgeschwächt zu schauen. Das Blendende an der Sonne hatte aufgehört, man sah überhaupt die Sonne nicht mehr physisch draußen, sondern als geistiges Wesen. Man sah dadurch, daß man diese Fähigkeit hatte, den Sonnengeist.»[11]

In diesem Sinne ist Newgrange eine Stätte der irischen Sonnenmysterien.

Für den Eingeweihten bestand ein bedeutender Zusammenhang zwischen dem Anblick der Sonne durch die sie bedeckende Erde zur Mitternachtsstunde und dem Anblick des Sonnenaufgangs am Morgen. Was er zur Mitternacht erlebt hatte, tauchte als Erinnerung beim Anblick der Morgenröte in seinem Tagesbewußtsein auf. «Was ist Morgenröte im Aufgange für Initiierte? Die Morgenröte im Aufgang ist die Veranlassung zu kosmischer Erinnerung an das Schauen der Sonne um Mitternacht hinter der Erde, bedeckt von der Erde, durchglimmend durch die Erde».[12] In Newgrange erlebte der Mensch in besonderer Weise den Sonnenaufgang zu *Mitternachtszeit des Jahres*. Es liegt nahe, daß durch das Bauwerk eine Intensivierung der sinnlichen Erinnerung an die zur Tiefwinterzeit erschaute Geistigkeit erreicht wurde.

Die Kultur von Hybernia ist erloschen. Das Geisteslicht hat sich von der Sonne getrennt und wurde im Menschen geboren. Was in die Dunkelheit der Steingruft hineinstrahlte, hat sich mit dem Erdenstoff verbunden und ihn lebendig erfüllt. Der Ausdruck hierfür ist heute in ganz Irland zu sehen: der im Hügel eingeschlossene Raum steht als aufgerichtetes Sonnenkreuz dem Menschen vor Augen.

Abb. 92: Blick nach Newgrange von jenseits der Boyne. Auf dem gegenüberliegenden Ufer isländische Gänse als Wintergäste.

Abb. 93: Das Ganggrab von Newgrange. Die ganze südöstliche Fassade ist aus weißen Quarzsteinen aufgebaut. Vor dem Bauwerk sind noch vier Othostaten des ursprünglichen Steinkreises zu erkennen.

Abb. 94: Das Tor von außen. Ein großer Schwellenstein mit eingemeiselten Spiralmotiven liegt vor dem Eingang. Rechts ist ein flacher Stein zu sehen, der zum Verschließen der Tür diente. Über der Türe, durch eine Steinplatte abgetrennt, ist eine von Quarzsteinen eingefaßte zweite Öffnung, von den Archäologen als «roof-box» bezeichnet, die sich nach innen zu einem Spalt von Handbreite verschmälert. Die kleineren grauen Steine um den Eingang sind künstlich und aus technischen Gründen nachträglich angebracht worden. Ursprünglich war die ganze Fassade im Bereich des Einganges aus Quarz.

Abb. 95: Bei Sonnenaufgang zur Zeit der Wintersonnenwende in den Hügel einstrahlendes Licht. Nur die ersten horizontalen Strahlen reichen bis in die Gruft im Innern des Bauwerks. Zum Zeitpunkt als diese Photographie entstand war die Sonne schon etwas weiter am Himmel aufgestiegen. Sie scheint daher steiler ein, so daß der Raum im Innern kein direktes Licht mehr hat. Hier ist der Boden des Ganges noch erleuchtet.

Abb. 96: Sonnenaufgangsstimmung bei bewölktem Horizont. Blick über die Boyne vom Eingang des Ganggrabes aus.

Erinnerung an Newgrange

von Gisbert Husemann

Vom 17. – 23.12.1979 machte Thomas McKeen mit seiner Frau und zwei ärztlichen Kollegen, darunter der Schreiber dieser Zeilen, eine Reise nach Irland zu dem Ganggrab von Newgrange. Der voranstehende Aufsatz ist daraus hervorgegangen. Wir lernten bei dieser Gelegenheit Prof. O'Kelly kennen, der die verfallene Anlage von Newgrange ausgegraben und wieder hergestellt hatte. Aus den Gesprächen zwischen Prof. O'Kelly und Thomas McKeen sei ein Ergebnis festgehalten, das wert ist, überliefert zu werden. An jedem Tag unseres damaligen Besuches war auch Prof. O'Kelly morgens anwesend. Seit der Wiederherstellung dieser denkwürdigen Stätte kam er jedes Jahr zu dem Termin der Wintersonnenwende dort hin. Die Zeit der Grabung und Wiederherstellung war der Höhepunkt seines Lebens gewesen. Wenn die Minuten des Sonnanaufganges, die wir im Dunkel erlebten, vorüber und wir alle wieder draußen waren, sprachen Thomas McKeen und Prof. O'Kelly noch lange miteinander und diese Gespräche wiederholten sich an jedem der fünf Tage unseres Besuches. Wir anderen standen dabei und lauschten auf das, was gesprochen wurde. Dabei ergab sich nun das Folgende: Das Bild der Grabstätte zeigt die weiße Quarzwand. Die Quarzsteine waren nicht neu herbeigeschafft, sondern sie hatten mehr oder weniger verschüttet an Ort und Stelle herumgelegen. Nun lagen an verschiedenen Stellen angesammelt noch entsprechend große schwarze Basaltsteine herum. Diese schwarzen Steine hatten bei dem Wiederaufbau keine Verwendung gefunden, obwohl sie selbstverständlich dazugehörten. Prof. O'Kelly wußte, wie die hätten verwendet werden können, aber er hatte es nicht gewagt, sie an ihre Stellen einzubauen. Er war nämlich der Meinung, daß die schwarzen Steine in die weiße Quarzwand hätten eingefügt werden müssen und zwar als Ornamente in der Form der Swastika. Er gebrauchte ein sehr drastisches Bild dafür, was seine archäologischen Kollegen in Irland mit ihm gemacht hätten, wenn er diese Ornamente anzubringen gewagt hätte. Er sagte wörtlich außerdem: «Ich wäre des Landes verwiesen worden». Der

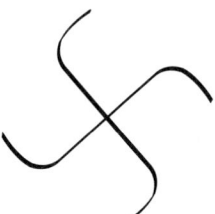

Abb. 92: Swastika

Nationalsozialismus und der Bolschewismus (die Swastika war auch als Wasserzeichen in einer Rubelnote) haben dieses uralte heilige Symbol ins Gegenbild verkehrend mißbraucht. So leuchtet heute die weiße Quarzwand eigenartig leer in die Landschaft.

Man muß sich lebendig vorstellen, was für ein Eindruck sich den Augen darbieten würde, wenn die weiße Wand mit jenen schwarzen Zeichen gesprochen hätte. Was es damit auf sich hat, soll aus den folgenden Sätzen Rudolf Steiners vom 26.12.1907 hervorgehen: «Durch ein gewisses Vorgehen, durch Schulung kann der Mensch astrale Sinnesorgane ausbilden. Diese beiden Linien (es wird gezeichnet) sind eigentlich Bewegungen im astralischen Leibe, die vom Hellseher geschaut werden wie feurige Räder oder wie Blumen. Sie werden Lotosblumen genannt … Für diese astralen Sinnesorgane, die als Lichterscheinung auftreten … ist das Zeichen, das Bild, die Swastika.»[1]

Daraus wird klar, daß man an der äußeren Architektur gesehen hätte, was innen vor sich ging: die Zeremonie der Einweihung. Zugleich erfaßt man, daß – wie vielerorts in der alten Welt – die Grabstätten zugleich Mysterienstätten gewesen sind.

An das Siegelbild für das Mysteriendrama *Der Hüter der Schwelle*[2] und an das Druidenmotiv[3] für den Raum der medizinischen Sektion im Goetheanum sei nur erinnert. Während des Kurses über gegenwärtiges Geistesleben und Erziehung in Ilkley im August 1923 hat Rudolf Steiner einen Felsen besucht, in dem das gleiche Zeichen eingemeißelt ist. Er kann auch heute noch besucht werden.

Mit dieser Erinnerung an Thomas McKeen, dessen Gesprächen mit Prof. O'Kelly wir diese Kenntnis verdanken, verbindet sich eine lebendige Erinnerung an die alte Einweihung. Die äußeren Tempel sind zerstört und verlassen. Die alte Zeremonie der Einweihung und der Gang durch das Grab in ein höheres Leben ist in den inneren Mysterientempel der Seele hineinverlegt worden.

Thomas McKeen wurde am 19. Juni 1953 in Manila auf den Philippinen geboren, wo sein Großvater und Vater beruflich tätig waren. Seine Mutter ist deutscher, sein Vater amerikanischer Abstammung. Wegen einer Tuberkuloseerkrankung seit seiner frühen Säuglingszeit waren die ersten Jahre des Kindes durch häufige Krankheitszeiten und körperliche Schwäche geprägt. Das führte dazu, daß die Familie nach Deutschland zog, als Thomas McKeen fast sechs Jahre alt war. In Stuttgart besuchten er und seine zwei Jahre ältere Schwester die Waldorfschule am Kräherwald.

Nach dem Abitur ging er für zwei Jahre in die USA und studierte am Bowdoin College in Maine Philosophie. Durch die Arbeit mit dem Lehrer und Freund Prof. Fritz Koelln begann die bewußte Auseinandersetzung mit der Anthroposophie. Seine Abschlußarbeit für den ‹Bachelor of Arts› schrieb er über einen Vergleich der Erkenntnistheorie bei I. Kant und R. Steiner.

Mit 21 Jahre kehrte er nach Deutschland zurück und studierte in Tübingen Medizin. Hier bildete sich ein bis zu seinem Tode in Freundschaft und durch gemeinsame anthroposophische Arbeit verbundener Menschenkreis, in dem er auch seine Frau kennenlernte. Sie heirateten 1978.

Im Paracelsuskrankenhaus in Ruit bei Stuttgart und in der Filderklinik bildete er sich nach dem Staatsexamen in innerer Medizin weiter. Die wissenschaftliche Ausbildung ergänzte er stets durch goetheanistisch-anthroposophische Studien, wobei ihm die Begegnung und Freundschaft mit Dr. Gisbert Husemann wegweisend wurde.

1987 begründete er das Anthroposophische Ärzteseminar, welches von ihm – einer Anregung Rudolf Steiners folgend – auf der Grundlage der plastisch-musikalisch-sprachlichen Menschenkunde aufgebaut wurde. Neben seiner Tätigkeit als Oberarzt an der inneren Abteilung der Filderklinik war er am Ärzteseminar lehrend, leitend und die Ausbildung immer weiter ausbauend bis zuletzt tätig.

Seit 1980 arbeitete er im Vorstand der Gesellschaft anthroposophischer Ärzte in Deutschland mit, ebenso in der Redaktion der «Beiträge zu einer Erweiterung der Heilkunst» (heute «Merkurstab»). Er war Mitarbeiter im Initiativkreis der Anthroposophischen Gesellschaft in Stuttgart und seit 1990 Lektor der Freien Hochschule für Geisteswissenschaft am Goetheanum für die Betreuung der Arbeit in Stuttgart.

Von Stuttgart aus entfaltete Thomas McKeen eine rege Lehr- und Vortragstätigkeit. Er wirkte als Gastdozent an vielen Seminaren mit und war ein gefragter Redner nicht nur in anthroposophischen Zusammenhängen, sondern auch für öffentliche Vorträge, für Gastvorlesungen an Universitäten, bei Rundfunksendungen oder Podiumsdiskussionen.

Als er am frühen Morgen seines 40. Geburtstages, am 19. Juni 1993 infolge eines seit seiner Jugendzeit bestehenden Herzfehlers plötzlich verstarb, verlor ein großer Menschenkreis einen geliebten Lehrer, Arzt und Freund.

Claudia McKeen

Anmerkungen

Was heißt «Anthroposophische Medizin»?

1 Daß es angeblich Krankheiten seelischer Art gibt, die ohne ein organisches Korrelat bestehen, ist im Sinne der wissenschaftlichen Meinung kein zulässiger Einwand «Seele» ist die Folge zerebraler Funktionen. Entsprechend lesen wir in der Einleitung zum Lehrbuch der allgemeinen Pathologie und pathologischen Anatomie von Hamperl, Herausgeber Eder und Gedigk: «Zwar gibt es Krankheiten insbesondere die der Psyche, in denen keine zugehörigen gestaltlichen Veränderungen erfaßbar sind, jedoch hat der Fortschritt in der Erforschung der Ultrastruktur mit Anwendung des Elektronenmikroskops, deren Auflösungsvermögen sich dem makromolekularen Bereich nähert, in zunehmendem Maße die Aufdeckung struktureller Veränderungen bei Krankheiten ermöglicht, bei denen früher nur biochemische oder funktionelle Veränderungen bekannt waren.» (29. Auflage, 1974).

2 *Th. Sydenham*, Praxis Medica Experimentalis, cit. nach M. Foucault, Die Geburt der Klinik, S. 23.

3 *R. Steiner, I. Wegman*: «Grundlegendes für eine Erweiterung der Heilkunst nach geisteswissenschaftlichen Erkenntnissen», 1. Kap., S. 9, GA 27, R. Steiner Verlag, Dornach 1972.

4 *R. Steiner, I. Wegman*: siehe Anm. 3, 1. Kap., S. 14.

5 Es kann in diesem Zusammenhang nur angedeutet werden, was in ausführlicher Form in Werken und Vorträgen Rudolf Steiners dargestellt ist.

6 *R. Steiner, I. Wegman*: siehe Anm. 3, 2. Kap., S. 23.

7 *R. Steiner*: «Der Entstehungsmoment der Naturwissenschaft...», Vortrag vom 6.1.1923, GA 326, R. Steiner Verlag, Dornach.

1 *R. Steiner, I. Wegman:* «Grundlegendes für eine Erweiterung der Heilkunst nach geisteswissenschaftlichen Erkenntnissen», 1. Kap., S. 7, GA 27, R. Steiner Verlag, Dornach 1972.

2 *V. Fintelmann:* «Intuitive Medizin. Einführung in eine anthroposophisch ergänzte Medizin», Hippokrates Verlag, Stuttgart 1987.

3 *W. Stegmüller:* «Hauptströmungen der Gegenwartsphilosophie», Bd. I, S. 346.

4 *D. M. Armstrong:* «A Materialistic Theory of Mind», London 1968.

5 *O. Creutzfeld:* «Neurophysiological Mechanisms and Consciousness in Brain and Mind», Ciba Foundation Symposion 1969 (new series). Excerpta Medica, New York 1979, S. 217–233.

6 *K. R. Popper:* Zitat nach J. C. Eccles: «Gehirn und Bewußtsein», Mannheimer Forum 1978, Boehringer, Mannheim. Hrsg.: H. von Dittfurth, Mannheim 1978.

7 *R. Steiner:* «Grundlinien einer Erkenntnistheorie der Goetheschen Weltanschauung», S. 43–48, GA 2, R. Steiner Verlag, Dornach 1960.

8 *Th.. S. Kuhn:* «The Structure of Scientific Revolutions», University of Chicago Press, Chicago 1975.

9 *R. Steiner:* «Philosophie der Freiheit», S. 36f., GA 4, R. Steiner Verlag, Dornach 1973,

10 *F. Hodler:* Ausstellungskatalog Kunsthaus Zürich, S. 372, 379, 385, 395 bzw. 399, Zürich 1983.

11 *J. Büschweiler:* Ferdinand Hodler. In: Ausstellungskatalog Ferdinand Hodler, Kunsthaus Zürich, S. 43–170, 158, Zürich 1983.

12 Die Termini sind als solche innerhalb der anthroposophischen Medizin gebräuchlich und werden daher hier eingeführt. Inhaltlich sollten sie nur so verstanden werden, wie sie hier und im Folgenden ausgeführt werden.

13 *R. Steiner:* «Wie erlangt man Erkenntnis der höheren Welten?», GA 10, R. Steiner Verlag, Dornach.

14 *R. Steiner:* In: Goethes Werke. Hrsg.: J. Kürschner, Bd. 114–117, Stuttgart 1883–97, photomechanischer Nachdruck, «Goethes Naturwissenschaftliche Schriften», Bd. III, R. Steiner Verlag, Dornach 1978.

15 *F. Husemann, O. Wolff:* «Das Bild des Menschen als Grundlage der Heilkunst», Verlag Freies Geistleben, Stuttgart.

16 *G. Husemann:* «Geruchssinn und Allergie», Beiträge zu einer Erweiterung der Heilkunst 5, 1983, S. 156–166.

17 *G. M. Husemann:* «Asthma bronchiale». Drei Krankengeschichten, Beiträge zu einer Erweiterung der Heilkunst 5, 1984, S. 181–184.

18 *R. Steiner:* «Theosophie», GA 9, R. Steiner Verlag, Dornach.
19 *R. Steiner:* «Geheimwissenschaft im Umriß», GA 13, R. Steiner Verlag, Dornach.

Das Wesen der Krankheit und der kranke Mensch im anthroposophischen Gesundheitsverständnis

1 *E. Wolfram:* «Die okkulten Ursachen der Krankheit», Leipzig 1921.
2 *R. Steiner, I. Wegman:* «Grundlegendes für eine Erweiterung der Heilkunst nach geisteswissenschaftlichen Erkenntnissen», 1. Kap., S. 7, GA 27, R. Steiner Verlag, Dornach 1972.
3 *Prof. Weitzel,* Tübingen: Einführungsvorlesung Wintersemester 1975, vom Verfasser miterlebt.
4 *R. Steiner:* «Grundlinien einer Erkenntnistheorie der Goetheschen Weltanschauung», S. 99, GA 2, R. Steiner Verlag, Dornach 1979.
5 *J. W. Goethe:* «Die Metamorphose der Pflanze», Naturwissenschaftliche Schriften, Bd. 1, Hrsg. und eingeleitet von R. Steiner, S. 19, R. Steiner Verlag, Dornach 1975.
6 *R. Steiner:* «Wie erlangt man Erkenntnis der höheren Welten?» GA 10, S. 60, R. Steiner Verlag, Dornach 1979.
7 *R. Steiner, I. Wegman:* «Grundlegendes für eine Erweiterung der Heilkunst nach geisteswissenschaftlichen Erkenntnissen», S. 98f., R. Steiner Verlag, Dornach 1975.
8 *R. Steiner:* «Die Geheimwissenschaft im Umriß», S. 58, GA 27, R. Steiner Verlag, Dornach 1989.
9 *J. Lusseyran:* «Das wiedergefundene Licht».
10 *L. v. d. Post:* «The Night of the New Moon», 1970.

Der physische Leib. Der Ätherleib

1 *R. Bertolini:* Wachstum und Altern der Organismen aus «Entwicklung, Wachstum, Mißbildung und Altern bei Mensch und Tier», hgg. K.A. Rosenbauer, Wissenschaftliche Verlagsgesellschaft Stuttgart, 1969.
2 *M. Bürger:* «Altern und Krankheit als Problem der Biomorphose», Ed. Leipzig, 4. erweiterte Auflage 1960.
3 *O. Prokop, W. Göhler:* «Forensische Medizin», VEB Verlag Volk und Gesundheit, Berlin 1975.
4 *J. Kevorkian:* «The Fundus Oculi as ‹Post mortem Clock›», Journal of Forensic Science, 6, S. 161-272, 1961.

5 *A. Klein, S. Klein, W. Reimann*: «Todeszeitbestimmung durch Spiegelung des Augenhintergrundes», Kriminalistik und Forensische Wissenschaften, 4, S. 171-176, 1971.

6 *J. Monod*: «Chance und Necessity», N.Y. S. 45 f.

7 *J. W. Goethe*: Brief an Knebel.

8 *J.W. Goethe*: Brief an Charlotte v. Stein.

9 *J. Kevorkian*: «The Fundus Oculi as a ‹Post mortem Clock›», Journal of
Forensic Science, S. 6, 161-272, 1961.

10 *S. Duke-Elder*: «System of Ophthalmology», Band 4, S. 344, London
H. Kimpton 1968.

11 *Potts*: Invest. Ophthal. 1, S. 163, 1962.

12 *J. W. Goethe*: Farbenlehre.

13 *J. W. Goethe*: Sprüche in Prosa.

14 *R. Steiner, I. Wegman*: «Grundlegendes für eine Erweiterung der Heilkunst», GA 27, Kap. 1, S. 7, R. Steiner Verlag, Dornach 1972.

Gedanken zur Leibgestaltung und Erinnerungskraft des Menschen

1 *J. W. Goethe*: Farbenlehre, Vorwort.

2 *R. Steiner*: «Die Brücke zwischen der Weltgeistigkeit und dem Physischen des Menschen», Vortrag vom 17.12.1920, GA 202, R. Steiner
Verlag, Dornach.

3 *A. Benninghoff, K. Goerttler*: «Lehrbuch der Anatomie des Menschen»,
Bd. 1, Berlin 1967.

4 *J. Kühl*: «Zur Mechanik des menschlichen Gehens», Elemente der Naturwissenschaft, Heft 42 u. 43, 1985.

5 *H. Hoepke, A. Landsberger*: «Das Muskelspiel des Menschen,» 7. Aufl.,
S. 9, Gustav Fischer Verlag, Stuttgart 1979.

6 *R. Steiner*: «Esoterische Betrachtungen karmischer Zusammenhänge»,
Bd. 5, GA 239, R. Steiner Verlag, Dornach.

7 *R. Steiner*: «Das Verhältnis der verschiedenen naturwissenschchaft-
lichen Gebiete zur Astronomie», GA 323, R. Steiner Verlag, Dornach.

Die Anatomie der Aufrichtung

1 *J. W. Goethe*: Physiognomische Fragmente, zweiter Versuch, Tierschädel, Schriften zur Morphologie, Cotta, Bd. 18, S. 453f.

2 *J. W. Goethe*: «Wilhelm Meisters Wanderjahre», 1. Buch, 10. Kapitel,
Hamburger Ausgabe, Bd. 8, S. 119.

Zur anatomischen Sonderstellung des Menschen in der Natur

1 Naturwissenschaftliche Rundschau, 38. Jg., Heft 3, 1985.
2 *W. Schulz*: «Philosophie in der veränderten Welt», 2. Auflage, Pfullingen 1972.
3 *D. Morris:* «Der nackte Affe», Tb 3224, 1968, Verlag Knaur.
4 *J. Kühl*: «Zur Mechanik des menschlichen Gehens», Elemente der Naturwissenschaft, Heft 42 u. 43, 1985.
5 *J. W. Goethe*: Faust, 1. Teil: Goethes Werke, Weimarer Ausgabe 1987, DTV, 14. Bd., S. 57.
6 *J. W. Goethe*: Schriften zur Morphologie I zum Zwischenkieferknochen, Bd. 18, Cotta Stuttgart, Seite 483.
7 *J. W. Goethe*: Schriften zur Morphologie II, Principes de Philosophie Zoologique, Cotta Stuttgart, Bd. 19, 2. Abschnitt, Seite 734.
8 *R. Steiner*: «Wie erlangt man Erkenntnisse der höheren Welten?» GA 10, R. Steiner Verlag, Dornach.

Die gegliederte menschliche Gestalt
als Ausdruck leiblich-seelischer Gesetze

1 *R. Steiner*: «Meditative Betrachtungen und Anleitungen zur Vertiefung der Heilkunst», GA 316, R. Steiner Verlag, Dornach, Abendzusammenkunft 24.04.1924.
2 *L. Kusch*: Mathematik, Band 2: Geometrie, Verlag W. Girardet, Essen 1982, S. 41-42.
3 *J. W. Goethe*: Maximen und Reflexionen Nr. 12, S. 366, Hamburger Ausgabe Bd. 12, Verlag C. H. Beck, München, 1982.
4 *R. Steiner*: «Aus der Akasha-Chronik», S. 74f., GA 11, R. Steiner Verlag, Dornach 1955.

Die Anatomie des Ohres und das Hören

1 *R. Steiner*: «Allgemeine Menschenkunde als Grundlage der Pädagogik», 8. Vortrag vom 29.08.1919, GA 293, R. Steiner Verlag, Dornach.
2 *R. Steiner*: «Geisteswissenschaft und Medizin», 14. Vortrag, GA 312, R. Steiner Verlag, Dornach.
3 Die hier dargestellte Polarität von Sehen und Hören wurde für eine Tagung in Halle über Auge und Ohr 1983 mit Gisbert Husemann und Armin Husemann zusammen erarbeitet.

4 Vergleiche hierzu *R. Steiner*, Vortrag vom 26.10.1909, GA 115, auch abgedruckt in «Plastisch-musikalisch-sprachliche Menschenkunde», Sonderheft Merkurstab, 6. Auflage 1990, Seite 30-32.

5 Beim Vogel tritt für die Stimmbildung an die Stelle des Kehlkopfes die Syrinx am unteren Ende der Luftröhre.

6 *G. Husemann*: «Der Liquor cerebrospinalis», Beiträge zu einer Erweiterung der Heilkunst 1980; 1, Seite 19-23. 1980; 4, Seite 137-143. 1984; 1, Seite 16-21.

7 *R. Steiner*: «Von Seelenrätseln», GA 21, 6. Anhang, R. Steiner Verlag, Dornach.

Goetheanismus und Geisteswissenschaft

1 *R. Steiner*: «Grundlinien einer Erkenntnistheorie der Goetheschen Weltanschauung», GA 2, R. Steiner Verlag, Dornach.

2 *J. W. Goethe* aus Schriften zu Natur und Erfahrung, Schriften zur Morphologie II, Cotta Stuttgart, Band 19, glückliches Ereignis, S. 98 – 104.

3 *D. Starck*: «Vergleichende Anatomie der Wirbeltiere», Springer Verlag, Berlin/Heidelberg/New York, 1978-82, S. 5

4 Ebd., S. 5f.

5 *L. Carnap*: «Der logische Aufbau des Welt», Ullstein Frankfurt, 1928/ 1979.

6 *R. Steiner*: «Goethes naturwissenschaftliche Schriften», GA 1, R. Steiner Verlag, Dornach.

7 *I. Prigonine, I. Stengers*: «Dialog mit der Natur», Piper & Co Verlag, München 1981.

8 *M. Eigen, R. Winkler*: «Das Spiel», Piper & Co. Verlag München / Zürich 1983.

9 *W. Troll*: «Allgemeine Botanik», Enke Verlag Stuttgart 1947.

10 *O. H. Schindewolf*: «Über den ‹Typus› in morphologischer und phylogenetischer Biologie», Mainz 1969
G. G. Simpson: «Essay-review of recent works on evolutionary theory by *Rensch, Zimmermann* and *Schindewolf.*» – Evolution, 3, S. 178–184, Lancaster, Pa., 1949.
–: «Zeitmaße und Ablaufformen der Evolution» – (Übers. G. Heberer), Göttingen, Musterschmidt, 1951.
–: «The major features of evolution», New York, Columbia Univ. Press, 1953.
–: «Principles of animal taxonomy» – Columbia biol. Sor., 20, New York, Columbia Univ. Press, 1961.

11 *M. Greene*: «Two evolutionary theories», – British J. Philos. Sci., S. 9, 110–127, 185–193, Edingburgh 1958.

12 *O. H. Schindewolf*: siehe Anm. 10.

13 *O. H. Schindewolf*: a.a.O. S. 31

14 *O. H. Schindewolf*: a.a.O. S. 71

15 *J. W. Goethe*: Schriften zu Natur und Erfahrung, Schriften zur Morphologie II, Band 19, S. 740, Cotta Stuttgart.

16 *J. W. Goethe*: a.a.O., I, Band 18, S. 628.

17 *J. W. Goethe*: a.a.O., II, Band 19, S. 735.

18 *J. W. Goethe*: a.a.O., I, Band 18, S. 514f.

19 *J. W. Goethe*: a.a.O., II, Band 19, S. 732f.

20 *J. W. Goethe*: a.a.O., I, Band 18, S. 681.

21 *J. W. Goethe*: a.a.O., I, Band 18, S. 580.

22 *J. W. Goethe*: a.a.O., I, Band 18, S. 585.

23 *R. Steiner, I. Wegman*: «Grundlegendes für eine Erweiterung der Heilkunst nach geisteswissenschafltichen Erkenntnissen», GA Nr. 27, Kapitel I, S. 12, R. Steiner Verlag, Dornach 1977.

24 *J. W. Goethe*: a.a.O., I, Band 18, S. 561.

25 *R. Steiner*: siehe Anm. 1, Vorrede zur Neuauflage 1923

Das Musikalische in der plastischen Gestalt des Menschen

1 *J. W. Goethe:* «Sprüche in Prosa», Verlag Freies Geistesleben, Stuttgart 1967.

2 *G. Husemann:* «Der Liquor cerebrospinalis», Beiträge zu einer Erweiterung der Heilkunst 1984, Heft 1, S. 17.

Das Ganggrab von Newgrange

1 Der Name Newgrange heißt soviel wie «neuer Acker» (grange von lat. granum, das Korn. Hier im Sinn von Kornfeld, Acker). Er entstand wahrscheinlich dadurch, daß die betreffende Gegend im Mittelalter vom Kloster Mellifont Abbey erworben wurde und dann deren «neuer Akker» war. Eine andere Möglichkeit, den Namen abzuleiten ist, daß es die anglifizierte Form von «An Uamh Gréine» ist, was «Höhle von Gréine» oder anders übersetzt «Höhle der Sonne» heißt. O'Kelly vermutet, daß es sich bei dem Heiligtum um das sagenhafte «Brugh na Bóinne» handelt, das in der alte irischen Überlieferung häufig erwähnt wird. Dieses wird dort u.a. als das Haus des Gottes Dagda genannt, des bedeutend-

sten Gottes der irischen Götterfamilie. Er vermählte sich mit der Fluß-
göttin Bóann (Boyne), die ihm den Sohn Óengus gebar, dem der Ort
gehört haben soll. In Berichten aus späterer Zeit wird es auch als Grab-
haus irischer Könige erwähnt. (O'Kelly, S. 70ff.).

2 Die Übereinstimmung von «C_{14}-Jahren» mit entsprechenden «Sonnen-»
oder Kalenderjahren, wie sie etwa aus den Jahresringen von Bäumen bestimmt werden können, ist für verschiedene Zeiten sehr unterschiedlich
genau. Für die Zeit, in die die Erbauung von Newgrange fällt, ist gemäß
den vorhandenen Eichkurven die Ungenauigkeit besonders groß. Nach
zwei C_{14}-Untersuchungen wurde die Bauzeit für ungefähr 2475 ± 45
v. Chr. bzw. 2465 ± 411 v.Chr. bestimmt (O'Kelly, S. 114). Auf Sonnen-
jahre korrigiert weist das etwa auf eine Bauzeit um 3300 v.Chr. (v. Reden,
S. 185).

3 Jakob Streit berichtet auf S. 37 seines Buches «Sonne und Kreuz»: «Als
im Jahre 1966 ein hochbetagter Führer in Newgrange (er hatte über 50
Jahre lang dieses Amt versehen) den Verfasser in den Tumulus führte,
wies er im Innern auf einen in den Stein gemeißelten Rhombus. Er
berichtete, er habe beobachtet, daß alljährlich in der Zeit der längsten
Juni-Tage ein Sonnenstrahl nach Sonnenaufgang durch den langen,
schmalen Eingang hereinfalle und genau diese Stelle treffe.»
Dies ist aus den geschilderten Tatsachen nicht möglich. Der Sonnenauf-
gangspunkt wandert nach der Wintersonnenwende am Horizont von
Südosten nach immer nördlicheren Stellungen. Zur Tag-Nachtgleiche
geht die Sonne genau im Osten auf, an Johanni im Nordosten in einem
Winkel von 118° zur Gangrichtung.

4 *O'Kelly*, C. S. 111.

5 Vier Minuten liegen zwischen dem Zeitpunkt, an dem die Sonnenscheibe
über dem Horizont zu erscheinen beginnt und dem Augenblick, an welchem ihre ersten Strahlen nach Newgrange einfallen. Diese Differenz ist
bedingt, durch den Unterschied in der Höhe des heutigen Horizontes
gegenüber seiner Höhe zur Erbauungszeit von Newgrange. Pollenana-
lysen aus Erdschichten des Bauwerkes haben gezeigt, daß das Land in
früheren Zeiten bewaldet war, während es heute nur sehr wenig Wald in
Irland gibt. Addiert man die Baumhöhe eines Waldes zum heutigen
Horizont hinzu, so kommt man zu einer Linie, hinter der die Sonne etwa
4 Minuten später aufgehen würde (Mündl. mitgeteilt, Prof. O'Kelly).

6 Eine ausführliche Darstellung der astronomischen Bezüge in megalithischen Bauwerken findet sich in R. Müller: «Der Himmel über dem
Menschen der Steinzeit, Astronomie und Mathematik in den Bauten der
Megalithkulturen.» Springer Verlag, Heidelberg, 1970. Newgrange ist
darin nicht erwähnt.

7 Zum Typusbegriff siehe *R. Steiner* «Über das Wesen und die Bedeutung von Goethes Schriften über die Organische Bildung» in *J. W. Goethe*: Naturwissenschaftliche Schriften, herausgegeben von R. Steiner, Bd 1, R. Steiner Verlag, Dornach 1975, GA 1 und *R. Steiner*: «Grundlinien einer Erkenntnistheorie der goetheschen Weltanschauung», Kap. 16, GA 2.

8 *R. Steiner*: «Geisteswissenschaftliche Grundlagen zum Gedeihen der Landwirtschaft», GA 327, Vortrag vom 10.6.1924, R. Steiner Verlag, Dornach.

9 Siehe *R. Steiner*: «Grundlinien einer Erkenntnistheorie ...», GA 2, «Wahrheit und Wissenschaft», GA 3, «Philosophie der Freiheit», GA 4, R. Steiner Verlag, Dornach.

10 *R. Steiner*: «Wie erlangt man Erkenntnisse der höheren Welten?», Nachwort zum 8.-11. Tsd. GA 10, R. Steiner Verlag, Dornach.

11 *R. Steiner*: «Makrokosmos und Mikrokosmos», Vortrag vom 23.3.1910, GA 119, R. Steiner Verlag, Dornach.

12 *R. Steiner*: «Esoterische Betrachtungen karmischer Zusammenhänge», Bd. 2, Vortrag vom 27.6.1924, GA 236, R. Steiner Verlag, Dornach.

Literatur zu Newgrange:

H. Gsänger: «Irland, Insel des Abel», Verlag Die Kommenden, Freiburg i. Br., 1969.

M. Herity: «Irish Passage Graves, Neolithic tomb-builders in Ireland 2500 B. C.», Irish University Press, Dublin, 1974.

C. O'Kelly: «Illustrated Guide to Newgrange and the other Boyne Monuments», Selbstverlag C. O'Kelly, Cork, Ireland, 1978.

S. von Reden: «Die Megalith-Kulturen, Zeugnisse einer verschollenen Urkultur», DuMont Buchverlag, Köln, 1978.

J. Streit: «Sonne und Kreuz, Irland zwischen Megalithkultur und frühem Christentum», Verlag Freies Geistesleben, Stuttgart, 1977.

W. Ziegler: «Irland, Kunst, Kultur und Landschaft», Verlag DuMont Schauberg, Köln, 1974.

Frau Claire O'Kelly danke ich für die Genehmigung, die beiden Abbildungen aus ihrem Buch «Illustrated Guide to Newgrange ...» entnehmen zu dürfen, ebenso Prof. M. J. O'Kelly, der mündlich viele Ergebnisse seiner Forschungen mitgeteilt hat. Die Photographien von Newgrange wurden vom Verfasser in der Zeit vom 19.–23.12.1979 aufgenommen.

1 *R. Steiner:* «Mythen und Sagen, Zeichen und Symbole», Vortrag vom 26.12.1907, GA 101, R. Steiner Verlag, Dornach.

2 *R. Steiner:* «Der Hüter der Schwelle», GA 14, R. Steiner Verlag, Dornach.

3 Henny Geck, die Malerin und Leiterin einer Malschule in Dornach sagte, und ihr Schüler Fritz Billing bestätigte es schriftlich, daß der Name «Druidenstein» von Rudolf Steiner regelmäßig in «Druidenmotiv» korrigiert wurde.

ARMIN J. HUSEMANN

Der musikalische Bau des Menschen

Entwurf einer plastisch-
musikalischen Menschenkunde
294 Seiten mit zahlreichen
Abbildungen, gebunden

«Der musikalische Bau des Menschen» ist bislang die einzige Darstellung anthroposophischer Menschenkunde, die konsequent von der plastischen Anatomie zu einer musikalischen Physiologie innerer Organ-
prozesse fortschreitet. In diesem Reformansatz des medizinischen
Studiums und der Lehrerausbildung, der auf Rudolf Steiners Anga-
ben im Jahre 1924 zurückgeht, wird Kunst zum Beobachtungs- und
Schulungsfeld für sinnlich-übersinnliches Wahrnehmen, das im goe-
theanistischen Denken zu den Imaginationen der Lebensprozesse
hinführt.

Das Buch wendet sich an alle Studierenden und Berufstätigen, die in
ihrer Arbeit auf lebendige Menschenkunde angewiesen sind: Ärzte,
Lehrer, (Heil-)Eurythmisten und andere. Die medizinischen Inhalte
sind allgemeinverständlich formuliert.

Wenn Sie nähere Informationen über unserer Bücher und Zeitschriften möchten, fordern Sie das Gesamtverzeichnis mit beiliegender
Antwortkarte an oder schreiben Sie uns:

Verlag Freies Geistesleben · Postfach 13 11 22 · 70069 Stuttgart

Verlag Freies Geistesleben